本书研究与出版获

桂林理工大学旅游管理教育部重点建设学科

桂林理工大学专著出版基金

国家科技支撑计划课题（2012BAC16B04）

广西科学研究与技术开发计划课题（桂科攻1355009-2）

资助

基于生态安全的漓江生态
旅游可持续发展研究

段文军 著

科学出版社
北京

内 容 简 介

本书对国内外生态安全、生态旅游可持续发展的相关理论和研究成果进行了总结分析，对漓江的生态旅游发展现状进行了详细调查，对漓江的生态安全、生态旅游承载力、生态旅游容量、生态旅游景区认证等进行了较为系统的研究，并从生态旅游产品可持续开发、生态旅游线路优化提升、生态旅游环境保护、生态旅游可持续发展政策保障等方面提出漓江生态旅游可持续发展对策。

本书可供生态旅游、旅游管理、森林资源保护与游憩等领域的科技工作者、管理人员参考，也可作为生态旅游、旅游管理等相关专业高等院校师生教学的参考用书。

图书在版编目(CIP)数据

基于生态安全的漓江生态旅游可持续发展研究/段文军著．—北京：科学出版社，2014.5

ISBN 978-7-03-040705-4

Ⅰ.①基… Ⅱ.①段… Ⅲ.①生态旅游–可持续性发展–研究–广西 Ⅳ.①F592.767

中国版本图书馆 CIP 数据核字（2014）第 106131 号

责任编辑：林 剑 / 责任校对：钟 洋
责任印制：徐晓晨 / 封面设计：耕者工作室

科 学 出 版 社 出版
北京东黄城根北街 16 号
邮政编码：100717
http://www.sciencep.com

北京京华虎彩印刷有限公司 印刷
科学出版社发行 各地新华书店经销
*
2014 年 5 月第 一 版 开本：B5（720×1000）
2015 年 7 月第二次印刷 印张：14
字数：280 000

定价：138.00 元
（如有印装质量问题，我社负责调换）

前　　言

　　漓江是世界著名的风景名胜区，早在 1978 年，漓江就被列为国家重点保护的 13 条江河之一，1982 年漓江风景区被列为第一批国家级重点风景名胜区，2011 入选美国《福布斯》杂志全球十二大最美国家公园榜单，2013 年被美国有线电视新闻网 CNN 评为全球 15 大最美河流。但近年来，由于旅游开发的逐步推进、旅游接待压力的不断增大和两岸城市与农村经济社会的不断发展，漓江正承受越来越大的生态压力，正常功能受到影响，生态环境受到了一定程度的破坏，甚至有恶化的趋势，其生态安全状况引起了各界人士的关注。中央、广西和桂林市各级领导多次对漓江的生态环境保护做出重要指示。2010 年，时任国家副主席的习近平同志一年内"三示"漓江，明确指出："漓江不仅是广西人民的漓江，也是全国人民、全世界人民的漓江，还是全人类共同拥有的自然遗产，我们一定要很好地呵护漓江，科学保护好漓江。"2012 年，国家批复桂林建设国际旅游胜地，漓江作为桂林的核心旅游资源，其生态旅游可持续发展和生态环境保护被列为桂林国际旅游胜地建设的核心工程。近年来，国内外学者从各自研究领域出发，从多个方面对漓江的旅游可持续开发和生态环境保护进行了研究和探讨，取得了一批有影响力的研究成果，为漓江的科学保护和开发作出了重要贡献。

　　本书在对国内外生态旅游可持续发展相关理论和研究成果进行系统总结分析的基础上，借助生态旅游、可持续发展、生态安全、生态旅游承载力、旅游环境容量、旅游利益相关者等理论，构建了漓江生态安全综合评价指标体系和评价模型、漓江生态旅游承载力和旅游容量三重矢量评价模型，对漓江生态安全和可持续发展的状况进行了科学分析和评价，指出了漓江旅游开发、旅游管理和生态环境保护等方面存在的突出问题。在此基础上，从生态旅游产品可持续开发、生态旅游线路优化提升、生态旅游环境保护、生态旅游可持续发展政策保障等方面提出漓江生态旅游可持续发展对策。在理论上，本书的相关研究成果丰富了生态安全、旅游可持续发展、旅游景区管理的相关理论。在实践上，对漓江生态旅游开发、生态环境保护和区域经济社会发展提出了一些对策，成果可为漓江保护与开发、桂林国际旅游胜地建设提供参照。

　　本书为作者长期在漓江从事生态旅游研究的成果总结和集成，并融入了桂林理工大学旅游学院多名教师的研究成果和学术观点。在本书撰写过程中，参考和引用了国内外同行专家和学者的部分研究成果与观点。王金叶、李达、郑文俊、李海防、杜钦等老师，杨令、张俊霞、林斌、杨鹏等研究生参与了相关研究工作，李达对最终书稿进行了校对，在此一并表示感谢。

本书相关成果研究得到了国家科技支撑计划课题"漓江流域生态旅游资源可持续利用技术模式及示范"（2012BAC16B04）、广西科学研究与技术开发计划课题"基于生态安全的漓江流域生态旅游可持续开发模式研究"（桂科攻1355009-2）、广西社科基金课题"漓江景区的生态脆弱性评价及生态系统管理研究"（08FJY027）等项目的资助。本书的出版得到了桂林理工大学旅游管理教育部重点建设学科、桂林理工大学专著出版基金的支持，这使得作者多年的研究成果得以总结并与读者见面，在此表示感谢。

鉴于生态旅游可持续发展研究的复杂性，加之作者水平有限，书中难免存在不妥之处，敬请读者不吝赐教。

段文军
2014 年 4 月于桂林

目　　录

1 绪 论

1.1 生 态 安 全

1.1.1 生态安全问题的提出

19世纪中叶以来，随着全球人口的爆炸式增长和经济社会的迅速发展，生态系统正在面临前所未有的压力，全球范围内的生态环境也在发生剧烈变化，严重威胁着人类社会的可持续发展，保障生态安全已经成为全世界、全社会的迫切需求。人类如何应对全球变化、约束并调控自身的行为以保障、维护生态安全已成为人们关注的焦点问题（肖笃宁等，2002；曲格平，2002；马克明等，2004）。

就我国而言，面对全球变化、环境污染对人们生存和发展所构成的持续性威胁，以及日益严峻的生态安全形势，以政府为主导的生态治理模式及自上而下的治理机制已难以适应当前经济社会发展的需要。我国独特的国情条件、严峻的生态安全态势和与之紧密相关的转型期经济社会背景，决定了我国生态治理改革和转型必将是一项复杂、艰巨和长期的任务，面临着大量的理论和实践问题（曲格平，2002；王韩民，2006；熊鹰，2008；谭键，2011）。

1.1.2 生态安全的定义

近些年，国内外对生态安全问题的研究越来越多，但是作为一个跨学科、跨领域的概念，生态安全内涵较为丰富和复杂。因而，对生态安全概念还依然未能有一个统一并普遍接受的科学定义。不同的学科视野和研究角度对生态安全的定义存在较大差异（王伟，2012）。

国内外学者对生态安全的定义很多，但这些定义尚存在两方面的局限：一方面，较多关注生态风险，忽略环境的脆弱性；另一方面，过多关注生态安全的静态状态，忽略生态安全的动态性。生态安全应是指人与自然和谐共存、免受不利因素危害的动态平衡状态及其保障条件。即一方面，在外界不利因素的作用下，人与自然这一整体免受损害或威胁，人类社会的生存发展可持续，自然生态系统能够保持健康和完整；另一方面，生态安全的实现和维持是一个动态过程，需要不断减少不利因素的干扰，改善生态环境的脆弱性，实现人与自然的和谐相处（崔胜辉等，2005；王伟，2012）。

就目前而言，学术界影响力较大、相对比较认同的是国际应用系统分析研究所（IASA）提出的广义生态安全定义，他们认为："生态安全是指在人的生活、健康、安乐、基本权利、生活保障来源、必要资源、社会秩序和人类适应环境变化的能力等方面不受威胁的状态，包括自然生态安全、经济生态安全和社会生态安全，组成一个复合人工生态安全系统。"狭义的生态安全是指自然和半自然生态系统的安全，即生态系统完整性和健康的整体水平反映（肖笃宁等，2002；王伟，2012）。

此外，对生态安全评价的概念也可以按照地域的大小程度，从国家、区域、行业三大层面来进行研究（表1-1）。对国家生态安全评价着重体现在国家的生态可持续发展与生态实力的提升上；区域生态安全评价主要集中在人口与土地利用变化规律上，如工业区域、农业区域、乡村区域、城市区域的生态安全影响评价；行业生态安全评价主要是指针对社会现存的某行业进行生态安全评价（李新琪，2008）。

表1-1 生态安全评价的定义

序号	作者	定义
1	杨京平（2000）	指满足人类可持续发展的生态系统服务状态与程度
2	王根绪等（2003）	生态系统的健康性、完整性、和谐统一性是识别生态安全的重要因素，是生态安全的重要组成部分
3	左伟等（2002）	确定具体的生态安全评价指标，以此为基础进行生态环境的生态安全状态评价
4	周国富（2003）	运用生态安全评价指标体系对生态安全的重要程度进行评价，区分生态安全等级
5	刘红等（2006）	构建生态安全评价指标体系与生态安全评价模型对区域生态安全进行评价
6	李辉（2011）	指当一种或多种因素对生态环境构成威胁后，对其生态安全性进行评估

1.1.3　生态安全的研究进展

1.1.3.1　国际研究

最早提出生态安全概念的学者是美国的学者莱斯特（Lester R. Brown），他早在 1977 年就提出要对国家安全加以重新界定，增加生态安全的内容。1981 年，他在《建立一个持续发展的社会》一书中指出："目前对安全的威胁，来自国与国间关系的较少，而来自人与自然间关系的可能较多。"（崔胜辉等，2005）

20 世纪 80 年代，联合国世界环境与发展委员会（WECD）提交了 *Our Common Future* 的报告，提出了"可持续发展"概念。报告以丰富的数据和翔实的资料论述了当时世界的生态安全形势与发展方面存在的问题。报告指出：在过去，人们关心的大多是经济发展给生态环境带来的影响。而现在，人类还迫切感受到生态安全对经济发展所带来的重大影响与存在的安全性问题。可持续发展概念的提出正值世界经济飞速发展时期，但其对生态环境的忧虑仍然引起了世人的极大关注。自此之后，生态安全的思想在全世界范围内广泛传播并被广泛接受（罗永仕，2010）。

最早以官方形式提出生态安全概念的国家是苏联。20 世纪 80 年代末，原苏联领导人戈尔巴乔夫成立了专门的环境安全委员会，首次将生态安全问题提升为国家战略。1991 年，原苏联颁布的《俄罗斯苏维埃联邦社会主义共和国自然环境保护法》中正式使用了这一概念。

在 20 世纪 80 年代末 90 年代初，学术界开始进入对生态环境变化与国家安全的经验性研究阶段。为了给早期的概念和理论上的争论提供一些根据，科学家们对环境变化和安全之间的关系进行了大量的经验性研究（崔胜辉等，2005；罗永仕，2010）。

20 世纪 90 年代后期以来，生态安全进入了综合性研究阶段。主要集中在环境变化与安全的关系、全球变化与生态安全响应、生态安全的评估与维持等理论与应用研究上。其中美国、德国和加拿大等国家以及欧洲安全与合作组织、欧盟、联合国等国际组织和研究机构也开展了大量研究和讨论，出现了一批代表性研究成果。

1.1.3.2　国内研究

受国情和发展阶段的制约，我国对生态安全问题的研究比国外稍晚一些，但近些年的研究进展很快。国内对生态安全的研究是从 20 世纪 90 年代初起步，到 90 年代后期才逐渐为人们所重视，近年来更是成为科学界和公众讨论的热点问题。2000 年 12 月 29 日，国务院发布了《全国生态环境保护纲要》，首次明确提出了"维护国家生态环境安全"的目标，认为保障国家生态安全是生态保护的首要任务。但由于对生态安全没有一个统一的认识，国内的研究不成系统，不少学者都只做了一些初步的研究工作。

由于国内关于生态安全的研究起步较晚，对于生态安全研究的阶段性较为明显。按照时间顺序与研究内容的不同，可将国内生态安全的研究分为两大阶段。

（1）第一阶段（1999 年以前）：生态安全研究的起步阶段

1999 年之前，国内对生态安全的研究尚处于起步阶段，对生态安全还没有一个系统清醒的认识。研究范围较小，研究内容多局限在生物多样性保护、工程建设的生态安全评价等方面。典型代表有：植物保护生态安全方法（张玉良，1994）、管道工程生态安全问题（冯耀忠，2005）、水利工程生态安全评价方法等。

（2）第二阶段（1999 年至今）：生态安全研究的发展阶段

自 1999 年起，特别是 2000 年国务院发布的《全国生态环境保护纲要》首次明确提出"维护国家生态环境安全"的目标后，国内对生态安全的研究呈现如火如荼之势，此阶段的研究成果占据国内关于生态安全研究成果的 90% 以上。前期研究内容多集中在生态安全的概念、研究内容、研究对象、研究意义、生态安全分类等基本理论层面上。近年来，随着多学科专家学者的介入以及定量数理分析方法的发展，国内研究重点多集中在生态安全评价指标体系的构建、生态安全评价方法的选择与评价模型的构建上。同时，在实践层面上，区域性生态安全，如河流、草原、湿地、城市、乡村、旅游地、岩溶地貌等领域也已成为国内专家学者关注的焦点。

总的来看，生态安全研究在我国处于起步阶段，研究主要集中在区域水平上，如西部地区、流域、区域农业和自然保护区上，并对生态安全的监控、评价和保障体系作了初步探讨，而对生态安全的理论与实践研究还不够深入。特别是应用研究在国内尚未全面展开，目前还没有系统的生态安全理论、方法和实践的研究报道。

1.2　旅游生态安全

1.2.1　旅游生态安全问题的提出

旅游业是无烟工业，且一直是非常流行的观点，经常被各级政府提及，并被各类媒介广泛传播。由于我国旅游业的兴起和迅速发展是最近二十几年的事情,前期发展规模小,旅游对生态环境产生的负面作用并未完全暴露。同时,表面看来,它对生态环境的污染和破坏也不像传统工业那样明显和令人恐惧。正因为如此,在我国旅游理论界和某些决策者中,形成了旅游业是无烟工业的认识(刘丽梅和吕君,2009)。

然而,随着我国旅游业迅速发展和接待规模的不断扩大,旅游业带来的负面影响已从社会、环境两个方面明显地表现了出来:一些旅游地的旅游发展对旅游地居民的生产、生活产生了较大干扰,进而导致了社会对旅游的排斥现象,如近期就出现了我国香港居民排斥内地游客事件;由于旅游接待的淡旺季差异和旅游业发展在地域上的不平衡,导致不少旅游景区人满为患、超载严重,严重破坏了旅游地的生态环境;由于传统文化保护不力和外来文化的强势冲击,部分旅游地文化遗产破坏严重。当前,旅游资源与环境的衰退和破坏正在成为全世界又一个关注的焦点问题,旅游生态安全已成为全球旅游业可持续发展面临的又一个共同问题(邹家红等,2008)。

1.2.2 旅游生态安全的概念

旅游生态安全是指随着旅游业的发展,旅游业赖以生存和发展的资源与环境处于一种健康、不受威胁的状态,且这种状态能满足旅游业持续发展的要求。也就是说旅游业的发展不会对生态系统等造成不可逆转的影响和破坏,从而影响到旅游业自身的可持续发展(邹家红等,2008)。

在旅游实践发展中,旅游环境污染、旅游环境破坏、旅游对生物多样性的影响等都属于旅游生态安全问题。旅游生态安全问题是旅游与生态环境不和谐、不协调的具体表现,是由于缺乏科学、有效的管理,没有合理开发、利用旅游资源而造成旅游环境质量的下降、恶化。旅游生态环境的污染和破坏,必然导致景观环境质量的下降和旅游资源的损害,从而影响旅游地的旅游发展环境和旅游接待质量。旅游发展受到影响和限制,必然减弱旅游地政府保护和改善环境的资金投入和能力,又会造成旅游环境质量的进一步恶化,从而进一步影响旅游地生态安全形势(刘丽梅和吕君,2009)。

1.2.3 旅游生态安全的研究进展

20世纪60年代以来,随着现代旅游的兴起,旅游已成为一项大众化的活动,由于对环境依存度较高,旅游快速发展不可避免地带来了一系列环境问题,引起了人们对旅游环境影响研究的关注（李亚娟，2011）。旅游环境影响的相关研究主要有旅游活动中的大气污染问题（赵红，2000）、水污染问题（庞少静，2004；彭越和李立华，2002；王群等，2004；朱颜明，2006）、固体废弃物污染问题（陈辉，2003）、旅游地土壤破坏问题（陈戈，2001）、生物多样性问题（章家恩，2005）、环境容量问题（陈辉，2003），以及旅游地开发建设对气候环境（陈永富，2003）、水体和土壤环境（丁祖荣，1996）、动植物资源（陈永富，2003；徐红罡，2004；黄顺红，2004）、地质灾害（鄂和琳，2000；黄成林，2001）、建设污染（肖笃宁和杨桂华，2002）等的影响。

1.3　旅游可持续发展

1.3.1　旅游可持续发展理论的提出

可持续发展是一个新的发展观，是顺应 20 世纪 80 年代以来时代的变迁和社会经济发展的需要而产生的。"可持续发展"的概念最早是在 1987 年由世界环境发展委员会主席布伦特兰夫人提出的。1989 年 5 月举行的第 15 届联合国环境署理事会正式通过了《关于可持续发展的声明》，自此，可持续发展成为了一种社会普遍接受的价值观。在此基础上，世界旅游组织（World Tourism Organization，WTO）在 1993 年正式提出了旅游可持续发展的理念，同年，在英国创办了旅游可持续旅游研究杂志 Journal of Sustainable Tourism。旅游可持续发展在旅游学科中的重要地位不断突现（章杰宽等，2013）。1995 年，联合国教科文组织、环境规划署和世界旅游组织在西班牙召开了"世界旅游可持续发展"会议，通过了《旅游可持续发展宪章》和《旅游可持续发展行动计划》，为可持续旅游的发展规划制定了一整套行为规范和具体操作程序，标志着可持续发展模式在旅游业中开始得到广泛应用。1996 年，世界旅游理事会、世界旅游组织和地球理事会联合制定了《旅游业 21 世纪议程》，将联合国制定的《21 世纪议程》细化为旅游可持续发展的行动纲领。这些会议的召开及议事成果，为可持续旅游发展在全球的推广奠定了理论基础，制定了实施纲要（吴兰桂，2007）。

1.3.2　旅游可持续发展的概念

1989 年，联合国环境署理事会对旅游可持续发展给出的定义是"既要能满足当前旅游目的地与旅游者的需要，又要能满足未来旅游目的地与旅游者的需要”。1993 年，世界旅游组织根据旅游业发展的具体情况对旅游可持续发展进行了重新定义，认为旅游可持续发展是一种经济发展模式，它被用来达到改善当地社区的生活质量、为游客提供高质量的经历、维护当地社区和游客所依靠的环境质量等目的（Ryan，2001；陈岩峰，2009）。

欧盟在 1995 年发布了《旅游绿皮书》，书中提出，旅游可持续发展主要是指旅游发展的过程中要充分认识到目的地社区的重要性，应该认真对待和始终坚持为旅游目的地社区谋求最大化的经济利益（John，2002）。1997 年，克拉克提出旅游可持续发展是一个循序渐进的概念，它的实现分为 4 个步骤：①两极，即旅游可持续发展和大众旅游是两个相互排斥极端。如果我们希望发展可持续旅游，那我们就不得不放弃大众旅游。②统一。旅游可持续发展和大众旅游不再是两个极端，而是在旅游发展中的不同梯度。从某种程度上说，他们是相互融合的一个渐进的发展过程。③趋势。主动积极的措施能使大众旅游越来越可持续。④集中，是指所有形式和类型的旅游都将为旅游可持续这一集中目标而不断努力。

联合国（2001）则认为，旅游可持续发展需要长期保持活力而不会阻止、影响其他活动和过程，使（人的或物质的）环境发生退化或改变。这个概念包括了大量的旅游可持续发展行动指南，如谨慎利用地球资源、减少性别不平等、减轻贫困、提高生活质量、尊重不同传统、保护本土文化和生活方式、保护所有自然栖息地的生物多样性、强调自下而上的参与责任、增强地方决策能力等（陈岩峰，2009）。

目前，对旅游可持续发展的概念还没有统一的表述。加拿大学者 Cromn 认为旅游可持续发展需要提高旅游容量和产品质量，尽量减少对自然和人文环境产生的消极作用（李向前和曾莺，2001）。国内学者李天元则认为旅游可持续发展既包括旅游活动的可持续发展，也包括旅游业的可持续发展（李天元，2004）。从理论的继承性来看，旅游可持续概念显然来源于可持续发展的概念，无论是国外学者还是国内学者都应该在这样的背景下来讨论这个问题。可持续发展概念的解释性内涵多少具有伦理学上的意义，而不是一个逻辑严密的理论体系，而且旅游可持续发展在某种程度上还与政治相关（陈岩峰，2009）。

1.3.3　旅游可持续发展的研究进展

从理念到理论，再到应用研究，旅游可持续发展的研究走过了 20 余年的历史，旅游可持续发展的研究呈现出逐渐升温的态势，研究成果不断涌现，综合起来主要集中在以下几个方面。

1.3.3.1　旅游可持续发展的相关理论研究

（1）环境容量

旅游环境容量是一个从生态学中发展起来的概念。1968 年，日本学者首先将环境容量的概念借用到环境保护科学中来，提出在环境保护领域内，它是指在人类生存和自然状态不受危害的前提下，某一环境所能容纳的某种污染物的最大负荷量（陈岩峰，2009）。20 世纪 70 年代中后期，旅游学界才开始将环境容量的概念引入到旅游环境研究中（刘晓冰和保继刚，1996）。在世界旅游组织的年度报告（1978；1979）中，正式提出了旅游承载容量的概念。我国对旅游环境容量的研究始于 20 世纪 80 年代，主要集中在理念探讨（赵红红，1983）、具体景区的旅游容量测算（汪嘉熙，1986；保继刚，1987）、旅游容量的测算方法比较（楚义芳，1989）、旅游容量的测算模型构建等（胡炳清，1995；崔凤军等，1998）。

（2）生态安全

生态安全的提出有着深厚的历史背景，其概念是由初期的环境安全过渡扩展而来的。早在 1948 年，联合国教科文组织发表《社会科学家争取和平呼吁书》，明确提出"在全球范围内，解决现代若干重大生态环境问题"，这是国外最早的有关环境安全的论述。20 世纪 70 年代末，莱斯特在《建立一个持续发展的社会》中明确指出："生态安全问题来自人类与自然间的可能较多，而来自其他方面的可能较少。"随着研究的不断深入，生态安全的概念逐步明晰。生态安全的内涵与外延、生态安全评价指标体系的构建、生态安全评价方法的多学科交叉研究成为现阶段研究的重点（肖笃宁等，2002；周国富，2003；崔胜辉等，2005）。

（3）利益相关者

"利益相关者"一词的英文为"stakeholder"，最早出现在斯坦福大学一个研究小组（SRI）的内部文稿中，是指那些没有支持，组织就无法生存的群体，包括股东、雇员、顾客、供应商、债权人和社会，有人将它译为"相关利益者""利害关系人"或"利益相关者"（刘丹，2005；张舒，2007）。

1.3.3.2　旅游可持续发展模式研究

旅游可持续发展理念一经提出，旅游业发展与环境保护的关系便成为可持续发展模式的一个重要论题。Cater（1995）认为在环境与旅游业发展之间存在着双赢、赢输、输赢、双输四种基本的发展模式。与之类似，Hunter（1997）也提出了4种可持续发展模式：环境优先模式、环境下的旅游发展模式、旅游下的环境保护模式、旅游优先模式。Godfrey（1998）和 Clayton（2002）认为，可持续是降低旅游业负面影响的有效手段，但是，要想获得旅游可持续发展，需要正视短期的经济利益，要更多地关注长期的社会发展和环境保护，并主张通过旅游利益部门的协调整合来实现旅游业的可持续发展。Johnston 和 Tyrrel（2005）对于旅游业发展中环境与经济的关系做了更深入的研究，他们认为不存在单一的、普遍的、理想化的可持续发展模式，可持续发展需要因地因时制宜。Hunter 和 Shaw（2007）从旅游产品的角度提出了旅游可持续发展的对策。Bramwell 和 Lane（2010）强调旅游者和社区公众对旅游可持续发展的重要作用。Cascante 等（2010）研究了旅游业发展中经济、社会、环境关系的协调及与之对应的可持续发展综合模式。Weaver（2011）认为旅游可持续发展大体沿着三种路径模式进行：市场驱动、治理驱动和综合路径。而 Peeters（2012）对此提出了异议，两位学者的争论基本上反映了当前旅游可持续发展模式方面的研究成果。

1.3.3.3　旅游可持续能力评价

目前，旅游可持续发展方面的研究逐步由以前的理论研究、定性研究向应用研究和定量研究发展，区域、旅游地域、特定旅游景区或企业旅游可持续发展能力的评价越来越受到人们的关注。世界旅游组织的环境理事会综合一些学者的研究成果，在 *International Working Group on Indicators of Sustainable Tourism* 一书中首先完整地提出了一套用于评价旅游可持续发展的指标体系，按其适用范围分为复合指标、国家级指标、地方和目的地具体指标3类，分别适用于复合地区、国家和地方的旅游可持续发展评价和管理（林明太和黄金火，2007）。国际旅行社联盟为响应欧共体可持续发展模式也制订了一套旅游可持续发展评价指标体系，称"威胁旅游可持续发展的指标"涉及居民、旅游、生态和政策等方面。世界旅游理事会、世界旅游组织与地球理事会联合制定了《关于旅游业的21世纪议程》，议程针对负责旅游业的政府部门、国家旅游管理机构、有代表性的行业组织及旅游公司制定了详细的可持续发展行动纲领，并以此作为评价指标对这些机构组织的可持续发展实践的成效进行评价。2005年世界旅游组织在中国阳朔举行了"旅游可持续发展指标国际研讨会"，进一步探讨了完善旅游可持续发展的评价指标内容和作用（林明太和黄金火，2007）。

国内外对旅游可持续发展评价所选用的方法多为多指标综合评价法。多指标综合评价方法就是把多个被评价事物的不同方面、不同量纲的统计指标转化为无量纲的相对评价值，并综合这些评价值得出对该事物的整体评价。其中指标权重的确定绝大部分采用层次分析法（analytical hierar-chy process，AHP）。也有些学者采用其他评价方法，如李艳双等（2001）将运筹学中的重要方法 DEA（数据包络分析）引入旅游可持续发展评价。Melon 等融合网络分析法与德尔菲法对可持续旅游进行评价，并得到了较好的结果（章杰宽等，2013）。

2 理论基础

2.1 生态旅游理论

生态旅游这一概念及行为本身都来自于西方发达国家。它由国际自然与自然资源保护联盟（International Union for Conservation of Nature and Natural Resources，IUCN）的生态旅游顾问墨西哥专家拉斯喀瑞（Lascurain）于 1983 年首次在文章中提出的（占婧，2007）。1987 年，他在 The Future of Ecotourism 的一文中正式论述生态旅游的概念：生态旅游就是前往相对没有被干扰或污染的自然区域，专门为了学习、赞美、欣赏这些地方的景色和野生动植物及存在的文化表现（现在和过去）的旅游。美国生态旅游协会把它定义为：生态旅游是以自然区域为目的的旅行，目的是欣赏环境自然和文化历史，维护系统的整体性，并使旅游产生的经济活动及自然资源的保护有益于当地居民。目前，生态旅游已经成为当今世界旅游业发展的热点（冯小鸽，2012）。

在实际发展过程中，生态旅游限制的不仅仅是旅游者，还包括开发商、政府、社区。我国生态旅游研究起步较晚，1994 年才开始正式出现"如何开展生态旅游"相关的研究。随着认识和实践的加深，生态旅游的内涵不断丰富化、多样化。专家学者由于研究角度不同，对生态旅游的概念各持己见，但在概念的某些方面基本达成一致，例如，生态旅游强调对生态环境的保护与教育；生态旅游是高层次的旅游活动；强调人与环境和谐发展；注重原始的、真实的自然人文景观。

2.2 低碳旅游理论

"低碳旅游"（low-carbon tourism）概念最早出现在世界旅游组织与世界气象组织、联合国环境规划署以及哈佛大学合作出版的报告《气候变化与旅游业：应对全球挑战》中，首次提出了发展低碳旅游来应对气候变化的战略。随后，世界旅游组织将 2008 年世界旅游日的主题定为"旅游，应对全球气候变化挑战"（Tourism Responding to the Challenge of Climate Change），发布了《旅游部门对气候变化的适应与缓解：框架、工具与实践》指南。由此，"低碳旅游"的概念才被提出（UNEP，2008；蔡萌，2012）。2009 年，在哥本哈根的"气候变化世界商业峰会"上，世界旅游组织联合国际民用航空组织、世界经济论坛、联合国环境规划署等其他组织机构正式呈递了题为《迈向低碳旅游业》的报告。此后，"低碳旅游"的概念逐渐被业界所熟知。一般说来，低碳旅游是指在低碳经济发展的基础上，在发展旅游过程中，推行碳汇机制、创新低碳技术，在旅游中倡导低碳旅游消费模式，使游客在获得更高的旅游体验的同时创造最大的社会、经济、环境效益的一种可持续发展旅游新模式（蔡萌和汪宇明，2010；杨洋，2012）。

低碳旅游是旅游对低碳经济发展模式的响应，它以旅游系统为对象，将低碳旅游产品开发、低碳旅游服务、低碳旅游消费作为主要发展内容，目的是保护生态环境，实现旅游业的可持续发展。低碳旅游的核心理念是"以最少的旅游碳排放量来获得最大的旅游经济、社会与环境综合效益"，即在旅游吸引物的打造、旅游设施的建设、旅游体验环境的培育以及旅游行为方式的引导过程中，运用低碳技术，融入碳汇理念，倡导低碳消费，从而实现旅游综合效益的最大化（蔡萌，2012）。

2.3 旅游地生命周期理论

旅游地生命周期理论是从生物学领域中的"生命周期"演变发展而来，同时旅游地生命周期理论是市场营销学中的产品生命周期理论在旅游研究中的演化，是描述旅游地从开始、发展、成熟到衰退阶段的演进过程的一种理论（任敬，2000）。旅游地生命周期理论最早由 Christaller（1963）在研究欧洲旅游发展时提出。20 世纪 70 年代 Stansfield 在研究美国大西洋城旅游发展时也提出了类似旅游地生命周期的概念。20 世纪 80 年代，加拿大学者 Butler（1980）提出了六阶段的旅游地生命周期理论，即旅游地发展演化经过探查阶段、参与阶段、发展阶段、巩固阶段、停滞阶段、衰落或复苏阶段等六个阶段。此后，世界范围内学者们多以 Butler 旅游地生命周期理论为基础，从旅游地生命周期的模式、演化的影响因素等方面进行广泛的研究，取得了一些成果（宫敏丽，2011）。

2.4 生态旅游承载力理论

生态承载力是生态系统为了维持自我发展，调节自我的能力，还包括环境系统的供给能力。人类社会作为一个生物种群，需要消费一些自然资源，如果消费的自然资源在我们自然环境可承受的范围之内，生态系统可以自净和回弹，不需要人类处理；但是如果人口膨胀和经济发展对生态环境施加的压力过大，对自然环境和自然资源过度开发，超过生态系统的阈值，就会引起生态系统的失衡甚至是崩溃。也就是说当人类的经济和社会活动在生态系统和环境能够承受的范围之内，这个生态系统就是安全的、可持续的；而当人类的经济和社会活动已经达到或超过生态系统的阈值，那么这个生态系统就是不安全的、不可持续的。

生态旅游环境承载力是在前人研究关于旅游环境承载力内涵与定义的基础上，对生态旅游环境容量研究内容进行的扩展，目前国内主要存在以下几种观点。孙道玮等（2002）指出："生态旅游环境承载力是指某旅游地域单元如旅游区、游览区、旅游点等开展生态旅游活动，在满足游客游览要求的同时，对自然生态环境影响最低，甚至保护、改善旅游区生态环境质量，并使当地居民从旅游业中充分受益时旅游区所能容纳的游客量。"李丰生等（2003）则认为："生态旅游承载力是指在一定的自然地域内，以不干扰自然地域、保护生态环境为前提，以能够给当地带来益处和当地的生态与人口得到持续发展为条件，开展有责任的旅游行为时，这一自然地域所能容纳的旅游人数。"董巍等（2004）则指出："生态旅游承载力是指在一定时期，某旅游地环境的现存状态与结构组合不发生对当代人以及后代人有害变化，也就是在能保持生态系统的自我维持、自我调节能力，资源与环境的供给能力的情况下，它所能承受的旅游开发强度的极限值。"

2.5 旅游环境容量理论

1963 年，Lapage 首次将环境容量的概念引入到旅游学科中，进而提出了旅游环境容量的概念，但其并未做深入的研究；1964 年，美国学者 Wagar 提出"游憩环境容量是指某一个游憩地，能够长期维持其旅游品质的游憩使用量"；Lime 和 Stankey 等于 1971 年进一步讨论了游憩容量的问题，并指出"游憩环境容量是指在一段时间内，一定区域同时保持一定状态程度旅客使用，又不损坏自然环境、影响游客体验的使用强度"；1977 年 Wall 和 Wright 提出"旅游环境容量是指某区域的环境与资源状态在没有受到不能承受的破坏时所能达到的旅游活动水平"。

在国内研究者中旅游环境容量具有代表性的定义有以下几种：保继刚等（1989）认为"旅游环境容量是指一个地理单元，如旅游、度假、游憩点等，达到不破坏生态平衡，不造成环境污染，并满足游客游览的最低要求时，可以容纳的游客最大数量"；冯孝琪（1991）认为"最佳旅游环境容量是指以确保游客游览的前提下保证品质效果，旅游区能承载的最高接待量"；龙良碧（1995）指出"旅游环境容量是指在一定条件下，一定时间和空间范围内所能容纳的旅游者行为影响和游客数量的程度";智艾（1996）指出"旅游环境容量是指在一定的自然环境与社会环境参数约束的前提下，一定地域范围内所能容纳的游客量"；谢彦君（2011）则认为"对某一旅游地而言，无害于其可持续发展的旅游活动量就是旅游环境容量"。目前学者对旅游环境容量这个概念体系的研究，涉及游客以及居民的心理需求、环境质量、旅游资源开发与保护、生态平衡等问题，内涵广泛而复杂，虽然国内外很多学者都对其进行了研究，但是至今仍未形成一个统一的标准，不同学者对旅游环境容量的理解不同，且各有侧重点。在这些概念当中由于保继刚的概念宽泛，具有高度的概况性，更具有说服力，因此本书选择采用保继刚提出的旅游环境容量概念。

2.6　旅游利益相关者理论

利益相关者理论（stakeholder theory）的基本思想源于 19 世纪，是当时盛行的一种协作或合作的观念。1963 年美国斯坦福研究所首次使用了"利益相关者"这个术语，将其定义为"利益相关者是那些失去其支持，企业就无法生存的个体或群体"。利益相关者既应该包含企业的股东、债权人、职工、客户、供应商等内部伙伴，也应该包括政府、当地社区、媒体等外部集团，同时还要包括自然环境、其他生物物种和人类自身后代等所有直接或间接受到企业经营活动影响的客体（Clark，1984；张玉，2012）。不同学者基于不同角度对利益相关者进行了定义。Freeman（1984）认为"利益相关者是指能够影响该组织目标的实现或受该目标影响的任何组织或个人"。Bryson 和 Crosby（1992）认为利益相关者是受一件事的原因或者结果影响的任何人、集团或组织。Carroll 和 Buchholtz（1999）认为利益相关者是任何能够影响或被组织的决定、政策、目标、实践或行为所影响的个人或团体。Donaldson 和 Preston（1995）基于法律角度定义的利益相关者是：对一个集体性活动的程序具有利益的人或团体。Mitchell 等（1997）提出的"多维细分法"是一种用来界定利益相关者的评分法，该评分法的提出在很大程度上改善了利益相关者界定的可操作性，并逐步成为利益相关者界定和分类的常用方法。我国的学者综合了西方学者的几种观点，认为"利益相关者是指那些在企业的生产活动中进行了一定的专用性投资，并承担了一定风险的个体和群体，其活动能够影响或者改变企业的目标，或者受到企业实现其目标过程的影响"（张晓慧，2011）。

利益相关者理论的核心思想是：任何企业的发展都离不开各类利益相关者的参与或投入，因而企业的经营和管理活动要为综合平衡各类利益相关者的利益要求而展开。企业应该追求的是企业利益相关者的整体利益，而不是某一个主体或者部分主体的利益。在利益相关者理论指导下的企业管理层，要求在经营决策过程中妥善处理企业与各类利益相关者的关系，尽量平衡利益相关者的正当权益要求，同时要抵制他们的非分要求，力求利益相关者能够最大限度地合作以便实现企业总体战略目标（张晓慧，2011）。

3 漓江概况

3.1 漓江简介

桂林漓江位于广西壮族自治区东北部的桂林市,属珠江水系。漓江发源于"华南第一峰"——桂北越城岭猫儿山。漓江上游主流称六峒河;南流至兴安县司门前附近,东纳黄柏江,西受川江,合流称溶江;由溶江镇汇灵渠水,经灵川、桂林、阳朔,至平乐,汇入西江,全长437km。从桂林到阳朔约83km的水程,称漓江。漓江风景区是国务院审定公布的第一批国家级风景名胜区,也是世界上规模最大、风景最美的岩溶山水游览区。漓江流域具有世界上发育最完美的湿润热带亚热带峰林地貌景观,是全球分布面积最大、景观美学价值最高、最具典型性和不可替代性的喀斯特地貌景观,是极其珍贵的世界自然遗产地。

3.2 漓江的范围

3.2.1 总体范围

漓江流域的范围经纬度为:北纬24°38′10″~5°53′59″,东经110°07′39″~110°42′57″,涉及桂林市象山区、秀峰区、七星区、叠彩区、雁山区全境以及兴安县、灵川县、临桂县、阳朔县、平乐县的部分区域。

3.2.2 漓江风景区范围

漓江风景区的主体部分位于桂林至阳朔地域,包括漓江及其两岸峰丛洼地、遇龙河及其周边峰林平原,总面积约1159.4km²,具体界线如下所述。

3.2.2.1 桂林城区部分

桂林城区南起斗鸡山、北至虞山大桥的漓江沿岸(中心城区以两侧滨江道路为界)，包括象鼻山、伏波山、叠彩山、虞山、老人山、宝积山、铁封山、穿山、南溪山、斗鸡山、芦笛岩、七星岩、靖江王府、靖江王陵、榕湖、杉湖、木龙湖、桂湖、甑皮岩等景点（以公园围墙和文物保护单位范围为界），规划面积12.4km²。

3.2.2.2 漓江及遇龙河部分

漓江及遇龙河北起斗鸡山，南至留公村，包括斗鸡山—瓦窑村—柘木圩—父子岩—东山村—牛鼻塘—御马岩—大桥—珠山—罗洪—上黄—坦克山—大埠茶场—马鞍山—老山底—汉山—横山堡—牛路—壶瓶山—利学—大朝寨—谢家榨—牛峰尖—花坳—桂花坳—碑头—高田李家—白虎山—古乐—椅子山—双水洞—大井—白山底—狮子山—朝天龙—牛角山—福金崴—玉指山—大彪崴—仕门岩—观音村—西塘—田村老村—岭头—大圩古镇—石家渡—马山—龙门—岳山—吴家里—穿山—斗鸡山之间围合的范围（漓江穿山至大圩段以两岸各300m为界，大圩镇区段以古镇范围为界），规划面积1141.1km²。

3.2.2.3 灵渠部分

灵渠包括灵渠公园、北渠（至湘江）、南渠（至城区接龙桥）、湘江故道等，具体界线是：灵渠南路—老屋场—唐家—雷家—蒋家塘—水泊新村—车河—万里桥，规划面积5.9km²。

3.2.3 漓江核心区范围

漓江核心景区是指风景区范围内自然景物、人文景物最集中的，最具观赏价值，最需要严格保护的区域。漓江风景区的核心区总面积约303.2km²，包括以下几部分。

3.2.3.1 桂林城区

桂林城区南起斗鸡山、北至虞山大桥的漓江沿岸（中心城区以两侧滨江道路为界），包括象鼻山、伏波山、叠彩山、虞山、老人山、宝积山、铁封山、穿山、南溪山、斗鸡山、芦笛岩、七星岩、靖江王府、靖江王陵、榕湖、杉湖、木龙湖、桂湖、甑皮岩等景点（以公园围墙和文物保护单位范围为界），规划面积12.4km²。

3.2.3.2 漓江峡谷及其两岸典型峰丛洼地

漓江峡谷及其两岸典型峰丛洼地北起磨盘山码头，南至阳朔书童山，主要包括漓江沿岸的典型岩溶洼地以及漓江东侧的西塘岩溶湖和西侧的寿崴、大龙崴峰丛洼地；其余地段以沿江第一重山脊为界（其中兴坪只包含老镇区部分，阳朔镇区以滨江道路、龙头山、碧莲峰为界），规划面积247.9km²。

3.2.3.3 葡萄峰林平原

葡萄峰林平原南起月亮岩，沿东侧的桂阳公路至寨根底，向南经水龙山、金鸡山、下水崴，西岭、石山隘至岭头上，面积40.8km²。

3.2.3.4 灵渠

灵渠包括灵渠公园、南渠城区段两岸各20m（至接龙桥）、北渠（至湘江），规划面积2.1km²。

3.3 漓江生态环境概况

3.3.1 气候

3.3.1.1 辐射资源

漓江年平均日照时数为1614.7h，日照率36%，大于0℃期间的日照时数为1607.7h，占年日照时数的99%，大于5℃期间的日照时数为1505.2h，占年日照时数的93%，大于10℃期间的日照时数为1354h，占年日照时数的84%。全年无霜期最长为349d，最短为256d。历年平均无霜期为320d，无霜期80%保证率为309d。

3.3.1.2 水分资源

漓江年平均降雨量为1941.5mm，最多年降雨量为2460.7mm，最少年降雨量为1543.2mm，降雨量主要集中在上半年，3~8月为雨季，4~7月降雨较多，5~6月为降雨高峰期，5月降雨量为全年之冠。9月后，大范围降雨减少，多为局部地方性阵雨，具体见表3-1。

表3-1 漓江气候条件

因子	月份											
	1	2	3	4	5	6	7	8	9	10	11	12
月平均温度/℃	8	9	13.1	18.4	23.1	26.2	28.3	27.8	25.8	20.7	15.2	10.1
降雨量/mm	54.5	71.7	126.6	284.4	252.1	316.9	233.7	164.3	64.6	101.3	79.2	54.7
雨日/d	3.6	4.5	7.1	12.1	10.0	9.8	8.3	7.1	3.0	4.7	5.4	3.4

3.3.1.3 温度条件

漓江年平均气温为18.7℃，1月最冷，月平均气温为6.8~8.4℃，7月最热，月平均气温为27.0~28.6℃，极端最高温度为39.5℃，极端最低温度为−5.1℃。

3.3.2 地形地貌

漓江流域地形主要是花岗岩山体、岩溶（喀斯特）盆地、准平原和河谷盆地等。

3.3.2.1 越城岭花岗岩山体

越城岭花岗岩山体是横亘华南的南岭最西岭，古代曾称始安岭、临源岭、全义岭。为北东—南西向花岗岩山地，长约160km，宽约20km，分布于全州、兴安、资源、龙胜、灵川、桂林市、临桂等市县，向北伸入湖南境内，主峰猫儿山海拔2141.5m，为南岭最高峰，也是华南最高峰。猫儿山是漓江、资江、寻江三江的源头，地层为加里东期花岗岩，山地气势雄伟，浑圆和球状风化剥蚀后的地貌及垂直裂隙分割的山峰陡峭险峻，成为独特的地貌景观。

3.3.2.2 湘桂河谷

湘桂河谷是绵亘于湘桂边界的由湘江河谷和漓江河谷相连而形成的河谷盆地，呈北东走向，被越城岭和海洋山两个山脉所夹持，它是横亘华南的南岭山系中少数几个贯穿山系的豁口之一，是古代中央政权与两粤甚至滇黔联系的重要通道，北东起于全州，西南止于桂林市区，长约150km，宽2~10km不等，沿湘江、漓江两岸的Ⅰ级和Ⅱ级阶地平坦宽阔，连续性较好，标高界于140~200m，是良好的交通孔道。

3.3.2.3　桂林岩溶峰林平原

桂林岩溶峰林平原指以桂林市区为中心，南至大圩、北至灵川县城、东至尧山脚、西至临桂县城、猴山脚的地理范围内的岩溶地貌，由质纯厚层状的融县石灰岩经岩溶作用而形成的峰林峰丛山体，分散离立于岩溶淮平原之上，漓江蜿蜒从盆地中心流过，桂林城位于漓江向西突出的河湾西岸，被峰林和峰丛山体包围，城内城外有诸多名山胜景，成为"城在景中，景在城中"的山水城市。

3.3.2.4　桂林—阳朔岩溶峰丛谷地

桂林—阳朔岩溶峰丛谷地指大圩到阳朔福利沿漓江长约 83km 的峰丛谷地。峰丛山是由石灰岩组成，漓江侵蚀切割峰丛山体，形成悬崖、峭崖以及一层层相互包抄的峰丛与蜿蜒于其间的漓江江水相映衬，这就是"桂林山水甲天下"以及"阳朔山水甲桂林"的物质基础，两岸峰丛山体中有一些地下河，在漓江两岸形成飞瀑流泉，形成洞衔漓江水面的出口，形成有特殊景观的石灰岩溶洞，这些景观组成了漓江百里画廊。除此之外，漓江流域内尚有会仙岩溶淮平原、雁山盆地、白沙葡萄岩溶盆地、遇龙河岩溶峰林平原、恭城岩溶盆地等地貌形态。

3.3.3　生物资源

漓江流域植物丰茂，物种繁多，有木本植物 1415 种，76 个变种，564 属，199 科，国家一级保护的珍稀植物有银杉、银杏、南方红豆杉，资源冷杉，杪椤（树蕨）等，二级保护珍稀植物有福建柏、黄枝油杉、长苞铁杉、白豆杉、观光木、马尾树、榉木、楠木等。

漓江流域森林植被主要有常绿阔叶林演替系列上的亚热带山地落叶阔叶、常绿阔叶混交林演替系列。前者包括有常绿阔叶林（如栲树林、罗浮树林、银荷木林、白椎林、甜槠林）、落叶阔叶林（如光皮桦林、枫香林、拟赤杨林、白安息香林、鹅耳枥林、山柳林）、针叶林（如长苞铁杉林、南方铁杉林、银杉林、马尾松林、杉木林）、竹林（如方竹林、摆竹林、毛竹林）、灌丛（如波缘冬青灌丛、圆锥绣球灌丛、映山红灌丛、笼竹灌丛等）、草本群落（如铁芒萁、蕨、白茅、野古草、五节芒、芒草）等群落。后者包括有枫香+四照花、野漆+青冈栎、安息香+尾叶山茶、虎皮楠+水青冈等混交林。此外，还有人工种植的柑橘、板栗、沙田柚、桂花、泡桐等。

3.3.4　水文特征

　　桂林—阳朔的漓江河段，水程约83km，落差约41m，坡降约0.5‰，是热带岩溶风景最典型与最完美的河段，被称为"百里画廊"与"黄金水道"。受降雨时空分布的制约，漓江降水丰枯期和洪枯季时间大致相同，属于雨源型河流。每年3~8月为汛期，其径流占全年80%以上，枯水期为8月至次年2月，其径流仅为全年的20%。从降雨量地理分布看，流域北部是高降雨区，向南逐渐减少。桂林附近降雨量为1900mm，阳朔附近为1500mm。年径流量向下游逐渐降低，桂林附近为1300mm，阳朔附近为800mm。

3.4　桂林市社会经济概况

　　初步统计，桂林市2012年全年地区生产总值1492.05亿元，增长13.3%。农业增加值274.51亿元，增长6.6%；规模以上工业增加值494.81亿元，增长24.5%；第三产业增加值522.60亿元，增长9.2%。全社会固定资产投资1462.40亿元，增长28.2%。组织财政收入163.56亿元，增长15.2%。银行业金融机构各项贷款余额1053.15亿元，增长16.1%。城镇居民人均可支配收入22300元，增长12.2%；农民人均纯收入7328元，增长15.9%。城镇化率达41.8%。主要经济指标增幅好于预期，地区生产总值、第一产业总产值和增加值、规模以上工业总产值和增加值等多项指标增幅位居全区前列。

　　但总体来说，桂林市的经济实力偏弱，人均地区生产总值低于全国平均水平，企业规模偏小，产业链短，集聚度低；城镇化水平低，中心城市规模小，辐射带动力不强，农村教育、卫生、文化等公共服务和基础设施建设滞后；生态环境保护任务重，工业发展面临漓江生态保护的制约。中心城区与周边区域的快速通道亟待完善，部分重要景区的内外交通条件较差。旅游产业综合效益较低，产业关联度和企业竞争力较弱，旅游高端人才缺乏，旅游基础设施及配套服务设施不足，旅游产品创新有待加强，建设国际旅游胜地的旅游管理体制机制有待进一步完善。

3.5　桂林市旅游业发展概况

　　进入21世纪，桂林加大整治旅游市场力度，加强饭店、交通、旅行社等旅游基础服务设施建设和景区景点开发建设，举办主题年旅游活动、承办各项旅游节、召开旅游产业发展大会，于 2009 年成为国家旅游综合改革试验区。经过一系列努力使得桂林旅游一直保持稳定增长态势（图 3-1），旅游接待人数和旅游总收入都有突破性增长，取得旅游总人次超千万（2001 年接待国内外游客 1009.22 万人次），旅游收入过百亿的佳绩（2008 年旅游收入为 100.26 亿元）。

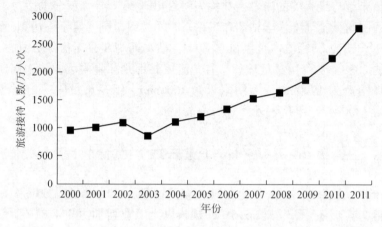

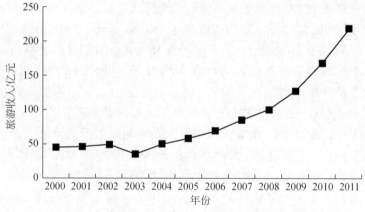

图 3-1　桂林旅游接待总人数、总收入（2000～2011 年）
数据来源：桂林市历年政府工作报告

　　2003 年以后，桂林旅游业凸显了产业发展的超前性特点和快速上升的势头（表 3-2）。除具有较高产业地位和产生良好经济效益外，桂林旅游业也取得了良好的社会效益和环境效益。旅游业的发展不仅在塑造桂林形象、带动贫困地区脱贫、为桂林创造新的发展机遇、促进桂林社会文化发展等方面有很好的促进作用；同时也有助于增加环保投入、促进环境质量提高和自然生态区域的保护。

表 3-2　桂林旅游发展速度分析

年份	旅游总收入		第三产业增加值		国内生产总值	
	收入/亿元	增长率/%	增加值/亿元	增长率/%	国内生产总值/亿元	增长率/%
2001	45.87	1.68	126.3	13.5	331.84	9.8
2002	49.33	7.5	142.90	13.4	357.68	9.2
2003	34.34	−30.4	155.32	10.9	397.46	9.8
2004	50.14	44.7	168.76	13.4	457.86	13.1
2005	57.95	15.6	195.21	11.0	536.92	13.5
2006	68.75	18.6	229.14	14.5	619.12	13.7
2007	85.51	24.4	268.38	15.5	746.83	15.1
2008	100.26	17.2	312.06	11.0	883.02	12.9
2009	126.92	26.6	351.21	14.1	940.55	14.0
2010	168.3	32.6	403.99	10.2	1108.63	16.8
2011	218.34	29.7	467.58	7.9	1336.07	12.2
2012	276.87	18.1	522.60	9.2	1492.05	13.3

资料来源：广西统计局官方网站（http://www.gxtj.gov.cn/）

　　但就桂林旅游业在全国的地位分析发现，桂林旅游在全国入境旅游市场中的比重整体呈下降趋势。究其原因：改革开放后，桂林逐渐失去政策优势，加之有竞争力的旅游目的地的急剧增加，一些新兴旅游城市如昆明、大连、厦门等崛起，以及一些老牌旅游城市的实力稳步上升，均对桂林旅游市场造成一定威胁。自 1999年起，桂林的海外旅游市场有所恢复，海外游客总数及在全国所占的市场份额均出现不同程度的回升，2005 年入境游客突破百万大关，成为全国入境游客超过百万人次 8 个城市中唯一的地级中等城市，港澳台游客在桂林入境旅游者中依然占据重要地位。但值得注意的是，桂林入境旅游一枝独秀的局面现已不复存在。

3.6　漓江旅游发展现状

3.6.1　旅游资源开发现状

　　一方面，漓江自然旅游资源丰富、人文景观众多，旅游资源品位高，且分布广泛；但除已开发较成熟的 5A 景区漓江风景名胜区和 4A 景区——古东瀑布和冠岩外，其他旅游资源基本处于待开发状态，未来旅游开发潜力巨大。另一方面，漓江沿线开发景区大多以观光旅游为主，除古东瀑布、冠岩外，其他景区几乎没有参与性、体验性旅游项目，区域游客数量主要来自古东和冠岩景区，两景区年接待游客人数仅为70万人次和40万人次。受游客接待量限制，区域旅游收益处于较低水平。同时由于处于未充分开发状态，各景区也缺乏与项目配套的高档次休闲度假设施。

漓江沿线良好的生态环境、浓郁的桂北少数民族文化是发展旅游的基础，在旅游开发与保护问题上，如何依托漓江的优势资源，打造旅游精品景区，而又能实施对漓江流域的有效保护？如何深入挖掘并开发当地民族文化和历史文化，而又保存其真实性和完整性？这是在旅游开发中无法回避的难题。

3.6.2　旅游公共服务体系建设现状

目前漓江沿线成熟景区不多，大多数旅游资源处于待开发状态，而游客数量处于增长阶段，区域旅游接待设施和旅游公共服务体系建设存在明显滞后。漓江外部交通较通畅，但内部交通还需进一步改善，交通环线、旅游专线的缺失也直接影响到漓江东西两岸旅游双环线的构建，而草坪至兴坪交通更是东岸旅游的硬伤。漓江大部分游客集中住宿于桂林市区和阳朔，而东岸接待能力有限的旅游住宿设施主要集中于神龙水世界、古东景区、兴坪古镇和冠岩景区周边的农家旅馆和云雾山庄，整体上很难满足游客需要；旅游餐饮开发尚未形成体系，沿线农家餐饮缺乏规范，产品缺乏特色，餐饮文化挖掘不够，且接待能力不足；景区导游服务除开发比较成熟的古东景区、冠岩景区、神龙水世界景区有一定规模外，其他景区几乎没有专业导游人员。在旅游购物上，区域内所生产的旅游商品缺乏特色，在产品包装、销售方式上缺乏新意；绝大多数景区景点以销售桂林大统一的土特产品或全国性旅游工艺品为主。

3.6.3　旅游管理和社区参与现状

漓江行政区域范围涵盖三县一区，旅游资源散布其中，包括已开发和待开发旅游资源，而已开发景区又分属不同旅游企业投资。如何超越行政区划对旅游进行统一的开发、如何对区域内景区（点）开展统一的市场营销、利益分配机制如何建立等，都是目前旅游开发中必须回答和解决的难题。另外，该区域社区居民众多，同样由于行政区划差异，如何有效实现社区居民参与；如何在开发中创新社区参与旅游开发与保护的模式，真正实现旅游造福于民；也是在旅游开发中必须解决的问题，只有解决了这些问题才能实现旅游的二次发展。漓江旅游开发时机成熟，旅游资源丰富，开发潜力巨大，但旅游管理、社区居民参与都将是我们面临的挑战，需要创新模式来平衡各方的利益。

3.7 漓江生态旅游可持续发展存在的问题

漓江旅游发展虽然取得了可喜成绩，但在开发建设过程中同样面临着诸多亟待解决的问题，这在当前甚至今后都将制约桂林的旅游发展。

3.7.1 生态环境保护压力增大

漓江流域由于地质岩性、构造、地形、地貌、水文、气候、土壤等的差异，自然资源组成和生态状况存在着较大差异。上游地区地势陡峻，地表沟谷深切，降雨量丰富，地表水系发达、土壤深厚，森林植被发育较好；下游地区以峰丛洼（谷）地、峰林平原为主，土壤层薄甚至基岩裸露，植被以石山灌木林和人工林为主。尽管漓江流域具有良好的生态与环境基础，但是历年的生产活动也给流域的生态与环境造成较大的压力。

2008年的雨雪冰冻灾害后，漓江上游的猫儿山、青狮潭、海洋山等三处常绿阔叶林受灾严重，水源林群落结构被破坏，其调节水量、涵养水源的功能下降。另外，漓江两岸的护岸工程也对自然景观产生影响，干扰或打破了原有的生态平衡。同时，随着近几年旅游市场的快速增长，旅游高峰期客流量严重超出了漓江风景名胜区的旅游环境容量，使漓江风景名胜区的环境遭到部分游客以及开发商的破坏。漓江一旦萎缩、干涸，桂林旅游业将失去宝贵的自然遗产和环境资源，桂林这一旅游文化名城也将失去活力。

3.7.2 旅游产业链结构不完善

旅游产品的多元化主要体现在旅游产品类型的多元化和多元化经营两方面。多元化的旅游产品类型主要是指旅游产品不仅仅依靠漓江流域现有自然资源，更应该通过其与周边特色农业、旅游景观地产、文化创意产业结合延伸，形成多类型旅游产品。多元化经营，即旅游服务业的综合开发，为旅客提供食、住、行、游、购、娱的综合旅游体验。多元化可以提升漓江的市场竞争力，吸引不同类型的旅游者。同时，还能够实现漓江旅游产品的互补，提升综合实力。

3.7.3 旅游市场秩序不够规范

社区是人类及其生存空间共同构成的一个有机整体，是在一定时间内，由社会人口、经济文化、自然环境等要素复合而成的相对独立的社会地域单元。漓江旅游开发初期并没有充分考虑到社区居民的旅游参与问题，认为社区居民与旅游的发展经营没有关系。但在旅游经营过程中，当地居民有的为了生活所需，有的看到旅游有利可图，纷纷无所约束地加入到旅游相关的经营中。这种无序的、没有旅游经营相关知识的活动，严重破坏了漓江的旅游资源，扰乱了当地的旅游秩序，破坏了旅游形象。

3.7.4 旅游区域合作不够深入

桂林主要以山水风光类的旅游资源为主，依托其优质的资源开发了知名的漓江风景名胜区，但也因此造成旅游产品类型相对比较单一、游客过于集中的弊端。以漓江为中心的旅游区缺少区域间的合作，与周边重要旅游目的地和旅游客源地的合作均不够深入，无法形成像丝绸之路、长江三角洲这样的区域旅游综合体，也就无法与区域合作优势明显的地区进行市场竞争，占据适当的旅游市场份额。

3.7.5 旅游资源开发创新性不够

自然资源导向型开发是目前漓江流域生态旅游资源开发的主要方式，随着旅游资源的不断开发，优质旅游资源越来越少，旅游产品陈旧化趋势也日益突显。未来，如何在利用好现有自然资源的基础上，实现由资源主导型向市场主导型、产品主导型旅游开发模式转变，将漓江流域开发与特色农业、旅游景观地产、文化创意产业相结合，实现漓江旅游资源向多元化、系统化、特色化、全面化发展，是实现漓江旅游可持续发展急需解决的问题。

3.7.6 旅游产品开发创新性不够

随着游客旅游需求的不断变化，游客需要的已不再是单纯的观光类旅游产品，而是逐渐向更加注重亲身体验的文化旅游和休闲度假旅游转变。因此，单纯的山水风光类旅游产品已经无法满足更广阔、多样的旅游市场需求。多年来，桂林借助其优秀的山水风景，开发了优秀的旅游产品，但却忽视了文化旅游资源以及休闲度假旅游资源的深入开发，旅游产品创新与市场需求脱节，现有的产品已不能满足旅游市场由观光向体验旅游发展的需要。

3.7.7 旅游人才储备不足

桂林属于二线城市，经济发展水平相对落后，对高素质旅游人才缺乏吸引力。同时，由于旅游行业门槛较低，像酒店、旅行社这类旅游公司，存在工作人员素质偏低、流动性较大、人才流失严重等问题，影响了桂林旅游服务质量的提升。

3.8 漓江生态旅游可持续发展的机遇

3.8.1 难得的跨境合作机遇

随着我国与东盟经贸关系的进一步深入，东盟正日益成为广西入境游最大的客源地。漓江风景名胜区作为广西最重要的旅游景区，对东盟各国的旅游者也最具有吸引力，是入境旅游者到广西旅游的最佳目的地。因此，东盟博览会的开展以及中国—东盟自由贸易区的建立，使得我国与东盟各国之间的人流、物流、资金流、信息流等大量互通，来往手续便捷化，促进了我国和东盟各国之间的旅游发展和交流，旅游商机大大增加。桂林作为东盟入境旅游的桥头堡，中国与东盟战略合作发展将会给桂林旅游发展开拓更加广阔的市场。

3.8.2 特有的资源优势

漓江是桂林的王牌旅游资源，在桂林旅游产品中处于龙头地位。在国内，"桂林山水甲天下"的美誉历史悠久。到广西旅游必游漓江，漓江风景名胜区已成为广西旅行社进行旅游线路组合设计的最重要景区。同样，桂林漓江风景名胜区是世界上规模最大、风景最美的岩溶山水游览区，每年都会迎接来自五湖四海的旅游者。漓江流域沿线各旅游企业充分利用资源丰富与集中的优势，开发了众多的 5A、4A、3A 景区，实现了规模化经营，多样化的资源组合和规模经营确立了桂林及漓江旅游在广西，甚至在国内外的优势地位。

3.8.3　良好的时代契机

2010 年初，桂林市着力加快工业、农业、旅游业、现代服务业发展，全面启动旅游"转型升级"。桂林旅游的"转型升级"实际上是要促进桂林旅游产业转型和全面升级，要求整合旅游资源、丰富和完善大桂林旅游圈，发展一批旅游强县和特色旅游小城镇，建设多样化、特色化、品牌化的旅游产品体系；推出历史文化旅游精品线路，推进漓江流域特色旅游富民项目建设，拓展观光旅游。

另外，在 2010 年 3 月举办的博鳌旅游论坛上，由 46 个城市和 49 家 5A 级景区共同发起的"中国 5A 级旅游景区城市联盟"在三亚宣告成立，桂林市当选中国 5A 景区城市联盟副主席城市，联盟宗旨中明确提出"共行低碳环保旅游经济之路"，与桂林所倡导的低碳旅游开发理念相一致，必将为桂林旅游发展带来新的机遇。低碳旅游注重居民参与和动感体验型旅游项目的开发，是桂林旅游界对历史和现实发展深入思考，提出的新发展战略。

3.8.4　强有力的政策支持

3.8.4.1　2012 年 11 月——《桂林国际旅游胜地建设发展规划纲要》

2012 年 11 月 28 日，经国务院同意，国家发展和改革委员会（以下简称国家发改委）批复《桂林国际旅游胜地建设发展规划纲要》，这是中国第一个旅游专项发展规划，标志着桂林国际旅游胜地建设正式上升为国家战略。

《桂林国际旅游胜地建设发展规划纲要》对桂林国际旅游胜地建设的空间布局、生态文明建设、旅游业发展、支撑条件、保障措施等方面提出了一系列要求和具体措施，确定要实施一批重大项目，加快研究推进城市区划调整，并从财税、投融资、对外开放、土地和规划、生态与环境保护、行政管理体制等方面有针对性地给予桂林政策倾斜。

3.8.4.2　2009 年 12 月——国务院《关于进一步促进广西经济社会发展的若干意见》

国务院《关于进一步促进广西经济社会发展的若干意见》（以下简称《若干意见》）明确了支持示范区、试验区、改革试点以及创新体制机制等方面先试先行的政策，特别提出建设桂林国家旅游综合改革试验区。2010 年 1~3 月，桂林市召开常委扩大会议和旅游工作会议，就"建设桂林国家旅游综合改革试验区"进行专题学习研究，并强调指出"建设国家旅游综合改革试验区是桂林的重大历史发展机遇"。"桂林国家旅游综合改革试验区"要体现"改革"和"试验"两个方面："改革"是分析桂林旅游发展中存在问题、突破约束的瓶颈；"试验"表明可在国家政策框架内充分发挥创造性，向国家申请在政策方面的优惠措施，如申请桂林境外游客落地签证；争取广州、南宁等地国际航线延伸至桂林；争取提升桂林的外事规格；争取建设一批高档次体育文化旅游设施，吸引国际顶尖文化体育赛事落户桂林，拉动桂林旅游向高端化、多元化发展；把已有的联合国世界旅游组织论坛打造成具有世界影响的"旅游业界博鳌论坛"；把已有的旅游节会上升为国家级节会等。

3.8.4.3　2009年12月——《国务院关于加快发展旅游业的意见》

《国务院关于加快发展旅游业的意见》（以下简称《意见》）提出在全社会大力倡导健康旅游、文明旅游、绿色旅游，使城乡居民在旅游活动中增长知识、开阔视野、陶冶情操，倡导文明健康的旅游方式；提出要制定国民旅游休闲纲要，设立中国旅游日，落实带薪休假制度；提出积极发展休闲度假旅游，引导城市周边休闲度假带建设；有序推进国家旅游度假区发展。《意见》出台，势必对发展以体验和休闲旅游产品，主推健康生态旅游的漓江流域带来十分有利的发展环境。

3.8.4.4　2010年1月——全国旅游工作会议

2010年，全国旅游工作会议在广西南宁召开，强调下大力气转变旅游业发展方式，推进旅游业转型升级，真正使旅游业走内涵式集约化发展的道路，实现速度、结构、质量、效益的统一。会议再次强调要重点做好推进旅游业改革创新、旅游业发展方式转变，这与漓江流域旅游发展立足桂林山水，而又突破性开发以动感为主题、集中突出体验型和休闲型旅游产品的开发思路不谋而合。

3.8.5　便捷的交通格局

漓江周边已形成较便利的旅游交通格局。公路有桂梧高速、桂海高速、桂阳公路、国道321、国道323等线连通外部，水路依托漓江，可通达桂林、梧州、广州等地；航空依托桂林机场，可实现远距离旅游空间切换。而新的内部交通格局构建对漓江更具战略意义。旅游黄金通道桂阳公路、桂竹公路、桂磨公路目前在漓江流域并行，已与漓江共同构筑起"一江三路"的格局，未来随着漓江风景名胜区—草坪—兴坪—福利旅游专线公路的建成，以漓江为轴，东西两岸互动的旅游双环线将形成，而其延伸将会使桂林主城—大圩—草坪—兴坪—福利—阳朔—高田—金宝—南边山—会仙—四塘—桂林主城城市外环线更加完善。

未来随着兴安到阳朔二级公路的通车，灵川海洋、潮田经大田到阳朔兴坪的交通状况也将极大改善。桂林已启动建设国家旅游综合改革试验区，目前正实施"两铁五高"工程，其中"两铁"为：湘桂高铁和贵广高铁，两条高速铁路在桂林交叉。桂林主城—大圩—海洋—兴安轴，结合新旅游环线的建设，与湘桂轴也将构成环形，届时漓江将形成一个完整的旅游交通环线。湘桂高铁和贵广高铁的建成，将会使桂林处在四大省会城市（湖南长沙、贵州贵阳、广东广州、广西南宁）"3h"经济圈的中心，便捷的旅游交通网络将会逐步形成，改变漓江外部旅游通道，缩减跨省客源市场旅行交通成本，利于进一步拓展区域旅游市场。

4　漓江的生态安全评价

现阶段，漓江在旅游发展的过程中，已经出现诸如水土流失、生物多样性减少、水体富营养化等一系列生态安全问题。因此，有必要对漓江的生态系统做一次较为全面和系统的生态安全调查与评价，以促进漓江旅游业的可持续发展与旅游资源的永续利用。这对维护漓江生态系统平衡与安全，保护漓江的生态环境，顺利推进桂林国际旅游胜地的建设至关重要。

4.1　生态安全评价概述

2000 年国务院发布的《全国生态环境保护纲要》首次明确提出"维护国家生态环境安全"的目标后，国内对生态安全的研究呈现如火如荼之势。前期研究内容多集中在生态安全的概念、研究内容、研究对象、研究意义、生态安全分类等基本理论层面上。近年来，随着多学科专家学者的介入以及定量数理分析方法的发展，国内研究重点多集中在生态安全评价指标体系的构建，生态安全评价方法的选择与评价模型的构建上。同时，在实践层面上，区域性生态安全，如河流、草原、湿地、城市、乡村、旅游地、岩溶地貌等领域已成为国内专家学者关注的焦点。

4.1.1　生态安全评价指标

4.1.1.1　国外相关研究

生态安全评价研究的关键环节是建立科学客观的评价指标体系与评价标准，现阶段国外尚无一个统一的生态安全的评价指标体系，较为著名的有以下三种，见表4-1。

表 4-1　国外典型生态安全评价指标体系

序号	名称	提出机构	基本框架
1	PSR 模型（Pressure State Pesponse）	联合国经济合作开发署（OECD；1997）	针对环境恶化现状运用"压力—状态—响应"的逻辑思维解释生态安全问题

序号	名称	提出机构	基本框架
2	DSR（Driving force Status Response）模型	联合国可持续发展委员会（UNCSD；1989）	在"PSR"框架模型的基础上引入驱动力概念，创建"驱动力—状态—响应"思维
3	DPSIR 模型（Driving force Pressure State impact Response）	欧洲环境署（EEA；1994）	在 PSR 框架模型的基础上，引入"驱动力"（D：driving force）与"影响"（I：impact）两个指标

依据研究内容的不同，国外对生态安全评价指标体系的研究主要集中在生态风险评价与生态系统健康评价上，并且国外专家学者各自对其有较为详细的描述，具体见表 4-2。

表 4-2　国外生态安全评价重点关注指标

序号	指标体系	提出者
1	生态风险评价包含风险表征（risk characterization）、危害评价（hazard assessment）、受体分析（receptor assessment）等内容	Hergh 和 Verbruggen（1999）
2	采用环境适宜迁移模型，运用定量计算等方法对生态风险进行评价	Barnthouse 和 Suterli（1995）
3	建立包括 54 个指标要素，EDI、REI、IRI 三个类别的生态脆弱性对比评价指标体系	Villa 和 McLeod（2002）
4	生态系统健康评价指标体系建立在生态系统的功能之上	Waltner（1996）
5	将恢复性与抑制性创新式地引入生态系统健康评价指标体系之中，是生态安全评价的全新尝试	Whitford（1999）
6	把生态系统危险症状作为评价生态系统不健康的对比标准	Rapport 等（1985）
7	把组织、活力与恢复力三要素引入生态系统健康评价指标体系	Costanza 等（1992）
8	从能量角度出发构建生态系统健康评价指标体系	Jorgensen（1995）

4.1.1.2　国内相关研究

在国内，对生态安全评价的研究主要围绕概念的界定、现状与问题分析以及解决途径等方面展开。从生态安全评价的研究范围看，主要包括全球生态安全、国家生态安全和区域生态安全三个领域，而我国在全球生态安全评价方面的研究还不多见，研究重点主要集中在国家和区域上。国内对生态安全评价的实例研究涉及范围较广，以区域生态安全的实例研究居多，主要包括城市、河流与水环境、农业与土地、工矿业、湿地、草地、喀斯特地貌、山岭峡谷、森林植被、自然保护区、旅游地等各个领域，具体见表4-3。

表4-3 国内典型生态安全评价指标体系

研究对象	指标体系	典型实例	作者	年份
省域	运用生态足迹理论，对土地利用变化进行分析	湖南省生态安全综合评价研究	熊鹰	2008
城镇	从经济发展、社会进步、生态环境、人口生活四大方面建立评价指标体系	乌鲁木齐城市生态安全研究	付小峰	2009
河流与水环境	运用PSR模型构建生态安全评价指标体系	枣庄市水环境生态安全评价	唐承佳	2007
工矿业	运用PSR模型构建工业生态安全评价指标体系	工业生态安全评价与实证研究	李炎女	2008
农业	由PSR模型构建农业生态安全评价指标体系	黄土丘陵区农业生态安全评价研究	肖薇薇	2007
土地	耕地生态安全的自然因素、耕地生态安全的经济因素、耕地生态安全的社会因素共同构建评价指标体系	石家庄市耕地动态变化与生态安全评价研究	王军	2009
湿地	资源生态环境压力、资源禀赋与生态环境质量、生态环境保护及建设能力构建指标体系	浅水湖泊湿地生态安全评价研究	高娟	2006
草地	人类活动、草地生态系统功能、植被群落动态、气候变化、自然灾害、土壤条件等构建指标体系	西北地区草地生态系统生态安全评价初探	金樑等	2006
森林植被	立地指标、群落结构及稳定性指标、植被指标、环境指标、生态效益指标构建指标体系	生态安全评价指标体系的建立——以山东省森林生态系统为例	房用等	2007
生态脆弱区	根据PSR模型，选取29项指标，构建资源生态安全评价指标体系	基于GIS、RS的生态脆弱区生态安全评价——以河北太行山区为例	刘欣	2009
自然保护区	资源生态环境压力、资源生态环境质量、资源生态环境保护整治及建设能力共8个准则层，24个要素层构建指标体系	闽江源自然保护区及周边社区生态安全评价研究	龚直文	2006
旅游地	从生态环境压力（人口、土地、水、旅游资源）、生态环境状态（环境质量、生物系统）、生态环境响应（投入、科教、法律）三项目层建立评价指标体系	南平市高坪竹海生态旅游区生态安全评价	李新源	2010

4.1.2 生态安全评价方法

生态系统安全评价是生态旅游可持续发展研究的一个全新领域，随着生态安全研究的进一步深入，在积极吸纳相关学科、领域理论的基础上，生态安全评价方法已经由最初的定性描述演化为定量的精确分析判断。国内外关于生态安全评价的方法有多种，现存且比较流行的评价模型有"数学模型""景观生态模型""生态模型""数值地面模型"四大模型，具体见表4-4。

表4-4　国内外生态安全评价方法一览表

模型类型	代表性方法	特点	典型实例
数学模型	主成分投影法	利用降维的思想，克服指标间重叠信息，但失去指标的实际含义	岷江流域生态安全及预警研究（李春燕，2008）
	灰色关联度法	灰色关联度法对分辨系数的判断具有主观性，对评价结果的精确性造成一定影响	深圳城市生态安全评价及预测模型研究（张金花，2008）
	层次分析法	需要定量化数据较少，具有一定的主观性	浙江嘉兴土地资源生态安全评价（刘勇等，2004）
	模糊物元评判法	能够克服动态变化因子不确定性的影响，但关联函数不规范	新疆城市生态安全评价指标体系及方法研究（廖霞，2008）
	综合评价法	体现生态安全评价的综合性、整体性和层次性，但易将问题简单化	工业生态安全评价与实证研究（胡炎女，2008）
景观生态模型	景观空间邻接度法	主要应用于对宏观生态安全的评价，在大空间尺度上得以很好的运用	黑河流域金塔绿洲生态安全评价（杜巧玲等，2004）
	景观生态安全格局法	从生态系统结构出发综合评估各种潜在生态影响类型	广东丹霞山国家风景名胜区生物保护的安全评价（俞孔坚，2005）
数值地面模型	数字生态安全法	RS与GIS相结合，运用现代科学技术手段对生态安全进行评价	重庆市忠县生态安全评价（左伟，2004）
生态模型	生态足迹法	方法简单明了，但过于强调社会经济对环境的影响	黑龙江省生态足迹与生态安全分析及其可持续发展（王大庆，2008）

4.2 研究方法与技术路线

4.2.1 研究方法

本书在整理相关资料以及前人研究相关成果的基础上展开研究，采用的主要研究方法有以下五种。

(1) 文献分析法

本书在选题与写作过程中，查阅并参考了桂林理工大学图书馆馆藏的国内外大量相关研究文献，在此基础上，对相关文献做了较为详细的归纳与总结，为本书的理论与实证研究打下坚实的基础。

(2) 实地调查法

对漓江的自然、社会、经济概况展开实地调查、深度访谈和相关资料的搜集，获得充分的第一手资料，使问题分析更加真实、准确。

(3) 专家咨询法

为了精简评价指标的具体内容，本书多次咨询有关生态安全方面的专家学者，请专家学者对指标的重要程度进行判断，并对拟建立的指标进行多次筛选，结合前人成熟的研究成果，最终确定所需构建的漓江流域景区的评价指标体系。

(4) 定性与定量分析法

定量分析与定性分析相互依赖、相互转化。本书在资料分析、专家咨询与实地调查的基础上，运用定量分析方法，把相关的内容与推断过程量化，增加研究的科学性与精确性；并对相关数据统计进行定量分析，对最终所得结论进行定性化说明。

(5) 实证分析法

本书在最终确定的漓江生态安全评价指标体系的基础上，运用层次分析法（AHP）确定权重系数，采用数理模型-综合评价法，对评价指标体系进行综合判断评价，并进行实证研究来验证和评判模型。

4.2.2　技术路线

本书的技术路线图如图 4-1 所示。

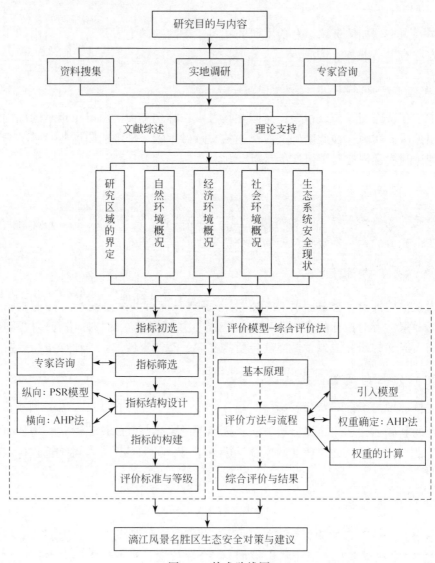

图 4-1　技术路线图

4.3 评价指标体系的构建

4.3.1 评价指标体系构建的原则

(1) 整体性

评价指标体系中的每个指标要素必须都是反映本质特征的综合信息因子,能反映漓江生态安全的整体性与综合性特征。

(2) 科学性

生态安全指标体系应是一个意义明确、测定方法规范、统计方法科学、层次分明的整体,以反映区域生态环境质量与经济、社会发展的协调程度,保证评价结果的真实性和客观性。

(3) 实用性

漓江生态安全评价指标的选择,必须充分考虑实用性与可行性,并且具有较强的可操作性,这也是充分体现评价指标体系是否科学、合理的重要原则。

(4) 代表性

漓江生态安全评价指标体系的构建,不可能囊括全部的评价因子,只能在参考成熟研究成果的基础上,从中选择具有代表性的、最能反映漓江生态安全本质特征的指标。

(5) 层次性

根据生态安全评价的需要与生态安全评价的复杂性,本书指标体系的构建,在 PSR 概念理论层次的基础上,可分解为四大层次结构,从而使指标体系更加合理、清晰。

4.3.2 评价指标体系的层次结构设计

为了使漓江生态安全评价指标的选取更为精确与科学,本书的生态安全纵向指标体系采用国际上通用的"压力—状态—响应"(PSR)概念框架模型构建;横向指标体系采用层次分析法(AHP)进行构建。

4.3.2.1 纵向指标结构的构建——PSR 模型

"压力—状态—响应"概念模型（图4-2）为漓江生态安全评价指标体系的构建提供概念框架基础，共分为生态安全压力子系统、生态安全状态子系统与生态安全响应子系统。其中，压力子系统各指标表征生态环境问题的原因；状态子系统各指标表征人类行为导致的自然环境状况、状态的变化；响应子系统各指标表征保障生态安全、社会克服生态安全危机的能力（左伟等，2003；角媛梅和肖笃宁，2004；俞孔坚，2005；王大庆，2008）。

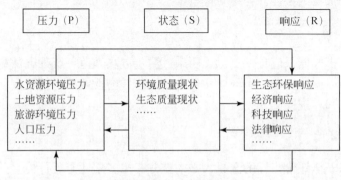

图4-2 PSR 概念模型

4.3.2.2 横向指标结构的构建——AHP 法

采用层次分析法（AHP 法）确立生态安全评价指标体系的横向结构，共分目标层、准则层、指标层和要素层四大横向指标层次。其中，目标层——漓江生态安全评价的总体目标，也是评价指标体系的最高层次；准则层——确保总体目标的实现，根据PSR 概念框架模型可把准则层细分为压力子系统、状态子系统、响应子系统三大层次；指标层——压力子系统、状态子系统、响应子系统三大层次所各自对应的主要内容；要素层——指标体系的最基本层次，反映生态安全评价的具体指标。

4.3.3 评价指标的筛选方法

4.3.3.1 问卷设计

（1）第一轮

第一轮专家意见与建议征询共包括两大部分内容：

第一部分内容为 61 个具体指标，指标的重要程度分为五个等级，并请专家根据各指标的重要程度，对初步建立的评价指标体系打分（"不重要"——1 分，"较不重要"——3 分，"一般重要"——5 分，"较重要"——7 分，"重要"——9 分）。

第二部分内容共两个问题：第一个问题是请各位专家对无关的、不合理的与重要程度差的指标进行修改调整；第二个问题是请各位专家增加其他指标。

（2）第二轮

第二轮专家意见与建议征询共包括三大部分内容：

第一部分内容为依据第一轮专家征询问卷的统计结果，调整原有的指标体系，构成新的指标体系，共 56 个具体指标，并请专家再次对新的指标体系的重要程度进行判断。

第二部分内容共两个问题：第一个问题是请各位专家对无关的、不合理的与重要程度差的指标进行修改调整；第二个问题是请各位专家增加其他指标。

第三部分内容附上第一轮专家问卷的统计结果，从而为专家在回答与修改第二轮征询问卷时提供参考。

（3）第三轮

第三轮专家意见与建议征询共分为三大部分内容：

第一部分内容为依据第二轮专家征询问卷的统计结果，调整原有的指标体系，构成新的指标体系，共 53 个具体指标，并请专家第三次对新的指标体系的重要程度进行判断。

第二部分内容共两个问题：第一个问题是请各位专家对无关的、不合理的与重要程度差的指标进行修改调整；第二个问题是请各位专家增加其他指标。

第三部分内容附上第二轮专家问卷的统计结果，从而为专家在回答与修改第三轮征询问卷时提供参考。

4.3.3.2　问卷发放

邀请桂林理工大学旅游学院、桂林市旅游局、武汉科技大学、呼伦贝尔学院等 25 位相关专家学者以及桂林理工大学 2008 级、2009 级旅游管理专业 11 位研究生对评价指标体系的构建与研究提出具体建议。具体过程共分三轮：每轮问卷各发放 25 份，各收回 25 份。

4.3.3.3 统计结果分析

按照专家意见征询表上的指标重要程度，分别对每一轮专家意见征询表中的各指标计算专家"意见集中度"与"意见协调度"。其中，专家"意见集中度"用各指标计算所得分值的算术平均值来表示，算术平均值越大表示指标的"意见集中度"越高；专家"意见协调度"用指标计算所得分值的变异系数来表示，变异系数越小，说明指标的"意见协调度"越高。

计算公式如下。

"意见集中度"计算公式：

$$M_j = \frac{1}{n} \sum_{i=1}^{n} X_{ij} \tag{4-1}$$

"意见协调度"计算公式：

$$S_j = \sqrt{\frac{1}{n-1} \sum_{i=1}^{n} (X_{ij} - M_j)^2} \tag{4-2}$$

$$V_j = \frac{S_i}{M_j} \tag{4-3}$$

式中：i 为第 i 个专家；j 为指标体系中的第 j 个指标；X_{ij} 为第 i 个专家给第 j 个指标的重要程度打分；n 为专家人数；m 为指标个数；M_j 为 j 指标的算术平均值；V_j 为 j 指标的变异系数；S_j 为 j 指标的标准差。其中，S_j 是计算变异系数的重要公式，M_j 值越大，反映的 j 指标的专家"意见集中度"越高；V_j 越小，反映的 j 指标的专家"意见协调度"越高。

为了使在专家征询过程中每一轮所选取的指标具有充分的准确性、科学性与客观性，更具有说服力，本书约定 $M_j \geq 6.0$ 并且 $V_j \leq 0.5$ 作为在专家意见征询过程中筛选指标的重要标准。

4.3.4 评价指标的筛选

4.3.4.1 第一轮筛选

（1）第一轮初选指标

在查阅相关文献和专家指导的基础上，通过三次比较与筛选，确定漓江生态安全评价指标体系（初选）的详细内容，即漓江生态安全评价指标体系专家征询表（第一轮），内容具体包括：1 个目标层、3 大准则层、18 项指标层、61 项要素层，见表4-5。

表4-5 漓江生态安全评价第一轮初选指标

目标层	准则层	指标层	要素层
漓江生态安全评价指标体系	生态安全压力子系统	水资源压力	人均水资源拥有量
			水体污染指数
			水体断流比
		土地资源压力	水土流失率
			人均耕地面积
			土地垦殖指数
			旅游用地需求增长率
			旅游用地利用强度
		旅游资源压力	旅游资源利用强度
			旅游资源破坏程度
			旅游污染负荷
		人口压力	人口密度
			人口自然增长率
			旅游从业人员增长率
			客流量增长率
			人类干扰指数
		社会经济压力	人均财政收入
			经济发展总体水平
			区域开发指数
		环境污染压力	废气排放密度
			生活污水排放密度
			噪声污染
			固体废弃物污染
			景观视觉污染
		自然灾害压力	洪涝比例
			干旱比例
			病虫鼠害发生率

续表

目标层	准则层	指标层	要素层
漓江生态安全评价指标体系	生态安全状态子系统	气候指标现状	年均降水量
			年均气温
		水文指标现状	蓄水量
			水质指数
		植被指标现状	森林覆盖率
			树种结构
			绿地覆盖率
		土壤指标现状	土壤侵蚀指数
			土壤孔隙状况
			土壤有机质含量
		物种指标现状	保护动物比例
			保护植物比例
			生物物种质量
			生态系统质量
		景观指标现状	景观破碎度
	生态安全响应子系统	环保支持	环保治理投资占 GDP 的比例
			生态建设投入强度
			污染治理投资强度
			废水处理率
			废气处理率
			废固综合利用率
			受保护土地占流域土地面积比例
		经济支持	人均 GDP
			人均固定资产投资
			第三产业比例
			旅游 GDP 贡献率
		科技支持	教育支出占 GDP 的比例
			科技教育投入占 GDP 比例
		法律支持	立法完善程度
			法律意识高低
			执法力度
		智力支持	旅游者素质（大专以上学历占总人数比重）
			旅游从业人员素质（大专以上学历占总人数比重）
			旅游地居民素质（初中以上学历占总人数比重）

（2）第一轮筛选结论

对初步设计的问卷进行第一轮的专家意见征询，并通过计算 M_j 与 V_j 的值以及专家提出的宝贵意见，对表4-5中的指标做出以下修改：

1）生态安全压力子系统相关指标的修正。删除"土地垦殖指数""旅游污染负荷""人口自然增长率"，并将"人均财政收入"修正为"经济密度"，将"废气排放密度"修正为"大气污染综合指数"，将"噪声污染"修正为"噪声污染指数"，将"固体废弃物污染"修正为"固体废弃物污染指数"。

2）生态安全状态子系统相关指标的修正。将"蓄水量"修正为"水域面积"，将"水质指数"修正为"水环境质量"。

3）生态安全响应子系统相关指标的修正。删除"受保护土地占流域土地面积比例"，并将"生态建设投入强度"与"污染治理投资强度"共同修正为"生态环境保护投资指数"，将"废水处理率"修正为"污水达标排放率"，将"废固综合利用率"修正为"固体废弃物处理率"（修正后的指标体系见表4-6）。

4.3.4.2 第二轮筛选

（1）第二轮初选指标

经过修正，漓江生态安全评价第二轮初选指标见表4-6。

表4-6 漓江生态安全评价第二轮初选指标

目标层	准则层	指标层	要素层
漓江生态安全评价指标体系	生态安全压力子系统	水资源压力	人均水资源拥有量
			水体污染指数
			水体断流比
		土地资源压力	水土流失率
			人均耕地面积
			旅游用地需求增长率
			旅游用地利用强度
		旅游资源压力	旅游资源利用强度
			旅游资源破坏程度
		人口压力	人口密度
			旅游从业人员增长率
			客流量增长率
			人类干扰指数

续表

目标层	准则层	指标层	要素层
漓江生态安全评价指标体系	生态安全压力子系统	社会经济压力	经济密度
			经济发展总体水平
			区域开发指数
		环境污染压力	大气污染综合指数
			生活污水排放密度
			噪声污染指数
			固体废弃物污染指数
			景观视觉污染
		自然灾害压力	洪涝比例
			干旱比例
			病虫鼠害发生率
	生态安全状态子系统	气候指标现状	年均降水量
			年均气温
		水文指标现状	水域面积
			水环境质量
		植被指标现状	森林覆盖率
			树种结构
			绿地覆盖率
		土壤指标现状	土壤侵蚀指数
			土壤孔隙状况
			土壤有机质含量
		物种指标现状	保护动物比例
			保护植物比例
			生物物种质量
			生态系统质量
		景观指标现状	景观破碎度
	生态安全响应子系统	生态环保响应	环保治理投资占 GDP 的比例
			生态环境保护投资指数
			污水达标排放率
			废气处理率
			固体废弃物处理率

续表

目标层	准则层	指标层	要素层
漓江生态安全评价指标体系	生态安全响应子系统	经济响应	人均 GDP
			人均固定资产投资
			第三产业比例
			旅游 GDP 贡献率
		科技响应	教育支出占 GDP 的比例
			科技教育投入占 GDP 比例
		法律响应	立法完善程度
			法律意识高低
			执法力度
		智力响应	旅游者素质（大专以上学历占总人数比重）
			旅游从业人员素质（大专以上学历占总人数比重）
			旅游地居民素质（初中以上学历占总人数比重）

（2）第二轮筛选结论

根据第二轮专家意见征询调查问卷，并通过计算 M_j 与 V_j 的值以及专家提出的宝贵意见，对表4-6中的指标修改如下：

1）生态安全压力子系统相关指标的修正删除"人均耕地面积"与"人类干扰指数"两个指标。

2）生态安全状态子系统相关指标的修正将"水域面积"指标修正为"水域覆盖率"。

3）生态安全响应子系统相关指标的修正删除仅仅反映现状的"人均GDP"指标。将"环保支持、经济支持、科技支持、法律支持、智力支持"中的"支持"改为"响应"，使指标层更加形象，紧扣生态安全的主题（修正后的指标体系见表4-7）。

4.3.4.3　第三轮筛选

（1）第三轮初选指标

根据专家意见对部分指标进行了修订调整，形成了第三轮初选指标（表4-7）。

表4-7 漓江生态安全第三轮初选指标

目标层	准则层	指标层	要素层
漓江生态安全评价指标体系	生态安全压力子系统	水资源压力	人均水资源拥有量
			水体污染指数
			水体断流比
		土地资源压力	水土流失率
			旅游用地需求增长率
			旅游用地利用强度
		旅游资源压力	旅游资源利用强度
			旅游资源破坏程度
		人口压力	人口密度
			旅游从业人员增长率
			客流量增长率
		社会经济压力	经济密度
			经济发展总体水平
			区域开发指数
		环境污染压力	大气污染综合指数
			生活污水排放密度
			噪声污染指数
			固体废弃物污染指数
			景观视觉污染
		自然灾害压力	洪涝比例
			干旱比例
			病虫鼠害发生率
	生态安全状态子系统	气候指标现状	年均降水量
			年均气温
		水文指标现状	水域覆盖率
			水环境质量
		植被指标现状	森林覆盖率
			树种结构
			绿地覆盖率
		土壤指标现状	土壤侵蚀指数
			土壤孔隙状况

续表

目标层	准则层	指标层	要素层
漓江生态安全评价指标体系	生态安全状态子系统	土壤指标现状	土壤有机质含量
		物种指标现状	保护动物比例
			保护植物比例
			生物物种质量
			生态系统质量
		景观指标现状	景观破碎度
	生态安全响应子系统	生态环保响应	环保治理投资占 GDP 的比例
			生态环境保护投资指数
			污水达标排放率
			废气处理率
			固体废弃物处理率
		经济响应	人均固定资产投资
			第三产业比例
			旅游 GDP 贡献率
		科技响应	教育支出占 GDP 的比例
			科技教育投入占 GDP 比例
		法律响应	立法完善程度
			法律意识高低
			执法力度
		智力响应	旅游者素质（大专以上学历占总人数比重）
			旅游从业人员素质（大专以上学历占总人数比重）
			旅游地居民素质（初中以上学历占总人数比重）

（2）第三轮筛选结论

在第三轮的生态安全评价专家意见征询表中，专家没有再对开放性问题提出建议，因此，计算相关指标的 M_j 与 V_j 值，见表4-8。

表4-8　漓江生态安全评价指标体系的 M_j 值与 V_j 值

目标层	准则层	指标层	要素层	M_j 值	V_j 值
漓江生态安全评价指标体系	生态安全压力子系统	水资源压力	人均水资源拥有量	8.13	0.17
			水体污染指数	8.21	0.09
			水体断流比	7.24	0.13

续表

目标层	准则层	指标层	要素层	M_j 值	V_j 值
漓江生态安全评价指标体系	生态安全压力子系统	土地资源压力	水土流失率	7.99	0.11
			旅游用地需求增长率	7.38	0.21
			旅游用地利用强度	7.12	0.23
		旅游资源压力	旅游资源利用强度	7.23	0.19
			旅游资源破坏程度	7.56	0.20
		人口压力	人口密度	8.33	0.16
			旅游从业人员增长率	7.49	0.18
			客流量增长率	7.56	0.12
		社会经济压力	经济密度	7.73	0.22
			经济发展总体水平	6.88	0.28
			区域开发指数	7.55	0.27
		环境污染压力	大气污染综合指数	7.23	0.21
			生活污水排放密度	7.44	0.24
			噪声污染指数	6.98	0.19
			固体废弃物污染指数	7.56	0.23
			景观视觉污染	6.83	0.24
		自然灾害压力	洪涝比例	6.42	0.27
			干旱比例	6.78	0.29
			病虫鼠害发生率	6.12	0.33
	生态安全状态子系统	气候指标现状	年均降水量	7.03	0.16
			年均气温	6.81	0.13
		水文指标现状	水域覆盖率	8.73	0.09
			水环境质量	8.44	0.17
		植被指标现状	森林覆盖率	8.61	0.08
			树种结构	7.33	0.29
			绿地覆盖率	7.01	0.34
		土壤指标现状	土壤侵蚀指数	7.56	0.28
			土壤孔隙状况	7.73	0.31
			土壤有机质含量	7.39	0.27
		物种指标现状	保护动物比例	6.90	0.25
			保护植物比例	7.09	0.29

目标层	准则层	指标层	要素层	M_j 值	V_j 值
漓江生态 安全评价 指标体系	生态安全 状态子系统	物种指标现状	生物物种质量	7.82	0.19
			生态系统质量	8.23	0.12
		景观指标现状	景观破碎度	7.97	0.21
	生态安全 响应子系统	生态环保响应	环保治理投资占 GDP 的比例	8.55	0.17
			生态环境保护投资指数	8.63	0.15
			污水达标排放率	7.74	0.22
			废气处理率	7.91	0.26
			固体废弃物处理率	7.69	0.18
		经济响应	人均固定资产投资	6.74	0.37
			第三产业比例	7.87	0.28
			旅游 GDP 贡献率	8.23	0.14
		科技响应	教育支出占 GDP 的比例	6.43	0.31
			科技教育投入占 GDP 比例	6.31	0.27
		法律响应	立法完善程度	7.24	0.33
			法律意识高低	7.48	0.25
			执法力度	7.99	0.21
		智力响应	旅游者素质（大专以上学历占总 人数比重）	7.33	0.26
			旅游从业人员素质（大专以上学 历占总人数比重）	7.81	0.21
			旅游地居民素质（初中以上学历 占总人数比重）	6.83	0.18

注：$M_j \geqslant 6.0$ 并且 $V_j \leqslant 0.5$

由表 4-8 可知，指标体系中的各个指标值均满足 $M_j \geqslant 6.0$ 且 $V_j \leqslant 0.5$，说明指标体系中的各指标"意见集中度"与"意见协调度"均符合本书的要求，最终得出漓江生态安全评价指标体系，见表 4-9。

表 4-9 漓江生态安全评价指标体系

目标层	准则层	指标层	要素层
O 漓江 生态安全评 价指标体系	A_1 生态安全 压力子系统	B_1 水资源压力	C_1 人均水资源拥有量
			C_2 水体污染指数
			C_3 水体断流比

目标层	准则层	指标层	要素层
O 漓江生态安全评价指标体系	A_1 生态安全压力子系统	B_2 土地资源压力	C_4 水土流失率
			C_5 旅游用地需求增长率
			C_6 旅游用地利用强度
		B_3 旅游资源压力	C_7 旅游资源利用强度
			C_8 旅游资源破坏程度
		B_4 人口压力	C_9 人口密度
			C_{10} 旅游从业人员增长率
			C_{11} 客流量增长率
		B_5 社会经济压力	C_{12} 经济密度
			C_{13} 经济发展总体水平
			C_{14} 区域开发指数
		B_6 环境污染压力	C_{15} 大气污染综合指数
			C_{16} 生活污水排放密度
			C_{17} 噪声污染指数
			C_{18} 固体废弃物污染指数
			C_{19} 景观视觉污染
		B_7 自然灾害压力	C_{20} 洪涝比例
			C_{21} 干旱比例
			C_{22} 病虫鼠害发生率
	A_2 生态安全状态子系统	B_8 气候指标现状	C_{23} 年均降水量
			C_{24} 年均气温
		B_9 水文指标现状	C_{25} 水域覆盖率
			C_{26} 水环境质量
		B_{10} 植被指标现状	C_{27} 森林覆盖率
			C_{28} 树种结构
			C_{29} 绿地覆盖率
		B_{11} 土壤指标现状	C_{30} 土壤侵蚀指数
			C_{31} 土壤孔隙状况
			C_{32} 土壤有机质含量
		B_{12} 物种指标现状	C_{33} 保护动物比例
			C_{34} 保护植物比例

续表

目标层	准则层	指标层	要素层
O 漓江生态安全评价指标体系	A_2 生态安全状态子系统	B_{12} 物种指标现状	C_{35} 生物物种质量
			C_{36} 生态系统质量
		B_{13} 景观指标现状	C_{37} 景观破碎度
	A_3 生态安全响应子系统	B_{14} 生态环保响应	C_{38} 环保治理投资占 GDP 的比例
			C_{39} 生态环境保护投资指数
			C_{40} 污水达标排放率
			C_{41} 废气处理率
			C_{42} 固体废弃物处理率
		B_{15} 经济响应	C_{43} 人均固定资产投资
			C_{44} 第三产业比例
			C_{45} 旅游 GDP 贡献率
		B_{16} 科技响应	C_{46} 教育支出占 GDP 的比例
			C_{47} 科技教育投入占 GDP 比例
		B_{17} 法律响应	C_{48} 立法完善程度
			C_{49} 法律意识高低
			C_{50} 执法力度
		B_{18} 智力响应	C_{51} 旅游者素质（大专以上学历占总人数比重）
			C_{52} 旅游从业人员素质（大专以上学历占总人数比重）
			C_{53} 旅游地居民素质（初中以上学历占总人数比重）

4.3.4.4 指标释义

C_1 人均水资源拥有量：（可利用水资源总量/总人口）×100。

C_2 水体污染指数：（水质未达标河段长度/流域总长）×100。

C_3 水体断流比：任意两年中，河流断流次数的比值。

C_4 水土流失率：（水土流失面积/流域总面积）×100。

C_5 旅游用地需求增长率：规划旅游开发用地与研究区总土地面积的比值。

C_6 旅游用地利用强度：旅游开发实际用地面积与研究区总土地面积的比值。

C_7 旅游资源利用强度：现有旅游资源利用程度的大小。

C_8 旅游资源破坏程度：现有旅游资源破坏程度的大小。

C_9 人口密度：区域单位面积的人口数量，表征人口压力，越小越安全。

C_{10} 旅游从业人员增长率：根据《桂林市统计年鉴（2010）》确定研究区的旅游从业人员增长率。

C_{11} 客流量增长率：根据《桂林市统计年鉴（2010）》确定研究区的旅游客流量增长率。

C_{12} 经济密度：区域内单位面积内的国民生产总值，反映区域经济发达程度。

C_{13} 经济发展总体水平：区域内，能够反映区域经济状况的各行各业经济发展总体水平。

C_{14} 区域开发指数：指建设用地和农业用地占区域总面积的比例，表征社会发展压力。

C_{15} 大气污染综合指数：根据《环境空气质量标准》（GB 3095—1996）评定出空气质量级别。

C_{16} 生活污水排放密度：指居民人均排放的污废水量，可直接反映居民生活对流域水环境承载力造成的压力。

C_{17} 噪声污染指数：根据《声环境质量标准》（GB 3096—2008）确定具体指标值。

C_{18} 固体废弃物污染指数：无专门的标准，可根据《中华人民共和国固体废物污染防治法》《国家危险废物名录》等的相关规定来确定。

C_{19} 景观视觉污染：景区范围内的与旅游资源不和谐统一的建筑物、不和谐因素等对视觉的不良冲击状态。

C_{20} 洪涝比例：近十年来，研究区年均发生洪涝的比例。

C_{21} 干旱比例：近十年来，研究区年均发生干旱的比例。

C_{22} 病虫鼠害发生率：近十年来，研究区年均发生病虫鼠害的比例。

C_{23} 年均降水量：根据《桂林市统计年鉴（2010）》确定研究区年均降水量。

C_{24} 年均气温：根据《桂林市统计年鉴（2010）》确定研究区年均气温。

C_{25} 水域覆盖率：根据《桂林市统计年鉴（2010）》确定研究区水域覆盖率。

C_{26} 水环境质量：区域内水质状况，以《地表水环境质量标准》（GB 3838—2002）来评定。

C_{27} 森林覆盖率：指森林面积与土地面积之比，是反映区域森林资源水平的重要指标，是生物多样性、水土保持、调节气候等多项功能的综合表征。

C_{28} 树种结构：区域内树种的多少以及分布情况。

C_{29} 绿地覆盖率：指绿地面积与土地面积之比，是反映区域绿地资源水平的重要指标。

C_{30} 土壤侵蚀指数：单位国土面积上每年的土壤侵蚀量。土壤侵蚀是土壤退化的根本原因，也是导致生态环境恶化的严重问题。它从强度上表现水土流失的轻重，也从侧面反映了土壤质地和结构情况，反映区域内土壤的抗蚀能力。

C_{31} 土壤孔隙状况：单位面积内土壤空隙大小、多少的状况。

C_{32} 土壤有机质含量：单位面积内土壤有机质含量。

C_{33} 保护动物比例：保护动物数量占整个生物量总数的比值。

C_{34} 保护植物比例：保护植物数量占整个生物量总数的比值。

C_{35} 生物物种质量：研究区内生物物种质量的优劣程度。

C_{36} 生态系统质量：研究区整个生态系统的健康状况，反映了一定区域内生态系统质量的具体状况。

C_{37} 景观破碎度：表征生态系统组织，用单位面积内的斑块数来测度。景观总体的破碎度计算公式为 $F = \sum_{i=1}^{m} \dfrac{n_j}{A}$，式中 A 为景观的总面积，n_i 表示第 i 类景观的总斑块数，m 为景观类型数，F 为破碎度。F 越大，表示景观越破碎。

C_{38} 环保治理投资占 GDP 的比例：用于水污染控制、水环境治理或修复等的投资与 GDP 之比，反映区域对环境治理的投入，间接反映区域对环境的重视和治理水平。

C_{39} 生态环境保护投资指数：为保护生态环境所进行投资的总量占研究区总GDP 的百分比；

C_{40} 污水达标排放率：已达标的污水排放量占研究区污水总量的比值。

C_{41} 废气处理率：研究区工业、汽车等废气处理强度。

C_{42} 固体废弃物处理率：研究区内来自生产、生活的固体废弃物处理率。

C_{43} 人均固定资产投资：人均固定资产投资额占人均 GDP 的百分比。

C_{44} 第三产业比例：区域经济发展中，第三产业国民生产总值占整个国民生产总值的比重，表征一个社会的经济结构状况。

C_{45} 旅游 GDP 贡献率：研究区内，由旅游所带来的经济效益占 GDP 的百分比。

C_{46} 教育支出占 GDP 的比例：研究区内，教育支出费用占 GDP 的百分比。

C_{47} 科技教育投入占 GDP 比例：研究区内，科技教育投入总值占 GDP 的百分比。

C_{48} 立法完善程度：研究区相关法律的完善程度，是否能够做到有法可依，由相关规章制度所遵循。

C_{49} 法律意识高低：研究区内所有从业人员以及当地居民对法律觉悟的具体

认识。

C_{50} 执法力度：是否能够做到有法可依、执法必严，反映了一个地区对法律的重视程度。

C_{51} 旅游者素质：大专以上学历占研究区总人数比重。

C_{52} 旅游从业人员素质：大专以上学历占研究区总人数比重。

C_{53} 旅游地居民素质：初中以上学历占研究区总人数比重。

4.4 评价指标权重的确定

事实上，权重是针对某一个指标而言的，是一个相对的概念，指标的权重就是指某一指标在整体评价指标体系中的相对重要程度。漓江生态安全评价，确定指标权重是一个基本且重要的步骤。

4.4.1 方法的选择

一般的，常见的生态安全评价权重计算方法主要有层次分析法、熵权法等。漓江生态安全评价是对漓江生态系统安全的综合评价，该系统是一个多层次、多因子的系统，各种因素之间的关系纷繁复杂，需要一种具体方法把这种复杂庞大的系统规范化、层次化，而层次分析法正具有这方面的优势特征，因此本书特别适合采用层次分析法进行分析。

4.4.1.1 理论基础

层次分析法（AHP）是美国运筹学家托马斯·塞蒂（T. L. Saaty）于20世纪70年代提出的一种定量与定性相结合的研究方法，一方面能充分考虑人的主观判断，对研究对象进行定性与定量的分析；另一方面把研究对象看成一个系统，从系统的内部与外部的相互联系出发，将各种复杂因素用递阶层次结构形式表达出来，以此逐层进行分析，使决策者对复杂问题的决策思维系统化、数字化、模型化。由于该方法重点在于对复杂事物中各因子赋予相应的恰当权重，故又称多层次权重分析法。

4.4.1.2 计算步骤

（1）构造判断矩阵

本书通过对漓江生态安全评价指标体系层次结构的对比分析，分别构造 O-A

及 A_1-B、A_2-B、A_3-B 与 B_1-C、B_2-C、B_3-C、B_4-C……$B_{15}-C$、$B_{16}-C$、$B_{17}-C$、$B_{18}-C$ 共 22 个判断矩阵。

（2）权重计算

根据美国运筹学家 Saaty 提出的层次分析法（AHP），汇总专家的判断结果，采用 1~9 及其倒数的标度方法，构造判断矩阵，采用和积法计算特征向量与特征根（表4-10）（章家恩，2004）。

表4-10　判断矩阵标度与含义诠释一览表

重要性标度	含义诠释
1	表示两个元素相比较，具有同等的重要性
3	表示两元素相比较，前者比后者稍重要
5	表示两元素相比较，前者比后者明显重要
7	表示两元素相比较，前者比后者强烈重要
9	表示两元素相比较，前者比后者极端重要
2, 4, 6, 8	表示上述判断的中间值
倒数：1, 1/2, 1/3, 1/4……	如果元素 i 与 j 的重要性之比为 a_{ij}，则元素 i 与 j 的重要性之比就为 $1/a_{ij}$

首先将判断矩阵的每一列元素进行归一化处理，计算公式如下：

$$b_{ij} = \frac{b_{ij}}{\sum b_{ij}} \tag{4-4}$$

$$(i, j=1, 2, 3, 4, \cdots, n)$$

其次将每一列进行归一化处理，并对判断矩阵按行相加：

$$W_i = \sum_{j=1}^{n} b_{ij} \tag{4-5}$$

$$(i, j=1, 2, 3, 4, \cdots, n)$$

然后对特征向量 $W=(W_1, W_2, W_3, \cdots, Wn) T$ 进行规范化处理，如下：

$$W_i = \frac{W_i}{\sum_{j=1}^{n} W_j} \tag{4-6}$$

$$(i=1, 2, 3, 4, \cdots, n)$$

最后求特征向量的特征根 λ_{max}：

$$\lambda_{max} = \sum_{i=1}^{n} \frac{(AW)_i}{nW_i} \tag{4-7}$$

其中，$(AW)_i$ 为 $A \cdot W$ 矩阵的第 i 个元素。

（3）矩阵一致性检验

首先，计算出一致性指标 C_i，公式如下：

$$C_i = \frac{\lambda_{max} - n}{n - 1} \tag{4-8}$$

式中，n 为判断矩阵阶数，λ_{max} 为判断矩阵最大特征根。

其次，查找随机一致性参数 R_i 表，确定对应的平均随机一致性指标值，随机一致性参数 R_i 表，见表4-11。

表4-11 随机一致性参数表

阶数 n	1	2	3	4	5	6	7	8	9	10	11	12	13	14
R_i	0.00	0.00	0.58	0.90	1.12	1.24	1.34	1.41	1.45	1.49	1.52	1.54	1.56	1.58

最后，计算随机一致性比率，公式如下：

$$C_r = \frac{C_i}{R_i} = \frac{\sum_{j=1}^{m} a_j \times C_{ij}}{\sum_{j=1}^{m} a_j \times R_{ij}} \tag{4-9}$$

当 $C_r < 0.10$ 时，认为判断矩阵的层次总排序，具有满意的一致性，假如 C_r 的值不在此范围之内，就必须重新进行比较，调整判断矩阵的元素，直到满足条件 $C_r < 0.10$，达到满意的一致性为止。

4.4.2 权重计算

在本书中，采用专家打分的方法来确定各指标的权重。通过制作评价指标重要性专家评判表，邀请15位专家对指标体系中各指标的重要程度做出判断，采用层次分析法（AHP法）对各指标进行两两比较打分评判，确定各指标的权重。

漓江生态安全评价指标体系共分：目标层（O）、准则层（A）、指标层（B）与要素层（C）四大层次。在专家对各指标的重要程度做出判断后，依据以上计算步骤，运用层次分析法统计软件 SPSS17.0，得出各层次指标的权重值，计算方法与流程如下所示。

（1）构造判断矩阵

将相关数据进行处理，构建判断矩阵，见表4-12（以 O–A 为例）。

表 4-12 判断矩阵 O–A

O	A_1	A_2	A_3
A_1	1	2.7	3.75
A_2	0.37	1	0.3125
A_3	0.267	3.2	1

（2）将矩阵列进行规范化

将判断矩阵进行标准化、规范化处理，形成规范化判断矩阵，见表 4-13。

表 4-13 判断矩阵列规范化

O	A_1	A_2	A_3
A_1	1	2.7	3.75
A_2	0.37	1	0.3125
A_3	0.267	3.2	1
列和	1.637	6.9	5.0625
—	—	列规范化	—
—	0.6101	0.3903	0.7339
—	0.2286	0.1458	0.0672
—	0.1631	0.4637	0.1973

（3）按行求平均值（W_i）

计算各行的平均值（W_i），统计整理结果见表 4-14。

表 4-14 计算判断矩阵 W_i 值

O	A_1	A_2	A_3	—
A_1	1	2.7000	3.75	—
A_2	0.37	1	0.3125	—
A_3	0.267	3.2	1	—
列和	1.637	6.9	5.0625	—
—	—	列规范化	—	—
—	—	—	—	Σ
—	0.6101	0.3903	0.7339	1.7343
—	0.2286	0.1458	0.0672	0.4416
—	0.1631	0.4637	0.1973	0.8241
—	—	规范列平均	—	—
W_i	0.5781	0.1472	0.2747	—

（4）求最大特征值（$\lambda_{\max}$）

根据式 4.7 计算各指标的最大特征值，整理见表 4-15。

表 4-15　最大特征值

O	A_1	A_2	A_3	—
A_1	1	2.7	3.75	—
A_2	0.37	1	0.3125	—
A_3	0.267	3.2	1	—
列和	1.637	6.9	5.0625	—
—	—	列规范化	—	—
—	—	—	—	Σ
—	0.6101	0.3903	0.7339	1.7343
—	0.2286	0.1458	0.0672	0.4416
—	0.1631	0.4637	0.1973	0.8241
—	—	规范列平均	—	—
W_i	0.5781	0.1472	0.2747	—
—	—	求最大特征值	—	—
—	1.0026	—	—	—
—	0.065	1.294	—	—
—	0.2264	—	—	—

最后，计算判断矩阵 O-A 的最大特征值：

$$\lambda_{\max} = 1.294$$

（5）进行一致性检验

$$C_i = \frac{\lambda_{\max} - n}{m - 1} \tag{4-10}$$
$$= (1.294 - 3) / (3 - 1)$$
$$= -0.853$$

（6）计算随机一致性比率 C_r

$$C_r = \frac{C_i}{R_i} \tag{4-11}$$
$$= -0.853 / 0.58$$
$$= -1.471$$

此时，$C_r = 0 < 0.10$，判断矩阵的层次总排序，具有满意的一致性。

同理，其他判断矩阵指标权重的计算与流程如判断矩阵 $O-A$ 所示，具体计算结果见表4-16。

(7) 计算指标权重

在专家评分的基础上，运用层次分析法和统计软件 SPSS17.0，得出各层次指标的权重值（表4-16）。

表4-16　漓江生态安全指标权重

目标层	准则层	权重	指标层	权重	要素层	权重
O 漓江生态安全评价指标体系	A_1 生态安全压力子系统	0.5781	B_1 水资源压力	0.1738	C_1 人均水资源拥有量	0.0195
					C_2 水体污染指数	0.1294
					C_3 水体断流比	0.0249
			B_2 土地资源压力	0.0447	C_4 水土流失率	0.0236
					C_5 旅游用地需求增长率	0.0084
					C_6 旅游用地利用强度	0.0127
			B_3 旅游资源压力	0.0341	C_7 旅游资源利用强度	0.0154
					C_8 旅游资源破坏程度	0.0187
			B_4 人口压力	0.0519	C_9 人口密度	0.0301
					C_{10} 旅游从业人员增长率	0.0152
					C_{11} 客流量增长率	0.0066
			B_5 社会经济压力	0.0608	C_{12} 经济密度	0.0259
					C_{13} 经济发展总体水平	0.0207
					C_{14} 区域开发指数	0.0142
			B_6 环境污染压力	0.175	C_{15} 大气污染综合指数	0.0342
					C_{16} 生活污水排放密度	0.0631
					C_{17} 噪声污染指数	0.0154
					C_{18} 固体废弃物污染指数	0.0453
					C_{19} 景观视觉污染	0.017
			B_7 自然灾害压力	0.0378	C_{20} 洪涝比例	0.0162
					C_{21} 干旱比例	0.0149
					C_{22} 病虫鼠害发生率	0.0067

续表

目标层	准则层	权重	指标层	权重	要素层	权重
O 漓江生态安全评价指标体系	A_2 生态安全状态子系统	0.1472	B_8 气候指标现状	0.0419	C_{23} 年均降水量	0.0221
					C_{24} 年均气温	0.0198
			B_9 水文指标现状	0.0314	C_{25} 水域覆盖率	0.0167
					C_{26} 水环境质量	0.0147
			B_{10} 植被指标现状	0.0208	C_{27} 森林覆盖率	0.0071
					C_{28} 树种结构	0.0053
					C_{29} 绿地覆盖率	0.0084
			B_{11} 土壤指标现状	0.0301	C_{30} 土壤侵蚀指数	0.0149
					C_{31} 土壤孔隙状况	0.0044
					C_{32} 土壤有机质含量	0.0108
			B_{12} 物种指标现状	0.0133	C_{33} 保护动物比例	0.0016
					C_{34} 保护植物比例	0.002
					C_{35} 生物物种质量	0.0043
					C_{36} 生态系统质量	0.0054
			B_{13} 景观指标现状	0.0097	C_{37} 景观破碎度	0.0097
	A_3 生态安全响应子系统	0.2747	B_{14} 生态环保响应	0.1379	C_{38} 环保治理投资占 GDP 的比例	0.0098
					C_{39} 生态环境保护投资指数	0.107
					C_{40} 污水达标排放率	0.0073
					C_{41} 废气处理率	0.0057
					C_{42} 固体废弃物处理率	0.0081
			B_{15} 经济响应	0.0536	C_{43} 人均固定资产投资	0.0151
					C_{44} 第三产业比例	0.0206
					C_{45} 旅游 GDP 贡献率	0.0179
			B_{16} 科技响应	0.0354	C_{46} 教育支出占 GDP 的比例	0.0169
					C_{47} 科技教育投入占 GDP 比例	0.0185
			B_{17} 法律响应	0.028	C_{48} 立法完善程度	0.0065
					C_{49} 法律意识高低	0.0057
					C_{50} 执法力度	0.0158
			B_{18} 智力响应	0.0198	C_{51} 旅游者素质(大专以上学历占总人数比重)	0.0071
					C_{52} 旅游从业人员素质(大专以上学历占总人数比重)	0.0069
					C_{53} 旅游地居民素质(初中以上学历占总人数比重)	0.0058

4.5 漓江生态安全评价模型的构建

4.5.1 评价模型

风景名胜区生态安全的评价方法中具有代表性的方法主要有：综合指数法、层次分析法、灰色关联度法、模糊物元评判法、主成分投影法、景观生态安全格局法、景观空间邻接度法、生态足迹法等，针对几种类型评价方法的具体特点，比较分析得出，综合指数评价法具有一定的合理性、科学性与可行性（表4-17）。

表 4-17　生态安全评价方法比较

模型类型	代表性方法	优劣势比较分析	典型实例
数学模型	综合评价法	体现生态安全评价的综合性、整体性和层次性，但易将问题简单化	工业生态安全评价与实证研究（李炎女，2008）
	层次分析法	需要定量化数据较少，但具有一定的主观性	浙江嘉兴土地资源生态安全评价（刘勇等，2004）
	模糊物元评判法	能够克服动态变化因子不定性的影响，但关联函数不规范	新疆城市生态安全评价指标体系及方法研究（廖霞，2008）
	灰色关联度法	灰色关联度法对分辨系数的判断具有主观性，对评价结果的精确性造成一定影响	深圳城市生态安全评价及预测模型研究（张金花，2008）
	主成分投影法	利用降维的思想，克服指标间重叠信息，但失去指标的实际含义	岷江流域生态安全及预警研究（李春艳，2008）
景观生态模型	景观生态安全格局法	从生态系统结构出发综合评估各种潜在生态影响类型	广东丹霞山国家风景名胜区生物保护的安全评价（刘红等，2006）
	景观空间邻接度法	主要应用于对宏观生态安全的评价，在大空间尺度上得以很好的运用	黑河流域金塔绿洲生态安全评价（角媛梅和肖笃宁，2004）
生态模型	生态足迹法	方法简单明了，但过于强调社会经济对环境的影响	黑龙江省生态足迹与生态安全分析及可持续发展（王大庆，2008）
数值地面模型	数字生态安全法	RS 与 GIS 相结合，运用现代科技技术手段对生态安全进行评价	重庆市忠县生态安全评价（左伟等，2002）

鉴于计算过程的繁琐与定性转化为定量数据的不准确性，目前国内外对风景名胜区生态安全的综合评价尚处于初步阶段。经过对现阶段较为流行的生态安全评价方法优劣程度的对比分析后，得知综合评价指数法具有体现生态安全评价的综合性、整体性和层次性，易将问题简单化等优点，是一种科学有效的评价方法。因此，本书采用综合指数分析法对漓江生态安全进行系统评价，其综合评价模型见表4-18。

表4-18　漓江生态安全综合评价模型

综合评价模型	序号	释义
	1	W 指生态安全综合评价总得分
	2	A_i 指第 i 个要素层指标的所得分值
	3	B_i 指第 i 个要素层指标的权重
$W = \sum\limits_{k=1}^{r} \left[\sum\limits_{j=1}^{m} \left(\sum\limits_{i=1}^{n} A_i - B_i \right) C_j \right] \cdot D_k$	4	C_j 指第 j 个指标层内指标的权重
	5	D_k 指第 k 个准则层内指标的权重
	6	n 指要素层内的指标个数，共53个
	7	m 指指标层内的指标个数，共18个
	8	r 指准则层内的指标个数，共3个

4.5.2　评价等级

到目前为止，对生态安全评价等级划分，学术界还没有一个具体统一的标准。本书在总结成熟研究成果与漓江实际状况的基础上，对漓江生态安全评价标准划分为五个等级，具体标准见表4-19。

表4-19　漓江生态安全评价等级

生态安全等级	I	II	III	IV	V
状态描述	很不安全	不安全	临界安全	较安全	理想安全
区间值	[0, 2)	[2, 4)	[4, 6)	[6, 8)	[8, 10]

4.6　实证研究

4.6.1　指标赋分标准说明

参考以往生态安全评价指标研究成果，结合研究区实际概况，参照国家、行业、地方等所制定的评价标准以及生态安全评价的背景值与本底值作为主要赋分标准。采用10分制评分标准，对漓江风景名胜区生态安全评价指标体系中的各评价因子进行模糊评分，具体赋分标准与具体得分值见表4-20与表4-21。

4.6.1.1 评价指标赋分标准

表4-20 评价指标赋分标准

要素层	评价指标赋分标准					单位说明	得分值
	10 ~ 8	8 ~ 6	6 ~ 4	4 ~ 2	2 ~ 0		
人均水资源拥有量	≥8800	8800 ~ 6600	6600 ~ 4400	4400 ~ 2200	≤2200	m³	5.63
水体污染指数	≤0.2	0.2 ~ 0.4	0.4 ~ 0.6	0.6 ~ 0.8	≥0.8	"1"	3.17
水体断流比	≤0.2	0.2 ~ 0.4	0.4 ~ 0.6	0.6 ~ 0.8	≥0.8	"1"	4.21
水土流失率	低	一般	较高	很高	极高	%	4.70
旅游用地需求增长率	≤10%	10% ~ 25%	25% ~ 40%	40% ~ 55%	≥55%	%	3.24
旅游用地利用强度	很强	较强	一般	较低	低	—	3.8
旅游资源利用强度	很强	较强	一般	较低	低	—	5.33
旅游资源破坏程度	很轻	较轻	一般	较重	严重		6.09
人口密度	≤130	130 ~ 200	200 ~ 300	300 ~ 400	≥400	人/km²	5.61
旅游从业人员增长率	极高	很高	较高	一般	低	%	4.73
客流量增长率	极高	很高	较高	一般	低	%	3.52
经济密度	≥800	800 ~ 600	600 ~ 400	400 ~ 200	≤200	万元/km²	4.65
经济发展总体水平	极高	很高	较高	一般	低		3.39
区域开发指数	≥0.8	0.8 ~ 0.6	0.6 ~ 0.4	0.4 ~ 0.2	≤0.2	"1"	4.4
大气污染综合指数	≥0.8	0.8 ~ 0.6	0.6 ~ 0.4	0.4 ~ 0.2	≤0.2	"1"	5.31
生活污水排放密度	低	一般	较高	很高	极高	—	5.06
噪声污染指数	≤0.2	0.2 ~ 0.4	0.4 ~ 0.6	0.6 ~ 0.8	≥0.8	"1"	5.9
固体废弃物污染指数	≤0.2	0.2 ~ 0.4	0.4 ~ 0.6	0.6 ~ 0.8	≥0.8	"1"	5.67
景观视觉污染	很轻	较轻	一般	较重	严重		4.08
洪涝比例	很轻	较轻	一般	较重	严重	%	4.37
干旱比例	很轻	较轻	一般	较重	严重	%	5.03
病虫鼠害发生率	很轻	较轻	一般	较重	严重		6.51
年均降水量	≥2.500	2500 ~ 2000	2000 ~ 1500	1500 ~ 1000	≤1000	mm	5.97
年均气温	≥40	40 ~ 30	30 ~ 20	20 ~ 10	≤10	℃	6.33

续表

要素层	评价指标赋分标准					单位说明	得分值
	10 ~ 8	8 ~ 6	6 ~ 4	4 ~ 2	2 ~ 0		
水域覆盖率	≥90	90 ~ 80	80 ~ 70	70 ~ 60	≤60	%	7.36
水环境质量	极高	很高	较高	一般	低	—	6.81
森林覆盖率	≥95	95 ~ 90	90 ~ 85	85 ~ 80	≤80	%	7.24
树种结构	极好	很好	较好	一般	差	—	5.51
绿地覆盖率	≥90	90 ~ 80	80 ~ 70	70 ~ 60	≤60	%	6.27
土壤侵蚀指数	≤0.2	0.2 ~ 0.4	0.4 ~ 0.6	0.6 ~ 0.8	≥0.8	"1"	5.79
土壤孔隙状况	极好	很好	较好	一般	差	—	3.07
土壤有机质含量	≥0.8	0.8 ~ 0.6	0.6 ~ 0.4	0.4 ~ 0.2	≤0.2	"1"	4.5
保护动物比例	极好	很好	较好	一般	差	%	4.43
保护植物比例	极好	很好	较好	一般	差	%	4.87
生物物种质量	极好	很好	较好	一般	差		5.3
生态系统质量	极好	很好	较好	一般	差		6.07
景观破碎度	≤0.2	0.2 ~ 0.4	0.4 ~ 0.6	0.6 ~ 0.8	≥0.8	"1"	4.36
环保治理投资占 GDP 的比例	≥90	90 ~ 70	70 ~ 50	50 ~ 30	≤30	%	5.61
生态环境保护投资指数	≥0.8	0.8 ~ 0.6	0.6 ~ 0.4	0.4 ~ 0.2	≤0.2	"1"	6.09
污水达标排放率	≥90	90 ~ 70	70 ~ 50	50 ~ 30	≤30	%	5.33
废气处理率	≥90	90 ~ 70	70 ~ 50	50 ~ 30	≤30	%	5.86
固体废弃物处理率	≥90	90 ~ 70	70 ~ 50	50 ~ 30	≤30	%	5.33
人均固定资产投资	极高	很高	较高	一般	低	万元	3.3
第三产业比例	≥90	90 ~ 70	70 ~ 50	50 ~ 30	≤30	%	5.51
旅游 GDP 贡献率	≥90	90 ~ 70	70 ~ 50	50 ~ 30	≤30	%	6.11
教育支出占 GDP 的比例	极大	很大	较大	一般	小	%	4.03
科技教育投入占 GDP 比例	极大	很大	较大	一般	小	%	3.89
立法完善程度	极好	很好	较好	一般	差	—	5.53
法律意识高低	极高	很高	较高	一般	低	—	5.75

续表

要素层	评价指标赋分标准					单位说明	得分值
	10~8	8~6	6~4	4~2	2~0		
执法力度	极好	很好	较好	一般	差	—	5.08
旅游者素质（大专以上学历占总人数比重）	极好	很好	较好	一般	差	%	4.27
旅游从业人员素质（大专以上学历占总人数比重）	极好	很好	较好	一般	差	%	4.13
旅游地居民素质（初中以上学历占总人数比重）	极好	很好	较好	一般	差	%	4.38

4.6.1.2 评价指标赋分

根据表 4-20 的赋分标准对各指标进行调查和赋分，评价指标数据来源见表4-21。

表4-21 评价指标数据说明

序号	要素层	数据来源
C_1	人均水资源拥有量	资料查询
C_2	水体污染指数	资料查询
C_3	水体断流比	资料查询
C_4	水土流失率	资料查询
C_5	旅游用地需求增长率	资料查询计算
C_6	旅游用地利用强度	资料查询计算
C_7	旅游资源利用强度	资料查询计算
C_8	旅游资源破坏程度	资料查询计算
C_9	人口密度	资料查询计算
C_{10}	旅游从业人员增长率	资料查询计算
C_{11}	客流量增长率	资料查询计算
C_{12}	经济密度	资料查询计算
C_{13}	经济发展总体水平	漓江风景名胜区管理局提供

续表

序号	要素层	数据来源
C_{14}	区域开发指数	漓江风景名胜区管理局提供
C_{15}	大气污染综合指数	资料查询
C_{16}	生活污水排放密度	资料查询
C_{17}	噪声污染指数	资料查询
C_{18}	固体废弃物污染指数	资料查询
C_{19}	景观视觉污染	实地调研
C_{20}	洪涝比例	资料查询
C_{21}	干旱比例	资料查询
C_{22}	病虫鼠害发生率	资料查询
C_{23}	年均降水量	资料查询
C_{24}	年均气温	实地调研
C_{25}	水域覆盖率	实地调研
C_{26}	水环境质量	实地调研
C_{27}	森林覆盖率	资料查询
C_{28}	树种结构	资料查询
C_{29}	绿地覆盖率	资料查询
C_{30}	土壤侵蚀指数	资料查询
C_{31}	土壤孔隙状况	资料查询
C_{32}	土壤有机质含量	资料查询
C_{33}	保护动物比例	漓江风景名胜区管理局提供
C_{34}	保护植物比例	漓江风景名胜区管理局提供
C_{35}	生物物种质量	资料查询
C_{36}	生态系统质量	漓江风景名胜区管理局提供
C_{37}	景观破碎度	实地调研计算
C_{38}	环保治理投资占 GDP 的比例	漓江风景名胜区管理局提供
C_{39}	生态环境保护投资指数	漓江风景名胜区管理局提供
C_{40}	污水达标排放率	漓江风景名胜区管理局提供
C_{41}	废气处理率	漓江风景名胜区管理局提供
C_{42}	固体废弃物处理率	漓江风景名胜区管理局提供
C_{43}	人均固定资产投资	资料查询
C_{44}	第三产业比例	资料查询

续表

序号	要素层	数据来源
C_{45}	旅游 GDP 贡献率	资料查询计算
C_{46}	教育支出占 GDP 的比例	资料查询计算
C_{47}	科技教育投入占 GDP 比例	资料查询计算
C_{48}	立法完善程度	实地调查
C_{49}	法律意识高低	实地调查
C_{50}	执法力度	实地调查
C_{51}	旅游者素质（大专以上学历占总人数比重）	漓江风景名胜区管理局提供
C_{52}	旅游从业人员素质（大专以上学历占总人数比重）	漓江风景名胜区管理局提供
C_{53}	旅游地居民素质（初中以上学历占总人数比重）	漓江风景名胜区管理局提供

4.6.2 综合评价

在生态安全评价评分等级表的基础上，结合对漓江风景名胜区生态安全评价指标权重与所得分值，求得综合评价分值如下。

(1) 计算过程

$$W = \sum_{k=1}^{r} \left[\sum_{j=1}^{m} \left(\sum_{i=1}^{n} A_i \cdot B_i \right) C_j \right] \cdot D_k$$

$$= \sum_{k=1}^{r} \left[\sum_{j=1}^{m} (0.109785 + 0.410198 + \cdots + 0.025404)(0.1738 + 0.0447 + \cdots + 0.028 + 0.0198) \right] \cdot (0.5781 + 0.1472 + 0.2747)$$

$$= 4.9763 \tag{4-12}$$

(2) 评分等级

参照国内外相关研究成果，根据专家访谈结论，构建了漓江风景名胜区生态安全评价评分等级（表4-22）。

表4-22 漓江风景名胜区生态安全评价评分等级一览表

生态安全等级	I	II	III	IV	V
状态描述	很不安全	不安全	临界安全	较安全	理想安全
区间值	[0, 2)	[2, 4)	[4, 6)	[6, 8)	[8, 10]
综合评价分值（W）	4.9763				

4.6.3　评价结论

根据层次分析法对漓江风景名胜区生态安全状况进行上述综合评价分析，从总体分析的结果看，近年来漓江风景名胜区生态安全状况不容乐观。根据评价结果，具体分析评价指标体系各指标对生态安全综合指数的影响，从而找出引起不安全的重点因素，为该区域今后的发展规划提供参考。

（1）目标层

由综合评价值 4.9763 可知，漓江风景名胜区生态安全已处于一个临界安全且向不安全方向倾斜的状态，漓江风景名胜区生态安全状况已经受到威胁，存在生态安全隐患。

（2）准则层

从评价权重的计算可以看出，生态安全压力子系统权重值为 0.5781，其对漓江风景名胜区的影响力度远远超出了生态安全状态子系统（权重值为 0.1472）与生态安全响应子系统（权重值为 0.2747）。特别是由于人类活动对生态系统安全的干扰与破坏，对生态系统的正常运行构成了巨大压力，在重压之下，迫使漓江风景名胜区生态安全处于临界安全且偏向不安全的状态。因此，必须高度重视并积极采取果断措施，以防止漓江生态安全状况的进一步恶化。

（3）指标层

由指标体系权重计算结果可知，在指标层中，环境污染压力（权重值为0.175）、水资源压力（权重值为 0.1738）、生态环保响应（权重值为 0.1379）三大指标处于重要影响位置，并由此可得出，影响漓江风景名胜区生态安全的指标因素主要来源于环境污染压力、水污染压力以及对环保投资力度的不足，诸多因素综合在一起形成了影响漓江风景名胜区生态安全的主要影响因素。

（4）要素层

通过对要素层权重计算结果分析可知，在漓江风景名胜区指标体系各个要素层中，水体污染指数（权重值为 0.1294）、生态环境保护投资指数（权重值为 0.107）这两要素指标的比重是最大的，也就是说，这两要素指标的影响相对其他的指标更为重要；其次为生活污水排放密度（权重值为 0.0631）、固体废弃物污染指数（权重值为 0.0453）、大气污染综合指数（权重值为 0.0342）、人口密度（权重值为 0.0301）四要素指标，也对漓江风景名胜区生态安全状态有着重要的影响。

4.6.4　漓江风景名胜区生态安全保护对策与建议

漓江风景名胜区生态安全综合评价值为 4.9763，处于Ⅲ级临界安全状态，且具有偏向于不安全状态的趋势。因此，有必要针对漓江风景名胜区现有的生态安全具体问题，提出整治漓江风景名胜区生态安全的对策与建议，以有利于漓江风景名胜区生态安全的稳定与可持续发展。

4.6.4.1　对症下药，解决漓江风景名胜区的突出生态环境问题

（1）避免生活与工业污染对风景区生态环境的干扰

为保持漓江风景名胜区不受生活与工业源的污染，第一，必须加大污水处理能力，如修建大容量的污水处理厂，扩建与改建现存的不合理污水管网，提高污水处理率；第二，优化产业结构，调整产业布局，减少"三废"的污染；第三，在低碳理念的指导下，建立健全循环经济发展模式，避免生态破坏与环境污染。

（2）植树造林，防止水土流失

漓江风景名胜区水土流失严重的重要原因是当地居民长期盲目的滥砍滥伐，毁林开荒，致使漓江沿岸植被遭到了严重的破坏，为防止漓江沿岸及其景区内水土流失，必须加大植被覆盖率，全民动员，大范围植树造林，扩大植被覆盖率，形成漓江区域生态系统的良性循环。

（3）加大环境保护投资力度

目前，对于维护漓江风景名胜区生态安全稳定方面的投入力度较弱，若要解决其生态安全问题，必须加大投资力度，建立漓江风景名胜区生态安全资金保护系统，制定漓江风景名胜区生态安全资金补偿机制，加强资金的有效管理，集中财力、物力、人力，真正做到水土有效保持与污染治理。

4.6.4.2　加大宣传力度，树立环境保护意识

漓江风景名胜区生态安全的和谐与稳定，需要来自不同层次的社会公众共同参与，景区生态安全的保护需要全体民众的共同努力。因此，有必要利用互联网与电视、广播、报纸等传统媒体，加大对漓江沿岸居民及其游客等进行生态环境

保护知识的普及，并且不断扩大到学校、社区、政府、企业等多领域，大力宣传保护环境、节约能源的重要性，增强环保知识教育，从而提高民众的环境保护意识，使环境保护意识深入人心。

4.6.4.3　控制人口，缓解漓江生态系统压力

随着人口的不断增多，人们的需求不断增大，所需资源也随之不断增加，人均拥有资源量不断减少，人口的急剧膨胀使漓江风景名胜区旅游资源的开发力度与生态环境保护的压力越来越大。为控制由于人口增长而导致漓江风景名胜区生态安全不和谐的局面，应在风景区内进行计划生育知识的普及教育，让人们真正认识到人类与生态环境的密切关系，使人口增长得以有效控制，减缓由于人口膨胀给漓江风景名胜区生态安全带来的压力。

4.6.4.4　加强管理，完善法律体系建设

现阶段，尽管国家出台了不少关于风景名胜区生态安全有关的法律法规，如森林法、环境保护法等，但是，受经济利益的推动，地方政府在实际的实施过程中并没有真正遵循有法可依、有法必依、违法必究的法律原则，而是为眼前利益盲目地破坏生态环境。因此，有必要建立健全关于漓江风景名胜区生态安全稳定的法律法规，从法律角度维护漓江风景名胜区的稳定。

4.6.4.5　加强基础设施建设，防止自然灾害的发生

加强防止自然灾害基础设施的建设，增强漓江风景名胜区抗灾能力。集中力量对现有的自然灾害隐患进行集中治理，特别是防涝防旱工程的进一步实施，整治河道，消除隐患。同时，做好防虫、防鼠患工作，综合治理，提高防灾能力。

4.6.4.6　建立漓江风景名胜区生态安全监测与预警系统

有结论对比可知，漓江风景名胜区生态安全状况较差，尚处于生态系统不安全的边缘，为维护漓江风景名胜区生态安全的稳定，有必要建立生态安全预警系统，及时关注漓江生态安全动态变化，防患于未然。一旦发起生态安全预警，必须采取果断措施，及时消除生态安全的隐患。

5 漓江的生态旅游承载力评价

5.1 生态旅游承载力概述

5.1.1 生态旅游承载力的提出

国内旅游承载力的研究始于 20 世纪 80 年初期。赵红红（1983）阐释了苏州园林的旅游承载力；楚义芳（1989）在其博士论文《旅游的空间组织》中提出了旅游承载力包括旅游资源承载力、旅游心理承载力、经济发展承载力和旅游生态承载力在内的基本承载力和非基本承载力。20 世纪 90 年代中期，旅游承载力和旅游环境容量研究进入了新阶段。崔凤军（1995）首次阐述了旅游承载力的概念、内涵及特征，认为旅游承载力包括资源空间承载力、环境生态承载力、经济承载力、心理承载力四个分量，而旅游环境容量则是旅游承载力评价体系中的一项分量，相当于资源空间承载量。

除此之外国内学者还对旅游承载力进行了定量研究。大致可分为两种：一种是利用水桶原理，分别计算旅游承载力评价体系中的各评价因子的承载力，最小的评价因子的承载力就是该区域的旅游承载力；另一种则是先利用数学模型确定评价因子的权重，再确定其评价值，最后计算的综合评价值就是旅游区的旅游承载力。随着生态旅游的发展，可持续发展的观念深入人心，生态旅游承载力的概念被提出，逐渐成为国内外旅游学者和旅游从业人员关注的焦点之一，在生态旅游承载力理论、方法和内容方面的研究取得了较丰富的成果。

5.1.2 生态旅游承载力研究进展

5.1.2.1 国外研究综述

从研究目的来讲，国外的生态旅游承载力研究可分为生态旅游景区开发规划承载力研究和生态旅游景区运营管理承载力研究。

(1) 开发规划承载力研究

1963 年 Lapage 首次提出了旅游容量的概念，但他并没有进行更深入的研究。生态旅游承载力的前身为生态旅游容量，由 Reilly（1986）提出，其目的是要分析旅游对环境的影响。目前，在生态旅游规划与开发中，学者们都会考虑到环境容量。1997 年世界旅游组织顾问爱德华·英斯基普曾提出严格保护、就地取材、限制容量、控制路径等生态旅游规划与开发原则。1999 年 Sheryl Ross 和 Geoffrey Wall 提出了生态旅游规划与开发的理论框架，强调生态旅游规划与开发必须协调好旅游、生物多样性与当地社区三者之间的关系。

(2) 运营管理承载力研究

游客超载是对旅游环境、资源施加压力的重要因素，因此，如何将客流量控制在旅游环境和资源可承受的范围之内，是研究的重点。1999 年 Stefan 提出一个成功的生态旅游可通过提高门票价格、教育等综合管理措施来控制游客数量。另外一些学者采用定性方法来描述生态旅游系统中各方面的承载能力。例如，Knetsch 利用旅游需求曲线，指出了游客数量与旅游地面积及拥挤产生的从众效应有关；美国资源经济学家 Marion 运用旅行费用法，评价了生态旅游景区的精神效益。

除此之外，一些学者还采用定量分析方法，来精确地反映各种数量之间的关系。例如 Crampon，率先将引力模型运用到了旅游研究中；Kotler 和 Fox 运用区域旅游组合模型，对旅游产品进行了评价；Schmidhauser 利用旅行生成模型定量分析了旅游地的产客能力；Baron 利用情景预设法对泰国在乐观、中观、悲观情景下的政治、交通、经济、到访人数等进行了预测，Archer 等推荐了 Artus 和 Askari 回归模型；William 和 Wackernagel 提出了生态足迹模型法；Stefan 运用成本-效益分析法（CBA）对热带雨林生态系统的各种价值和成本进行了评估，并将生态足迹模型应用于生态旅游可持续评估中（肖岚，2007）。

5.1.2.2 国内研究综述

在过去十多年里，我国对生态旅游承载力方面的研究并不是很多，大多是在借鉴国外相关研究的基础上，根据我国国情，对生态旅游承载力的概念、内涵、影响因素、评价方法等问题进行了研究，并取得了一定的成果。

（1）定性研究成果

孙道玮等（2002）从生态承载力的角度研究了净月潭国家森林公园的生态旅游承载力，提出了生态旅游承载力的概念，即"某一旅游地域单元开展生态旅游活动，在满足游客游览要求的同时也要对自然生态环境影响最低，甚至保护、改善旅游区生态环境质量并使当地居民从旅游业中充分受益时旅游区所能容纳的游客数量"。文传浩等（2002）从自然保护区的角度分析了生态旅游环境承载量的概念体系。董巍等（2004）探讨了生态旅游承载力的指标评价体系，并以金华市生态区为例进行了实证研究。杨琪（2003）提出了生态旅游区的环境承载量的概念体系。

（2）定量研究成果

国内生态旅游承载力除了定性描述以外，多采用旅游学、经济学、管理学及其他自然科学相结合的研究方法。具代表性的有，崔凤军（1995）在泰山风景名胜区实证研究的基础上，提出了一套适合山岳风景区不同旅游功能类型区的测量模型；钟林生等在《生态旅游》一书中，介绍了生态旅游地环境容量量测公式、季节性强度公式、空间容量量测公式、社会生态环境容量量测公式、自然资源容量量测公式等；杨琪（2003）介绍了环境承载量的计算方法和环境容量的调控措施；汪君等（2007）对冶力关国家森林公园的居民心理承载力、生态环境承载力、资源空间承载力、经济承载力四个子系统进行了研究，得出了其综合旅游环境承载力；张完英（2007）对武夷山自然保护区的生态旅游环境承载力进行了研究，指出了资源空间因子是武夷山自然保护区生态旅游环境承载力的限制因子；Sun 和 Wang（2000）从生态环境承载力、服务环境承载力以及两者之间关系的角度，对五指山生态旅游度假区的游客数量进行了定量分析，得出其生态环境承载力将成为制约游客数量增长的首要因素；李庆龙（2004）探讨了生态旅游承载力的定量分析模型；董巍等（2004）结合 Delphi 法与 AHP 法计算出了评价指标的权重，进而得出了综合生态旅游承载力（王雪峦，2008）。

5.1.2.3　国内外研究述评

从全球范围看，国外生态旅游承载力研究概念经历了从环境容量→旅游环境容量→生态旅游容量→生态旅游承载力的发展过程，研究内容经历了从资源容量→资源与设施容量→经济、自然、社会心理容量的发展过程，已经形成了一些有影响的基本框架和方法，正在从描述性研究走向更加严格和具有理论基础的研究，研究的内容覆盖了与生态旅游承载力有关的经济、社会、管理、环境等问题，其多注重模型及数理研究。

近年来，随着我国生态旅游的发展，各级政府逐步认识到生态旅游的重要性，相关理论和实践研究不断增加。在生态旅游承载力的定性研究方面，我国学者在借鉴国外生态旅游承载力研究的基础上，站在不同的角度诠释了生态旅游承载力概念和内涵。在生态旅游承载力定量研究方面，数学模型一直占有重要地位。目前我国学者主要针对旅游承载力的概念和应用进行了研究。

然而，总体而言，我国生态旅游承载力的科学理论研究还存在概念、内涵界定不清，总体研究数量不足的问题。国内的生态旅游学者多根据其原有的学科背景，将其领域的研究方法引入到生态旅游承载力的研究中，尚无一个统一完整的研究框架，同时对实践的指导作用也不明显，特别是在喀斯特生态旅游区的研究方面问题最为突出。亟待解决生态旅游景区生态旅游承载力评价指标体系的完善问题，定量化研究方法的完善问题，运用新技术来提供更准确、更实时的森林旅游资源的生态旅游承载力的评价、预测和空间模拟等问题。

5.2　研究方法

5.2.1　实地调查和文献查阅法

通过对漓江流域典型生态旅游景区、旅游企业、社区居民、旅游管理部门和地方政府的实地访谈和问卷调查，了解喀斯特地区生态系统的特点、生态旅游资源开发现状、生态环境的保护现状和演变趋势以及游客与当地居民的心理承载力。结合相关文献、统计资料的检索与查阅，了解生态旅游景区生态旅游承载力理论，吸纳国内外相关地区先进经验，提出可持续发展对策。

5.2.2　定性分析与定量分析法

研究既需要对漓江流域的相关资料进行定性分析和对比评价，又要对田野调查、专家访谈、问卷调查的数据进行定量分析，并运用层次分析法、因子分析法、生态足迹法、逻辑斯谛增长理论和可持续发展理论等相关理论来筛选评价指标，耦合成直观的、因素协调发展的、定量化的数学模型。

5.2.3　理论分析和实践指导法

在理论上探讨生态旅游景区生态旅游承载力概念、内涵、理论框架以及各个子要素的指标体系，运用不同方法对生态旅游景区的环境承载力、旅游接待容量和社会心理承载力三个因素进行评价，并耦合成生态旅游景区生态旅游承载力三重矢量评价模型；在实践上，通过漓江流域的实证研究，有望为丰富我国生态旅游景区生态旅游承载力的相关理论，从而为漓江流域生态恢复、森林景观修复、生态旅游产业协调发展和协同发展，以及桂林国家旅游综合改革试验区建设和旅游业可持续发展做出应有的贡献，并为国内相关地区提供参照。

5.3 技术路线

本书主要通过理论研究来了解国内外相关研究现状，吸纳前人有用的研究成果；通过实地调查掌握第一手资料和数据，对漓江生态旅游承载力进行分析和研究，最后提出相应的管理对策，具体研究方案如图 5-1 所示。

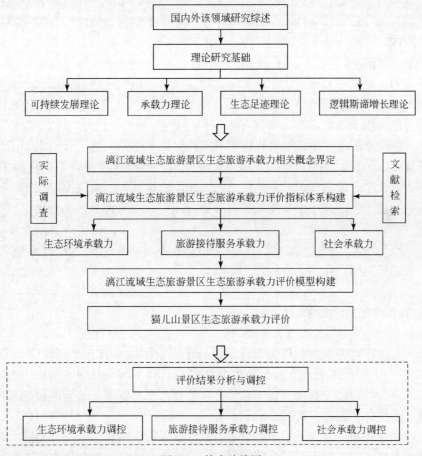

图 5-1 技术路线图

5.4　相关概念的界定

5.4.1　生态旅游景区

我国生态旅游的发展还处于起步阶段，目前，国内还没有一个生态旅游景区获得过有关认证机构的承认，生态旅游景区指标评价标准的研究也还处于学术探索阶段。大多数人将自然生态保存完好的地区看作是生态旅游景区，如国家自然保护区、国家森林公园等。这种看法存在两个缺陷：一是，生态旅游景区的范围过于狭窄，因为生态旅游目的地包括自然环境型和历史人文型；二是，将保护区等同于景区。实际上，保护区基本上处于一个原始状态之中，缺少人为痕迹；而景区则是人工与自然环境高度和谐的统一体，即原始地区需要经过旅游开发后才能成为景区。因此，在生态旅游区尚未形成统一的标准时就界定生态旅游景区的概念显得为时过早。

澳大利亚是世界上进行生态旅游学术及实践活动最为先进的国家之一。1996年，澳大利亚生态旅游协会率先提出了自然与生态环境评估认证计划（NEAP）。该计划可以应用于住宿设施、景区评估和旅行产品等诸多方面。基于此种情况，从实践与可操作的角度出发，可以将生态旅游景区看作是通过了权威机构的生态旅游认证的旅游景区。但这样的定义也存在缺陷，即概念不够理论化和学术化，无法作为一个生态旅游理论的基本概念来支撑整个体系。因此严力蛟（2007）从生态旅游角度出发定义了生态旅游景区，他认为"生态旅游景区是指供生态旅游者进行生态旅游活动的特定旅游目的地"。他从生态旅游主客体的关系角度出发探讨了生态旅游景区的概念，对于社会学范畴的概念来说，是比较可取的途径，因此本书选择其概念作为本书的理论基础。

5.4.2　生态旅游

目前对生态旅游概念的理解与认识也处于探索阶段，具有代表性的观点有：泰安臣在2001年提出的"森林生态旅游是指人们利用闲暇时间在森林区内依托森林资源进行的以体验自然、认识自然、学习自然以及保健身心等为目的的行为和现象，具体包括野营、野餐、狩猎、垂钓、划船、漂流、乘车、骑马、歌舞、漫步、疗养、登山、滑雪、滑水、滑冰、游泳、探险、摄影、观光、游览，以及从事科学考察、宣传教育等活动"；王永安（2003）提出"森林生态旅游指在被保护的森林生态系统内，以自然景观为主体，融合区域内人文、社会景观为对象的郊野性旅游，旅游者通过与自然的接近，达到了解自然、享受自然生态功能的好处，产生回归自然的意境，从而自觉保护自然、保护环境的一种科学、高雅、文明的旅游方式"；章家恩（2005）提出"森林生态旅游就是以森林景观、森林环境为依托而开展的旅游活动。而且只有当这些旅游活动对森林生态系统、当地居民生活、文化传统等冲击最小化时才能称为森林生态旅游，也可以说只有符合生态旅游原则与标准的森林旅游才叫森林生态旅游"。目前森林生态旅游的主要载体是国家自然保护区、森林公园和部分风景名胜区等。

5.4.3　旅游环境容量

环境容量是一个生态学的概念，其最早诞生于 19 世纪末的日本，它是指"在人类生存和自然状态不受危害前提下，某一环境所能容纳的某种污染物的最大负荷量"（张建萍，2003）。1963 年，Lapage 首次将环境容量的概念推广到旅游学科中从而形成了旅游环境容量的概念，但其并未做深入的研究；1964 年，美国学者 Wagar 提出"游憩环境容量是指一个游憩地区，能够长期维持旅游品质的游憩使用量"；1971 年，Lime 和 Stankey 等进一步讨论了游憩容量问题，认为"游憩环境容量是指某一个地区，在一段时间内，维持一定水准给旅游者使用，而不破坏环境和影响游客体验的利用强度"；1977 年，Wall 和 Wright 指出了"旅游环境容量是某一区域的资源与环境状态在没有受到不可接受的破坏水平时所能达到的旅游活动水平"等。

在国内研究者中旅游环境容量具有代表性的定义有以下几种：保继纲认为"旅游环境容量是指某一地域单元（如旅游区、游览区、旅游点等）在不破坏生态平衡和产生环境污染，满足游客最低游览要求（如心理感应气氛），达到保护这一单元环境质量时所能容纳的游客量"；冯孝琪认为"旅游区最适环境容量是指在保证游览效果的前提下，旅游场所容纳的最高游人数值"。龙良碧认为"旅游环境容量是指在一定条件下，一定时间、空间范围内所能容纳的游客数量和对旅游者行为方式所容纳的程度"；智艾认为"旅游环境容量是指在一定的自然环境与社会环境参数约束的条件下，一定范围内所能容纳的游客数量"；谢彦君认为"旅游环境容量是指对某一旅游地而言无害于其可持续发展的旅游活动量"。

旅游环境容量是一个概念体系，涉及游客和居民的心理需要、旅游资源开发与保护、环境质量、生态平衡等问题，内涵广泛而复杂，虽然国内外很多学者都对其进行了研究，但是至今仍未形成一个统一的标准，不同学者对旅游环境容量的理解不同，且各有侧重点。在这些概念当中由于谢彦君的概念宽泛，具有高度的概况性，从而更具有说服力，因此本书选择采用谢彦君提出的旅游环境容量概念。

5.4.4　旅游承载力

由于旅游环境容量在现实的应用过程中存在缺陷，即仅以所能容纳的旅游者数量作为唯一标准来衡量旅游环境的状况，其存在局限性。因此，崔凤军（1995）率先提出了旅游环境承载力的提法，并认为"旅游环境承载力是指在某一旅游地环境（指旅游环境系统）的现状和结构组合不发生对当代人（包括旅游者和当地的居民）及未来人有害变化（如环境美学价值的损减、生态系统的破坏、环境污染、舒适度减弱等过程）的前提下，在一定时期内旅游地（或景点、景区）所能承受的旅游者人数。它是由资源空间承载力、环境生态承载力、经济承载力、心理承载力等组成"。随后国内很多学者也展开了对旅游环境承载力概念的讨论，如吴智才认为"旅游环境承载力是指在可持续发展的前提下，旅游区在某一段时间内，其自然环境、人工环境和社会环境所能承受的游览及相关活动在规模、强度、速度上的各极限值"；刘玲（1998）认为"旅游环境承载力是指在某一时期，某种状态或条件下，旅游区的环境所能承受的旅游活动经济量的阈值"。

由于崔凤军的概念范围较广，概括性强，所以本书在其环境承载力的基础上引入了游客及当地居民的心理承载力来完善旅游承载力的概念体系，并以此作为本书的理论支撑。

5.4.5　生态旅游承载力

生态旅游环境承载力是在前人关于旅游环境承载力定义和内涵的基础上，对生态旅游环境容量内容的扩展。它的内涵主要从旅游学和生态学的角度来说，目前国内主要有以下几种观点。

孙道玮等（2002）认为"生态旅游环境承载力是指某一旅游地域单元（如旅游区、游览区、旅游点等）开展生态旅游活动（包括游览、休闲、认知、探索等），在满足游客游览要求的同时对自然生态环境影响最低，甚至保护、改善旅游区生态环境质量并使当地居民从旅游业中充分受益时旅游区所能容纳的游客数量"。李丰生等（2003）认为"生态旅游承载力是指在一定自然地域，以不干扰自然地域、保护生态环境为前提，一是能够给当地带来益处；二是当地的生态和人口以得到持续发展为条件，开展有责任的旅行行为时，这一自然地域所能容纳的旅游人数"。董巍等（2004）认为"生态旅游承载力是指在一定时期内，某一旅游地环境的现存状态和结构组合不发生对当代人及未来人有害变化，即能保持生态系统的自我维持、自我调节能力，资源与环境的供容能力的情况下，它所能承受的旅游开发强度的极限值"。

笔者认为孙道玮的生态旅游环境承载力的概念概括性强，具有一定的可操作性，因此，本书在其环境承载力的基础上引入了游客及当地居民的心理承载力和生态旅游接待容量作为本书的理论基础。

5.5　生态旅游承载力评价指标体系的构建

5.5.1　评价指标选取原则

生态旅游承载力评价指标是一种对生态旅游承载力进行计量的尺度或数值表达的形式。它的各个评价指标之间相互补充、相互联系，具有结构性、科学性、层次性、目的性、相关性、动态性等特点。由于生态旅游承载力的指标可以帮助我们深入了解和分析某一地区生态旅游景区的生态系统变化程度，因此，对其指标的选取要在定性与定量相结合方法的基础上，遵守以下原则。

（1）科学性

生态旅游承载力评价指标体系应是一个测定方法规范、意义明确、层次分明、统计方法科学的整体，以科学、客观地反映生态系统与旅游发展的协调程度，保证评价结果的真实性。

（2）整体性

生态旅游承载力评价指标体系中的每个指标都必须要能反映生态系统和漓江流域生态旅游景区生态旅游承载力的整体性与综合性特征。生态旅游承载力是一个由多个因子构成的复合系统，各子因子在内涵和范畴上差别较大。因此，选取的评价指标应尽可能完整地、真实地反映研究对象的特点。

（3）实用性

评价指标的选取，要充分考虑指标的可行性和实用性，即注重指标数据的可获得性与指标量化的难易度，并且具有较强的可操作性，这也是反映评价指标体系是否科学、合理的重要标准。

（4）代表性

漓江流域生态旅游景区生态旅游承载力评价指标体系的构建，应以能说明问题为目的，而不是以囊括所有的评价因子为目的。因此，需要在参考前人研究成果的基础上，有针对性地选择最具有代表性的、最能反映漓江流域森林生态系统本质特征的指标。

（5）层次性

根据生态旅游系统的复杂性与生态旅游承载力的需要，漓江流域生态旅游景区生态旅游承载力评价指标体系的构建，在承载力理论层次的基础上，可划分为四大层结构，以使评价指标体系更加清晰、合理。

（6）因地制宜

生态旅游系统地域性很强，不同旅游目的地之间存在地域差异，这使得旅游目的地之间的生态旅游承载力也不同。因此，在构建评价指标体系时，应注重指标的地域性特色，如在建立漓江流域生态旅游景区生态旅游承载力评价指标体系时，应包含能反映漓江流域生态旅游地域特色的指标。

（7）因时制宜

生态旅游系统是一个动态的复合系统，它的社会、经济等子系统随着时间的变化而不断发展变化。由于生态旅游发展的阶段不同，选取的生态旅游承载力评价指标也不相同，因此，在选取评价指标时，应遵循因时制宜的原则，选择能反映系统动态性和旅游目的地特征变化的指标。

5.5.2 评价指标筛选方法

构建的评价指标体系是否科学合理，关系到生态旅游承载力评价结果的有效性与正确性，是进行生态旅游承载力研究的关键。筛选评价指标时，既要全面考虑上述七大原则，又要考虑到目前研究中认识上的差异，根据实际情况确定衡量精度及研究方法，力求准确、全面、真实地描述及计量生态旅游承载力。本书采用理论分析法、频度统计法、专家咨询法和游客及居民问卷调查法来筛选指标。

理论分析法是在对生态旅游承载力的基本要素、内涵、特征等主要问题进行相关分析、比较的基础上，选择重要并且具有代表性的指标；频度统计法是在对目前评价生态旅游承载力的相关研究进行频度统计的基础上，选择使用频率较高的指标；专家咨询法是在初步提出的评价指标体系的基础上，征询有关专家的意见，调整评价指标；游客及居民问卷调查法是通过问卷调查的方式，了解游客及当地居民对生态旅游景区开展生态旅游的感知，以此来找出最具有代表性的心理承载力指标。

（1）问卷设计

问卷包括专家意见与建议征询两大部分内容。

第一部分包括 75 个具体指标，指标的重要程度分为五个等级，并请各位专家根据各指标的重要程度，对其进行打分（"重要"——9 分、"较重要"——7 分、"一般重要"——5 分、"较不重要"——3 分、"不重要"——1 分）。

第二部分包括两个问题：第一个问题是请各位专家对认为不合理的、无关的、重要程度差的指标进行修正；第二个问题是请各位专家根据需要增加其他相关指标。

（2）问卷统计

按照专家意见征询表上的指标重要程度，分别对各指标计算专家"意见集中度"与"意见协调度"。其中，专家"意见集中度"用各指标计算所得分值的算术平均值来表示，算术平均值越大，表示指标的"意见集中度"越高；专家"意见协调度"用指标计算所得分值的变异系数来表示，变异系数越小，说明指标的"意见协调度"越高。

计算公式如下所述。

"意见集中度"计算公式：

$$M_j = \frac{1}{n} \sum_{i=1}^{n} X_{ij} \tag{5-1}$$

"意见协调度"计算公式：

$$S_j = \sqrt{\frac{1}{n-1} \sum_{i=1}^{n} (X_{ij} - M_j)^2} \tag{5-2}$$

$$V_j = \frac{S_j}{M_j} \tag{5-3}$$

式中，X_{ij} 为第 i 个专家给第 j 个指标的重要程度打分；M_j 为 j 指标的算术平均值；V_j 为 j 指标的变异系数。

为了确保指标具有充分的准确性、科学性与客观性，更具有说服力，本书将 $M_j \geqslant 6.5$ 且 $V_j \leqslant 0.25$ 作为指标筛选的重要标准。

5.5.3 评价指标体系的构建

5.5.3.1 评价指标筛选

根据漓江流域生态旅游资源的分类、漓江流域生态旅游景区生态旅游的发展现状、生态系统的特点和评价指标选取的原则，对漓江流域生态旅游景区生态旅游承载力的指标进行筛选，构建生态旅游承载力评价指标体系。

首先在理论分析、文献综述和频率统计的基础上，初步拟订了由 75 个评价指标构成的生态旅游承载力评价指标体系，见表 5-1。

表 5-1 漓江流域生态旅游景区生态旅游承载力评价指标初选一览表

指标名称	指标名称	指标名称
地表水水质达标率	旅游业投入与产出比	资源利用率
地表水水体综合污染指数	旅游收入	研究与开发经费比率
地下水水质达标率	旅游投资总额	投资环境
地下水水体综合污染指数	旅游收入占 GDP 的比重	员工培训
耕地承载力	旅游投资占社会总投资比重	安全措施
草地承载力	旅游活动方式	管理设备与手段先进性
森林承载力	旅游地对旅游活动的支持率	科技转化率
建成地承载力	旅游与相关产业的关联度	科技人员比率
水域承载力	旅游各行业产值比率	旅游区建筑景观协调度
化石能源地承载力	人均利税率	游客投诉率
旅游区内环境空气质量标准	住宿设施承载力	景观美感度
大气污染指数	交通运载能力	景观敏感度
噪声限值标准	餐饮设施承载力	游客对旅游区服务水平的感知
植被覆盖率	娱乐设施承载力	游客对旅游区生态环境的感知
动物多样性指数	供水能力	游客对旅游区文化风俗的感知
旅游区植被结构	供电能力	满意度
人为干扰程度	供气能力	游居比率
生物量	排水能力	本地居民受教育程度
森林近自然度	固体废弃物处理率	本地居民对旅游者的态度
病虫灾害发生程度	游览交通工具环保情况	本地居民的物质生活质量
自然灾害影响程度	栈道空间承载力	本地居民的精神生活质量

指标名称	指标名称	指标名称
植物多样性指数	观景台空间承载力	本地居民对旅游文化效益的感知
旅游区经济发展水平	环保建设投入	本地居民对旅游经济效益的感知
旅游区参与旅游经营投入的比例	旅游从业人员平均受教育程度	本地居民对旅游社会效益的感知
旅游资源开发利用效率	旅游从业人员占旅游地人口比重	本地居民对旅游环境效益的感知

其次，邀请来自北京大学地球与空间科学学院、华中师范大学城市与环境科学学院、哈尔滨工业大学深圳研究生院、四川大学历史文化学院、桂林理工大学资环系、桂林理工大学旅游学院等 30 名专家对上述 75 个评价指标进行半开放式问卷调查，发放问卷 30 份，回收问卷 28 份，其中有效问卷 28 份。根据专家"意见集中度"和"意见协调度"对问卷进行统计，将 $M_j \leqslant 6.5$ 且 $V_j \leqslant 0.25$ 的指标提出来，同时根据专家的建议删减、合并、添加其他指标，如将观景台空间承载力和栈道空间承载力合并为建成地承载力，旅游地对旅游活动的支持率与本地居民对旅游者的态度合并为旅游地对旅游活动的支持率等，由此选出 36 个评价指标，见表 5-2。

表 5-2　漓江流域生态旅游景区生态旅游承载力评价指标体系专家咨询表

指标名称	集中度	协调度	指标名称	集中度	协调度
地表水水质达标率	8.14	0.14	交通运载能力	7.29	0.22
地表水水体综合污染指数	7.79	0.18	餐饮设施承载力	7.29	0.23
地下水水质达标率	7.36	0.21	供水能力	6.86	0.22
地下水水体综合污染指数	7.29	0.19	供电能力	6.86	0.22
耕地承载力	6.71	0.24	排水能力	6.79	0.25
森林承载力	7.86	0.16	旅游从业人员平均受教育程度	7.14	0.17
建成地承载力	6.57	0.24	员工培训	7.14	0.21
化石能源地承载力	6.50	0.25	管理设备与手段的先进性	7.29	0.21
旅游区内环境空气质量标准	8.64	0.09	景观美感度	7.64	0.16
大气污染指数	7.86	0.20	景观敏感度	6.79	0.22
噪声限值标准	6.57	0.19	游客对旅游区服务水平的感知	7.29	0.18
植被覆盖率	8.36	0.11	游客对旅游区生态环境的感知	7.43	0.17
动物多样性指数	7.21	0.23	游客对旅游区文化风俗的感知	6.64	0.25
植物多样性指数	7.00	0.25	满意度	7.86	0.16
旅游区经济发展水平	6.71	0.24	本地居民对旅游文化效益的感知	6.50	0.22
旅游业投入与产出比	6.57	0.22	本地居民对旅游经济效益的感知	6.93	0.24
旅游地对旅游活动的支持率	6.86	0.19	本地居民对旅游社会效益的感知	6.93	0.24
住宿设施承载力	7.14	0.23	本地居民对旅游环境效益的感知	7.07	0.21

5.5.3.2　评价指标体系整体框架

漓江流域生态旅游景区生态旅游承载力评价指标体系是一个由喀斯特生态系统、森林生态系统、旅游环境系统、社会系统等组成的复杂系统。为了能够全面准确地描述该系统的特征，特将漓江流域生态旅游景区生态旅游承载力评价指标体系划分为四个层次：第一层次为目标层，为其他层次指标的选取明确方向；第二层次为准则层，包括生态环境承载力、旅游接待服务承载力和社会承载力三个准则，标志着漓江流域生态旅游景区生态旅游承载力的内部准则差异；第三个层次为领域层，是对准则层的进一步分解和描述；第四层次为指标层，是对领域层进行定标、量化、动态实时调控的单元和要素，也是度量漓江流域生态旅游景区生态旅游承载力水平最直接、最有效、最底层的元素。因此，根据各因素之间的关系，构建了一个层次分明的漓江流域生态旅游景区生态旅游承载力评价指标体系（图5-2）。整个评价指标体系由36个指标组成，分属10个领域层和3个准则层。

5.5.3.3　评价指标释义

生态旅游承载力是一个以森林生态系统为核心的复杂系统，是人类生态旅游活动与森林生态环境之间的临界面，作为判断生态旅游活动与森林生态系统之间是否协调的尺度，其选择的评价指标必须反映在生态旅游环境范围内的生态系统是否向良性方向发展，经济系统是否高效、社会系统是否健康安全以及生态旅游发展的潜力大小等内容。因此，从生态旅游环境角度出发，可以将生态旅游承载力划分为生态环境承载力、旅游接待服务承载力和社会承载力三个分量。

（1）生态环境承载力

生态环境承载力是指在一定时间内对旅游区内的生态环境系统不干扰，而使生态环境得到逐步改善的旅游经济活动强度，它主要包括水资源、土地资源、大气状况、噪声污染指数、生物资源五个方面。

1）水资源，即水体纳污能力，是指特定水体在一定环境目标条件下某种污染物的容许排放量。它可以定量说明这种水体对污染物的承载能力，用地下、地表水体水质达标率和地下、地表水体综合污染指数来衡量。水域生态系统复杂，脆弱性高，生态旅游活动的规模或强度一旦超过生态环境承载力，造成水域生态系统的退化，将很难恢复到原始状态。

地下水、地表水水质达标率：主要根据我国地下水、地表水水环境质量标准（GB 3838—2002）设定，这个标准适用于一般地下水和我国领域内江、河、湖

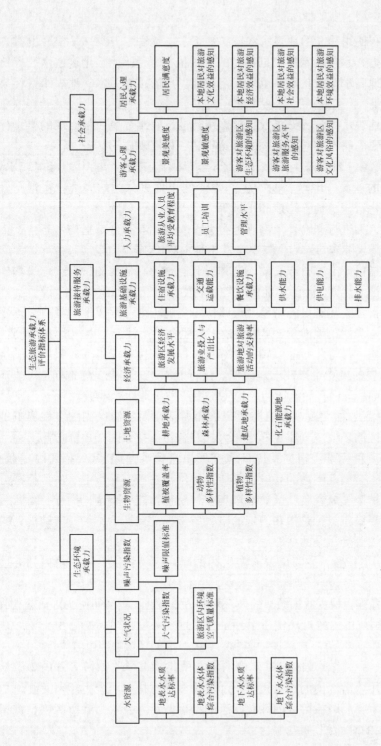

图 5-2　漓江流域生态旅游景区生态旅游承载力评价指标体系

泊、水库等具有使用功能的地表水水域，地下水、地表水五类（Ⅰ类、Ⅱ类、Ⅲ类、Ⅳ类、Ⅴ类）水域的水质根据特定的要求执行。地下水、地表水水质等级反映了地下水、地表水水质状况，也从一定程度上反映了地下水、地表水受污染的情况。

地下水、地表水综合污染指数：根据实行的地表水环境质量标准的类别标准计算所得，主要表明水体对污染物的承载现状，说明水质的状态。

2）土地资源，即生态生产性土地，是指具有生态生产能力的土地或水体。据生产力大小的差异，地球表面的生态生产性土地可分为六大类：耕地、森林地、建成地、化石能源地、草地和水域等。

耕地：指人类进行作物种植的土地类型。耕地的具有全球平均生态生产力的生产性土地面积=耕地的人均生物生产性土地面积×均衡因子。

森林地：指可产出木材产品的人造林或天然林。森林地的具有全球平均生态生产力的生产性土地面积=森林地的人均生物生产性土地面积×均衡因子。

建成地：指各类建筑设施用地及道路所占用的土地。建成地的具有全球平均生态生产力的生产性土地面积=建成地的人均生物生产性土地面积×均衡因子。

化石能源地：指将化石能源转化为等量未提炼的生物能量或者吸收其燃烧排放的 CO_2 所需要的生物生产性土地面积。化石能源地的具有全球平均生态生产力的生产性土地面积=化石能源地的人均生物生产性土地面积×均衡因子。

3）大气状况，主要反映在旅游区开展旅游活动对旅游区内的空气影响的指标。包括旅游区的环境空气质量标准和大气综合污染指数两个评价指标。

环境空气质量标准：根据我国环境空气质量标准（GB 3095—2012）获得，这个标准适用于全国范围内的环境空气质量评价与管理，环境空气质量标准分为二级，自然保护区、风景名胜区属于环境空气质量功能一类区，执行一级标准。

大气综合污染指数：是指在规定的空气质量标准目标下，大气容纳的污染物的现状，说明大气受污染的状态。

4）噪声污染指数，主要反映旅游区内的噪声污染情况，用区域内的环境噪声标准衡量。

噪声限值标准：根据我国颁布的声环境质量标准（GB 3096—2008）获得，该标准适用于全国范围内的声环境质量评价与管理。环境噪声标准分为 5 类（0 类、1 类、2 类、3 类、4 类），自然保护区参照 1 类标准的环境噪声限值执行。

5）生物资源，主要反映旅游区内的动、植物能够承受旅游者开展旅游活动的强度状况，用旅游区内的植被覆盖率和生物多样性指数两个指标来衡量。

植被覆盖率：反映旅游区内绿化状态的指标。计算公式为旅游区内植被覆盖的面积/旅游区的总面积。

生物多样性指数：主要反映旅游区内的动、植物的类型状态的指标，旅游区内的生物多样性指数较高，说明旅游区内的动、植物的类型越多，整个旅游区的生态系统就越稳定，能够承受旅游活动的强度就越大。生物多样性指数的测定主要有三个空间尺度：生境内的多样性，生境间的多样性，区域多样性。

（2）旅游接待服务承载力

旅游接待服务承载力是主要反映旅游区内为旅游者提供各种服务的设施、设备及服务状态的指标。它包括经济承载力、旅游基础设施承载力和人力承载力三个方面。

1）经济承载力，指区域内的社会经济发展水平能够为旅游活动提供服务的强度。主要包括旅游区经济发展水平决定的承载力、旅游业投入与产出比和旅游地对旅游活动的支持率。

旅游区经济发展水平决定的承载力：包括区域的人均国内生产总值和旅游收入占 GDP 的比重两个评价指标。人均国内生产总值=国内生产总值/区域的总人口；旅游收入占 GDP 的比重=旅游业总收入/GDP。

旅游业投入与产出比：反映旅游业效益水平的指标。旅游业投入与产出比=旅游业总收入/旅游业的总投资。

旅游地对旅游活动的支持率：反映当地居民对旅游区旅游发展的支持程度的指标。旅游地对旅游活动的支持率=支持旅游活动者/旅游区居民总人数。

2）旅游基础设施承载力，是反映在旅游过程中提供给旅游者各种服务的设施、设备及服务水平状况的指标，包括住宿、交通、餐饮、供水、供电、排水等评价指标。

住宿设施承载力：反映旅游地接待旅游者住宿能力的指标，主要指旅游区内星级宾馆的数量、总床位数以及宾馆、饭店的设施、设备等情况。

交通运载能力：反映旅游区内道路交通状况以及能够供旅游者游览使用的交通工具数量的指标。主要指旅游区内的道路、航道等交通道路等级情况。

餐饮设施承载力：反映旅游地接待旅游者饮食能力的指标，主要指区域内的饭店、餐馆的数量以及饮食卫生等情况。

供水能力：反映旅游地供水能力的指标，主要指旅游区年供水总量和人均供水量两方面的情况。

供电能力：反映旅游地供电能力的指标。主要指旅游区年供电总量和人均供电的情况。

排水能力：反映旅游地排水能力的指标，主要指旅游区排水设施修建、线路设计与污水处理等情况。

3）人力承载力，反映旅游区内人力资源管理状况的指标，主要包括旅游从业人员平均受教育程度、员工培训与管理水平三个评价指标。

旅游从业人员平均受教育程度：反映旅游区旅游从业人员素质及人力资源状况的指标。

员工培训：反映旅游区人才培养能力状况的指标，包括员工培训次数、培训支出比例（＝旅游培训支出/旅游公共服务支出）和覆盖率（＝员工参加培训人数/员工数）等。

管理水平：反映旅游地的管理体制、管理方法是否适应旅游发展的指标，主要指旅游地政府对旅游业发展所采取的政策、决策和法规是否促进了当地旅游业发展；对旅游区进行旅游开发与规划的方法是否适应旅游的发展；旅游区的管理人员所采用的管理方法能否解决旅游区在发展旅游过程中出现的问题。

（3）社会承载力

社会承载力指游客对于旅游区景观美感度的要求以及当地居民对游客的好客程度，主要包括游客心理承载力和居民心理承载力两个方面。

1）游客心理承载力。反映游客对旅游区景观满意程度的指标，主要包括景观美感度，景观敏感度，游客对旅游区服务水平、生态环境与文化风俗的感知3个评价指标。

景观美感度：反映旅游区景观美学价值的指标，主要指游客在美感上对旅游区景观是否满意。

景观敏感度：反映景观被注意到的程度的指标。景观敏感度越高，景观被注意到的可能性越大，景观就越引发旅游者注目。景观敏感度高的区域或部位，是旅游区开发保护的关键区域，也是旅游区规划设计的重点。

游客对旅游区服务水平、生态环境与文化风俗的感知：是指游客对旅游区服务质量、生态环境、文化风俗的评价情况。可以通过问卷调查、游客访谈等方式来获得。

2）居民心理承载力。反映旅游地的当地居民对游客的好客程度的指标，包括满意度、本地居民对旅游文化效益、经济效益、社会效益与环境效益的感知2个评价指标。

满意度：反映旅游区当地居民对旅游发展的满意程度的指标。可以通过问卷调查与统计的方式来获得。

本地居民对旅游文化、经济、社会、环境效益的感知：是指旅游地居民对于当地旅游业发展是否能够带动当地经济发展并对当地社会、文化、环境产生影响的认知情况。包括旅游活动带来的经济效益、社会效益、生态环境干扰程度、对当地文化的冲击程度四个方面的评价指标。通过问卷调查与访谈的方式来获得。

5.5.3.4 评价指标权重的确定

本书采用层次分析法（AHP）来确定漓江流域生态旅游景区生态旅游承载力评价指标的权重。层次分析法是由美国 Saaty 教授提出的一种对定性问题和定量问题进行综合分析的决策方法，在理论上科学合理，在应用上简便易行（李维余，2008）。由于其重点在于对复杂事物中各因子赋予恰当的权重，故又称多层次权重分析法。

(1) 构造因素重要性判断矩阵

通过对漓江流域生态旅游景区生态旅游承载力评价指标体系层次结构的对比分析，分别构造 A–B 及 B_1–C、B_2–C、B_3–C 与 C_1–D、C_2–D、C_3–D、C_4–D……C_{10}–D 共 14 个判断矩阵。

(2) 权重计算与一致性检验

根据图 5-2 所示的评价指标体系建立因素重要性判断矩阵调查表，分别请 30 位专家进行两两对比打分，并运用 yaahp6.0 软件（层次分析法软件）对这 30 位专家的调查问卷进行统计和整理。其中，根据专家的权威性分别指定专家权重，同时，采用加权几何平均法对各位专家的问卷进行判断矩阵集结，运用最小改变法对不一致的矩阵进行修正，使其一致性小于 0.1，进而使判断矩阵的层次总排序具有满意的一致性。最后计算出漓江流域生态旅游景区生态旅游承载力评价指标体系的权重值，见表 5-3。

表 5-3　漓江流域生态旅游景区生态旅游承载力评价指标权重值

目标层	准则层	领域层	指标层
漓江流域森林生态旅游承载力评价指标体系 A	生态环境承载力 B_1 (0.5473)	水资源 C_1 (0.1812)	地表水水质达标率 D_1 (0.059)
			地表水水体综合污染指数 D_2 (0.0558)
			地下水水质达标率 D_3 (0.0304)
			地下水水体综合污染指数 D_4 (0.036)
		土地资源 C_2 (0.1434)	耕地承载力 D_5 (0.0434)
			森林承载力 D_6 (0.0578)
			建成地承载力 D_7 (0.0253)
			化石能源地承载力 D_8 (0.0169)
		大气状况 C_3 (0.0994)	旅游区内环境空气质量标准 D_9 (0.0531)

续表

目标层	准则层	领域层	指标层
漓江流域森林生态旅游承载力评价指标体系 A	生态环境承载力 B_1 (0.5473)	大气状况 C_3 (0.0994)	大气污染指数 D_{10} (0.0463)
		噪声污染指数 C_4 (0.0409)	噪声限值标准 D_{11} (0.0408)
		生物资源 C_5 (0.0823)	植被覆盖率 D_{12} (0.0411)
			动物多样性指数 D_{13} (0.018)
			植物多样性指数 D_{14} (0.0233)
	旅游接待服务承载力 B_2 (0.2037)	经济承载力 C_6 (0.0663)	旅游区经济发展水平 D_{15} (0.0313)
			旅游业投入与产出比 D_{16} (0.0173)
			旅游地对旅游活动的支持率 D_{17} (0.0178)
		旅游基础设施承载力 C_7 (0.0780)	住宿设施承载力 D_{18} (0.0142)
			交通运载能力 D_{19} (0.0156)
			餐饮设施承载力 D_{20} (0.0126)
			供水能力 D_{21} (0.015)
			供电能力 D_{22} (0.011)
			排水能力 D_{23} (0.0096)
		人力承载力 C_8 (0.0593)	旅游从业人员平均受教育程度 D_{24} (0.0172)
			员工培训 D_{25} (0.0159)
			管理水平 D_{26} (0.0263)
	社会承载力 B_3 (0.2491)	游客心理承载力 C_9 (0.1176)	景观美感度 D_{27} (0.0202)
			景观敏感度 D_{28} (0.0155)
			游客对旅游区服务水平的感知 D_{29} (0.0288)
			游客对旅游区生态环境的感知 D_{30} (0.0309)
			游客对旅游区文化风俗的感知 D_{31} (0.0222)
		居民心理承载力 C_{10} (0.1315)	居民满意度 D_{32} (0.0373)
			本地居民对旅游文化效益的感知 D_{33} (0.0157)
			本地居民对旅游经济效益的感知 D_{34} (0.0364)
			本地居民对旅游社会效益的感知 D_{35} (0.0192)
			本地居民对旅游环境效益的感知 D_{36} (0.0229)

(3) 评价指标的二次筛选

利用 SPSS17.0 软件对 36 个评价指标的权重进行主成分分析，将累计贡献率大于 80% 的指标提取出来，符合主成分分析法对累计贡献率的要求。因此本书选取这 22 个评价指标作为分析漓江流域生态旅游景区生态旅游承载力的依据。这 22 个评价指标是：地表水水质达标率；地下水水质达标率；耕地承载力；森林承载力；建成地承载力；旅游区内环境空气质量标准；噪声限值标准；植被覆盖率；旅游业投入与产出比；住宿设施承载力；交通运载能力；餐饮设施承载力；供水能力；供电能力；旅游从业人员平均受教育程度；游客对旅游区服务水平的感知；游客对旅游区生态环境的感知；游客对旅游区文化风俗的感知；本地居民对旅游文化效益的感知；本地居民对旅游经济效益的感知；本地居民对旅游社会效益的感知；本地居民对旅游环境效益的感知。

5.6 评价模型的构建

5.6.1 评价方法的选择

目前，具有代表性的生态旅游承载力评价方法主要有：模糊线性规划法、物元分析法、系统动力学理论分析法、旅游承载力指数法、水桶法、生态足迹法等。大致可分为两类：一种是利用最低量定律（水桶原理），即求出旅游区生态旅游承载力的各评价因子的值，以数值最小者作为旅游区的生态旅游承载力，例如，孙道玮等、全华等和李庆龙分别运用水桶原理测量生态旅游环境承载力；另一种是利用数学模型确定评价因子权重和评分值，进而计算出旅游区的生态旅游环境承载力综合评价值。例如，崔凤军等提出的旅游环境承载力指数公式和董巍等利用层次分析法测算综合生态旅游承载力。

（1）水桶法

水桶原理认为一只由不同长短的木板箍成的木桶，其盛水量的大小既不取决于木板的平均高度，也不取决于最长一块木板的高度，而是取决于最短一块木板的高度。一个生态旅游区的生态旅游承载力通常也是由大小不同的若干部分（或因素）组成的。因此，根据木桶法的原理，可以将生态旅游承载力看成一个由若干因素组成的环环相扣的有机系统，影响承载力的各因素之间是彼此独立不可替代的。

在这个系统中，生态旅游承载力不是各因素承载力之和，也不是各因素承载力中的最大值，而是由生态旅游承载力各因素中承载力最小的那个因素决定的，这个最小承载力即为木桶理论中的短板。影响生态旅游承载力的因素有很多，如旅游区的性质、特点、游客的构成、管理水平与旅游规划与开发等，这些因素都会对生态旅游承载力产生不同的影响。因此，根据木桶理论，我们只要设法找出众多限制性因素中最薄弱的环节，就可以找到木桶的最短板，进而计算出一个生态旅游区的生态旅游承载力。

用公式表示为

$$A = \min\ (E_1,\ E_2,\ E_3,\ E_4,\ \cdots,\ E_n) \tag{5-4}$$

这种方法很符合大众的逻辑思维，但是，它过分地强调单一因子对生态旅游承载力的作用，而忽视了各评价因子变化对生态旅游区的生态旅游承载力变化的影响不同，有些因子只发生较小变化，就可以对生态旅游区的生态旅游承载力产生较大影响，而有些评价因子即使发生较大变化对生态旅游区的生态旅游承载力产生的影响也不大。

（2）加权综合法

加权评价法认为构成生态旅游承载力系统的各因子的变化均会对生态旅游承载力产生影响。影响其大小的因素不是某一单个因子，而是所有因子共同作用的结果，各个因子之间的差别在于对生态旅游承载力整体的影响程度的大小。为了体现出这种差别，赋予各个因子不同的权重，对于影响程度大的因子赋予较高的权重，对于影响程度小的因子赋予较小的权重，即权重是因子对于生态旅游承载力的重要性程度的反应。

用公式表示为

$$A = \sum\ (E_1 \times P_1,\ E_2 \times P_2,\ E_3 \times P_3,\ E_4 \times P_4,\ \cdots,\ E_n \times P_n) \tag{5-5}$$

影响生态旅游承载力的因子涉及生态环境、经济环境和社会环境等多个方面，不能简单地认定哪一个因子就是生态旅游承载力最薄弱的环节，而忽视了各评价因子变化对生态旅游区的生态旅游承载力变化的影响。加权评价法充分考虑了不同评价因子变化对生态旅游区的生态旅游承载力变化的影响，具有更全面、更系统、综合性、层次性与整体性的优点，曾受到国内研究者的广泛认同。这种方法的缺点是缺乏对生态旅游开发与生态旅游环境系统内部运转和谐性、生态旅游承载力内部协调性与变化趋势的判定，并且很容易将复杂问题简单化，进而不能体现生态旅游承载力的实质内涵。

（3）三重矢量评价方法简介

1998 年英国 Sustain Ability 公司的总裁 John Elkington 首次提出了"三重盈余"（triple bottom line）的理论，充分体现了未来经济社会发展的需求。其核心理念是：企业在获取适当经济利益，追求自身发展的过程中，需要在经济繁荣、社会福利和生态保护三方面均衡发展。这是生态旅游景区可持续发展的较好体现，说明一个优秀的生态旅游景区需要同时在经济环境、生态环境、社会环境三方面都有良好的表现和协调性，即"三重绩效"。

在三重绩效协调性方面，温素彬（2005，2010）分别用标准差系数、距离法反映了企业三重绩效的静态均衡和动态均衡。除此之外，赵涛和李恒煜（2008）利用能源—经济—环境子系统发展水平的变化率与整体发展水平变化率的指数函数定义了动态协调度。范中启和曹明（2006）采用模糊数学的方法描述了经济环境系统可持续发展的静态协调性。这些方法比较抽象，具有计算复杂、晦涩难懂的缺陷。因此，为了克服这些缺陷，韩春伟（2009）通过引入矢量的概念构建了基于可持续发展的三重企业绩效矢量评价模型。这种方法简单具体，简便直观，便于理解，而且能够体现出绩效的发展方向。

本书在参照企业三重绩效矢量评价模型的基础上，运用矢量空间几何方法来构造简便而直观的漓江流域生态旅游景区生态旅游承载力三重矢量静态协调性评价模型，以促进漓江流域生态旅游景区的可持续发展。

5.6.2 三重矢量评价模型的构建

5.6.2.1 三重矢量基础模型

矢量（vector），亦称向量，是既有大小，又有方向的量，原点、方向和大小是矢量的三要素。矢量分析模型是从矢量评价的过程和结果两个方面对三重矢量信息进行合成的评价方法。漓江流域生态旅游景区生态旅游承载力在 t 时刻的三重矢量是指生态环境承载力、旅游接待服务承载力和社会承载力三个方面的综合评价值，即 $F(t)$、$E(t)$、$S(t)$，其中 $F(t) = B_1 \times W_1$，$E(t) = B_2 \times W_2$，$S(t) = B_3 \times W_3$，W_i 为各矢量的权重值。按照平行四边形法则将三个矢量求和，就可以得到漓江流域生态旅游景区生态旅游承载力整体矢量 $\overrightarrow{OP}$，$P(t)$ 为合成值。由此，三重矢量和一定是类似于矢量这样一个既有方向又有大小的矢量。矢量空间中的每一个点，就是一个特定状态的评价点。漓江流域生态旅游景区生态旅游承载力就被直观的图形化为分布在这个三维矢量空间中的状态点，如点 $P(F(t)$，$E(t)$，$S(t))$。这样，漓江流域生态旅游景区生态旅游承载力的评价过程就是在一个矢量空间将三重矢量求和的过程。根据三维矢量分析，漓江流域生态旅游景区生态旅游承载力的整体评价值与三重矢量之间关系可用以下函数式表示：

$$P(t) = \sqrt{F^2(t) + E^2(t) + S^2(t)} \tag{5-6}$$

5.6.2.2 三重矢量静态协调度

静态协调是指三重矢量在 t 时刻的均衡状态。静态协调程度可以用整体矢量与三个分量之间夹角的大小和方向作为分析依据。夹角的大小显示了漓江流域生态旅游景区生态旅游承载力在生态环境承载力、旅游接待服务承载力和社会承载力这三个方面及整体上取得的实际效果以及它们之间的匹配关系；整体矢量方向，由该矢量与三个分量夹角所唯一确定，预示着在当前情况下，三重矢量在未来的共同作用趋势。按照三重矢量的评价要求，这三个分量全面、同步发展，对于漓江流域生态旅游景区生态旅游承载力整体评价有着同等重要的利害关系，均不可偏废，要整体最优，所以本书采用了乘法合成方法来表示三重矢量的整体协调度，以强调各指标间的一致性（图5-3）。

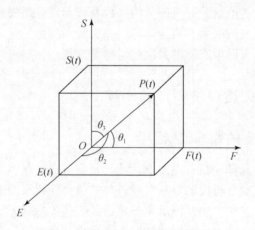

图5-3 静态协调度矢量示意图

计算公式为

$$H = \prod_{i=1}^{3} \cos\theta_i \tag{5-7}$$

H 越大，漓江流域生态旅游景区生态旅游承载力发展越协调。

本书经反复试验，测算了三重矢量静态协调度等级划分标准，见表5-4。

表5-4 三重矢量静态协调度

C	[0, 0.55]	[0.55, 0.80]	[0.80, 0.93]	[0.93, 0.95]	[0.95, 0.97]	[0.97, 0.99]	[0.99, 1]
等级判断	极度失调	严重失调	失调	濒临失调	基本协调	协调	很协调

5.6.2.3　三重矢量综合评价模型

将三重矢量的整体发展水平和静态协调度综合起来，便形成了漓江流域生态旅游景区生态旅游承载力三重矢量综合评价模型，计算公式为

$$H' = \sqrt{P(t) \times H} \tag{5-8}$$

式中，H' 为景区的综合生态旅游承载力，$P(t)$ 为景区的综合生态旅游承载力基本值，H 为静态协调度。H' 越大，表示漓江流域生态旅游景区综合生态旅游承载力越好。

5.7　实　证　研　究

广西猫儿山旅游景区位于漓江上游，森林植被保护完整，珍稀野生动植物资源较为丰富，保存着发育完整的森林植被垂直带谱，具有原生性的亚热带常绿阔叶林的典型森林生态系统特征，它在我国自然保护区中具有重要的典型意义，是自然保护区开展生态环境教育、生态旅游、科普宣传的重要场所。因此本书选取广西猫儿山旅游景区作为漓江流域生态旅游景区生态旅游承载力研究的实证研究对象。

5.7.1　猫儿山景区概况

5.7.1.1　地理位置与范围

猫儿山自然保护区位于桂林龙胜、资源、兴安三县的交界处，地处广西壮族自治区桂林市北部。猫儿山保护区内的森林从未遭受过大面积采伐，珍稀野生动植物资源较为丰富，保存着发育完整的森林植被垂直带谱，具有原生性的亚热带常绿阔叶林的典型森林生态系统特征，它在我国自然保护区中具有重要的典型意义。猫儿山自然保护区从东北到西南呈不规则的长方形，总面积 17 008.5hm²，东西宽 19km，南北长 25km。自然保护区区划为核心区、缓冲区、实验区，其中核心区位于保护区的中心部位，范围包括锯子岭、高寨戴云山以南，通大坪以北，鸭婆山、五岭背以西的清水江、大竹山、砂木江等地，核心区面积 7759.0hm²，占保护区总面积的 45.6%；缓冲区位于核心区的外围，范围包括雷公岩、石狗头、火链界、通大坪、长毛界、雷公田、白竹江等与周边集体林地接壤的带状区域，缓冲区面积 3635.4hm²，占保护区总面积的 21.4%；实验区包括科研生产区、森林生态旅游区和植物园，面积 5614.1hm²，占保护区总面积

的 33.0%。

广西猫儿山旅游景区处于保护区北部实验区内，沿猫儿山自然保护区上山公路两侧分布，呈倒"V"形，犹如大鹏展翅。地理坐标为北纬 25°51′52″~25°55′48″，东经 110°24′25″~110°28′59″。其范围主要包括九牛塘、塘洞冬瓜岩、戴云山、老山界、猫儿山顶、八角田等地，景区的总面积为 2143hm²，占保护区中实验区总面积的 38.2%，占自然保护区总面积的 12.6%，是猫儿山自然保护区开展科普宣传、生态旅游、生态环境教育、科研、生产的重要场所。

5.7.1.2 自然概况

（1）地形地貌

猫儿山是南岭山脉越城岭的主峰，地貌属于中山类型，地层主要是古生代加里东运动早期侵入的花岗岩，地质构造属于华南加里东地槽褶皱带。其主脉自东北走向西南。猫儿山旅游景区位于猫儿山自然保护区的东北部，景区境内溪谷幽深，山峰挺拔，相对高差在 800~1000m，山峦起伏，沟壑纵横，地形复杂，地势陡峭，坡度一般在 30°~50°，为典型的花岗岩地质构造。主峰猫儿山海拔 2141.5m，位于景区西南部。

（2）气候条件

景区处于海洋性气候向大陆性气候的过渡地带，由于山体高大，相对高差悬殊，使得气候要素垂直变化显著，山地气候特征明显，属于典型的中亚热带湿润山地季风气候，具有春夏多雨，秋冬干冷，相对湿度大，日照时数短，光热雨同季的特点。景区的年日照时数为 1065.7h，全年太阳总辐射量 81.7kcal/cm²，是广西日照较少的山区之一；年均降水量 2509.1mm，相对湿度 92%，无霜期 274d；年平均气温在 7.9~16.9℃，最冷月平均温 2.0℃，最热月平均温为 21.8℃，平均温度大大低于周边地区，可谓是"春秋常驻，没有夏季"，是华南一带最佳的避暑胜地。

（3）水文条件

景区属于广西北部主要的水源林区范围，森林覆盖率高，涵养水源丰富，其地表水系十分发达，同时也是漓江、浔江和资江的主要发源地，连接着长江、珠江两大水系。其独特的地形地貌促使溪流、沟谷深切并产生巨大的落差，流水湍急。由于森林植被的保护与涵养，这里溪水四季长流，明净亮丽、清澈透底。特别是位于八角田的盆地沼泽地以及地形起伏非常小的山地苔藓矮林间，水塘密布，溪流纵横，泥炭、泥沼土松软深厚，含蓄了数百万方水源，形成了罕见的南方山地沼泽景观。其含水容积超过了60%，春夏的水位常常高出地面，而秋冬最枯期时脚踏土面也会有泉水溢出，被誉为"绿色天然水库"。

(4) 动植物概况

景区内植被非常繁茂，森林覆盖率在96.48%以上。垂直地带性比较明显，海拔在1300m以下的地区，常绿阔叶林是其地带性原生植被；海拔在1300～1800m的地区，属于常绿落叶阔叶混交林地带；而海拔在1800m以上的地区，属于山顶矮林带，主要包括的种类为常绿、落叶阔叶混交林树种。另外，海拔1400～2000m的范围内分布着部分针叶林和针阔混交林，海拔1200m的九牛塘保护站附近则有少量人工植被。据相关部门统计，猫儿山有植物一千余种，主要包括南方红豆杉、钟萼木、红豆杉、银杏等珍稀植物和猫儿山杜鹃以及兴安梅花草等猫儿山特有植物，共同形成了景区原始森林、山地矮林和杜鹃花海交相映衬的植物景观特色。

广西猫儿山国家级自然保护区以其优越的自然地理条件，丰富的地貌类型，高耸庞大的山体，保存完好的原生状态，蕴藏了丰富的野生动物资源，包括两栖类、鸟类、鱼类、哺乳类、爬行类以及各种昆虫，多样性较高，种类齐全，且分布均匀度适中。

5.7.1.3 社会经济发展概况

(1) 社会概况

景区所在的猫儿山保护区毗邻金石、华江、中峰、江底、两水、车田等6个乡镇以及16个行政村。这里少数民族聚居较集中，有苗、瑶、侗、壮等多个少数民族。人口数量以汉族最多，苗族与瑶族居中，侗族与壮族人数较少。

(2) 经济概况

近年来，在国家"十一五"规划的引导下，桂北地区经济保持了整体持续、快速、健康的发展。根据政府统计，景区所在地兴安县2011年的生产总值达到107.7亿元，同比增长20.5%；财政收入9.3亿元，增长30.35%；全社会固定资产投资115.2亿元，增长32.96%；城镇居民人均可支配收入20 044元，增长12.02%；农民人均纯收入7792元，增长18.9%。以上指标均排名全区或全市的前茅，兴安县整体经济实力实现了较大幅度的提升。

景区周边村庄均为重点林业乡村，从产业结构上分析，林业产值占农林牧渔业总产值的比例最多,是当地居民的主要收入来源之一。近年来,当地竹木加工、矿产开采和水力资源的开发使得居民的收入结构逐渐发生了转变,特别是随着生态旅游的发展,居民的整体收入水平也有了较大的提高。

(3) 基础设施

景区的外部交通较便利,猫儿山自然保护区管理局距桂林市72km,其中包括46km的二级公路和39km的三级公路,有班车往返;距资源县城60km;距兴安县城46km。目前景区与外界联系的道路只有华江高寨村—华江瑶族乡为四级公路。

景区内部交通较差,唯一的机动车道路是20世纪70年代修建的华江高寨村—山顶公路,全长23km,路面宽约5m,主要为砂石路面,道路坡度陡,弯度大,路面质量差,对旅游的开展带来不便。目前有关方面正在组织实施对道路的改建工程。

通信方面,目前景区内还没有邮政设施,但通信光缆已接通到保护区管理局,程控电话对外联系方便。移动和联通手机信号基本覆盖整个景区,手机信号优良。

5.7.2 生态旅游资源特色

(1) 旅游资源丰富多彩

猫儿山景区地文景观资源特色明显,包含如"漓江神女"等奇特象形山石、"神仙柱"典型地质构造、"猫儿山"雄险高峻的山地景观。猫儿山景区水文景观幽深秀美,跌水及瀑布较多,还有神奇荒野的原始森林沼泽湿地,三江源头孕育其中。由于猫儿山景区位于自然保护区的特殊因素,区内的动植物物种多样,生物景观类型众多,垂直植被林相、林冠瑰丽壮观。又由于猫儿山景区海拔较高,因此拥有佛光、云海、雾凇等罕见的天象与气候景观。猫儿山景区还有庵堂坪、灵峰寺等宗教旅游资源,红军亭、长征故道等红色旅游资源,以及少数民族文化资源。猫儿山景区周边还有富有田园气息的竹海梯田、蜿蜒十里的砂木江峡谷资源可供观赏利用。

(2) 旅游资源组合度良好

猫儿山景区生态旅游资源集泰山之雄、华山之险、庐山之幽、峨眉山之秀于一体,资源搭配较合理,资源分布较集中,资源功能较齐全,组合度良好。旅游资源成片密集分布于猫儿山景区上山公路和峡谷河流沿线，使旅游线路安排不至于太散，同时也不会给游客带来审美疲劳，可以给人以最大的感官冲击。猫儿山景区自然资源占优势，但与人文资源结合良好，相互映衬。另外猫儿山景区资源具有多种旅游功能，如乌龟江峡谷具有特种旅游功能，生态科教苑具有修学、教育功能，漓江源湿地具有科考探险功能等。

(3) 旅游资源垄断性突出

猫儿山旅游景区拥有大量珍稀及特有的动植物物种，如南方铁杉和猫儿山杜鹃；气势磅礴的地文景观，如乌龟江峡谷和华南之巅；四时变化的森林景观，如高山杜鹃和青冈林；异常奇特的气候天象景观，如猫岳佛光、冬雪、日出以及猫儿山云海；独特的高山沼泽与湿地资源，如漓江源。它们在广西区内以及周边地区都具有垄断性，有些资源如漓江源具有生态典型性；华南之巅具有地域的唯一性。

(4) 生态景观科考价值高

猫儿山景区自然环境原生态性较强，植被保存完好，人为破坏较少，许多原始森林及子遗植物群落都被保留下来，如遍布山腰的青冈林、高山矮林、三江源沼泽湿地等，它们对于猫儿山景区生态环境维持和景观系统完整性，以及流域生态安全都起到了十分重要的保障作用。这些森林资源具有举足轻重的生态价值、美学观赏价值和科考价值，融观赏性、休闲性和生态性于一体。猫儿山景区大多数自然风光仍处于原始神秘气氛笼罩状态下，同时也是避暑胜地和天然氧吧，是人类走出城市、感受自然的理想地点。

(5) 旅游资源开发潜力大

从整体现状来看，猫儿山景区地域广阔，旅游资源丰富，但开发程度较低。资源品位较高，资源点等级多集中在四级、三级，有很大的开发挖掘和利用空间；且猫儿山景区大部分资源具有生态性、休闲性和教育体验性，能满足游客亲近自然、感受自然的旅游心理，对游客的吸引力较强。许多旅游资源，如红军亭、观猫台、野人湖等，如果经过合理的人工修整，仍然有较大的提升余地。

5.7.3 数据来源

本书研究所涉及的原始数据均来源于 2012 年的广西统计年鉴、2012 年桂林市环保局、水利局、土地局等官方网站所发布的最新相关信息、2011 年的桂林经济社会统计年鉴、2007 年广西猫儿山生态旅游区总体规划、2012 年猫儿山自然保护区管理局的统计资料以及 2012 年 5 月、8 月、9 月份实地问卷调查访谈所得的一手资料。各统计年鉴获得的资料包括猫儿山自然保护区的概况、生态旅游经济发展水平、当地居住人口数量、各类生物生产性土地的本地年生产力水平、2011 年猫儿山景区的游客人数和包括交通、住宿、餐饮、游览等在内的旅游设施总面积等。实地问卷调查访谈的资料包括游客及居民的年龄、收入、教育水平等基本信息以及游客和居民对猫儿山生态旅游的发展给其带来的文化、经济、环境等影响的认知程度。

5.7.4 数据分析与处理

本书结合直线型无量纲处理方法与 1997 年由朱孔来提出的"对评价指标进行非线性无量纲化"的优点，对影响变量的原始数据进行无量纲化预处理，并将其转化到 [0, 1]，以消除不同单位类别对数据的影响，使评价指标更具有客观性和统一性。具体计算公式如下：

正向指标：

$$v_{ij} = \frac{u_{ij} - u_{\min \cdot j}}{u_{\max \cdot j} - u_{\min \cdot j}} \tag{5-9}$$

逆向指标：

$$v_{ij} = \frac{u_{\max \cdot j} - u_{ij}}{u_{\max \cdot j} - u_{\min \cdot j}} \tag{5-10}$$

式中，$i = 1, 2, \cdots, m$（m 为指标数）；$j = 1, 2, \cdots, n$（n 为指标数）。

使用以上公式可以得到无量纲化数据。在确定最小值和最大值时要根据指标性质的不同来采取不同的方法。其中逆指标和正指标要根据全省、全市以及全县等评价系统的区域范围来确定。如果统计资料较健全，那么可以在评价系统的区域范围内直接选取。如果统计资料不健全，那么可以进行抽样调查，并用该系统同行业的抽样调查平均数来加减三个标准差，以作为评价指标的最小值和最大值。

5.7.4.1 生态环境承载力

(1) 水资源承载力

1) 地表水水质达标率。主要根据我国地表水水质标准（GB 3838—2002）设定，地表水五类水域的水质需要根据特定要求来执行。其中地表水源头水与国家自然保护区执行 I 类标准。猫儿山景区位于自然保护区的实验区内，地表水水质达标率可达到99.9%。

2）地下水水质达标率。主要根据我国地下水水质标准（GB/T 14848—1993）设定，地下水五类用途的水质需要根据特定要求来执行。地下水以人体健康基准值为依据，主要适用于集中式生活饮用水水源及工、农业用水的执行Ⅲ类标准。猫儿山景区位于漓江源头，属于集中式生活饮用水水源地，其地下水水质达标率为100%。

（2）土地生态承载力

土地生态承载力计算公式：

$$EC = N \times ec = \sum (a_j \times r_j \times y_j) \tag{5-11}$$

式中，EC 为区域总的承载力；N 为人口数；ec 为人均生态承载力；a_j 为人均生态生产性土地面积；r_j 为均衡因子；y_j 为产量因子；j 为生态生产性土地的类型。

本书根据生态足迹理论，采用国际标准的均衡因子（表5-5）来对生物生产性土地的单位面积生产能力进行等量化处理，并将其换算成具有全球平均生态生产力的生产性土地面积。

表5-5 均衡因子

土地类型	均衡因子	土地类型	均衡因子
耕地	2.8	水域	0.2
林地	1.1	建成地	2.8
草地	0.5	化石能源地	1.1

除了不同类型土地具有不同生态承载力之外，不同国家或地区的同类生态系统也具有不同的生态承载力，通过产量因子可以将不同国家或地区的生态系统生产力换算成具有全球平均生态生产力的生态系统面积（表5-6）。

表5-6 产量因子

土地类型	产量因子	土地类型	产量因子
耕地	1.66	水域	1
林地	0.91	建成地	1.66
草地	0.19	化石能源地	0

猫儿山景区位于保护区实验区内，面积 2143hm²，占保护区总面积的 12.6%。其中林业用地 2139hm²，占景区总面积的 99.81%；耕地面积 2.0hm²，占景区总面积的 0.95%；建设用地面积 2.0hm²，占景区总面积的 0.95%。计算猫儿山景区土地承载力的生物生产性土地时，按耕地、林地和建成地处理，并按照世界环境与发展委员会的建议，留出 12% 的生物生产性土地面积用来保护生物多样性。2011 年猫儿山景区共接待游客 188 860 人次，由以上公式可得猫儿山景区的土地生态承载力为 1900.563hm²，人均生态承载力为 0.010hm²（表 5-7）。

表 5-7 猫儿山景区土地生态承载力汇总

土地类型	面积/hm²	均衡因子	产量因子	生态承载力/hm²	人均生态承载力/hm²
耕地	2.000	2.800	1.660	9.296	4.922
林地	2 139.000	1.100	0.910	2141.139	0.011
建成地	2.000	2.800	1.660	9.296	4.922
生物多样性保护（12%）	—	—	—	259.168	0.001
合计	2 143	—	—	1 900.563	0.010

（3）大气状况

猫儿山旅游景区的环境空气质量标准：是根据我国环境空气质量标准（GB 3095—2012）确定的，该标准适用于全国范围内的环境空气质量评价与管理，它将环境空气质量标准分为二级，风景名胜区、自然保护区属于环境空气质量功能一类区，需要执行一级标准。猫儿山景区 API 指数 ≤100 的天数占全年天数的比例为 100%，环境空气质量达标率为 100%。

（4）噪声污染指数

噪声限值标准：根据我国颁布的声环境质量标准（GB 3096—2008）获得，该标准适用于全国范围内的声环境质量评价与管理。它将环境噪声标准分为 5 类（4 类、3 类、2 类、1 类、0 类），自然保护区需要参照 0 类标准来执行，昼间 50db，夜间 40db。据观测数据显示猫儿山旅游景区的区域环境噪声平均值为 44.59db。

（5）生物资源承载力

植被覆盖率计算公式为旅游区内植被覆盖的面积/旅游区的总面积。猫儿山景区植被覆盖面积为 2141hm²，旅游区总面积为 2143hm²，因此植被覆盖率为 99.9%，植被覆盖率很高。

5.7.4.2 旅游接待服务承载力

(1) 经济承载力

旅游业投入与产出比是反映旅游业效益水平的指标。其计算公式为旅游业的总收入/旅游业的总投资。猫儿山 2011 年的旅游收入约 611.747 万元，旅游总支出为 3150 万元，因此生态旅游所带来的投入产出比为 5.12。

(2) 旅游基础设施承载力

1）住宿设施承载力计算模型如下。
住宿设施计算公式为

$$S_i = B \times (T/t) \tag{5-12}$$

式中，B 为景区所能提供的床位总数；T 为时间段（通常为一年或一个月，本书时间段取一天）；t 为游客平均住宿天数。

猫儿山景区内拥有云峰饭店、猫儿山避暑山庄、瑶苑乡村度假中心、超然派等宾馆酒店及农家乐约 30 家，各级各类旅游住宿设施床位总数为 14 770 张，据统计，景区内的年均客房出租率为 70%。因此，猫儿山景区的住宿承载力为：$S_i = 14\,770 \times 1.38 = 20\,382.6$ 人/月，瞬时承载力为 14 770 人/天。

2）交通运载能力计算模型如下。
交通运载能力计算公式为

$$S_t = \frac{T}{t} \sum_1^n M \times N \tag{5-13}$$

瞬时值为

$$S'_t = \frac{T}{t} \sum_1^n M \times N \tag{5-14}$$

式中，M 为景区内的各类交通工具总数；N 为该交通工具可乘人数；T 为平均工作服务时间；t 为往返所需时间。

猫儿山景区内共有中巴车 11 辆，每辆可乘坐 22 人；小巴车 10 辆，每辆可乘坐 14 人。每辆车往返所需时间约 2h，每天平均工作约 4h。因此，猫儿山景区的交通运载能力为 764 人/h。

3）餐饮设施承载力计算模型如下。
猫儿山景区提供的生态旅游产品以一日游和两日游为主，游客主要在农家乐或是宾馆酒店的餐厅用餐，景区内拥有云峰饭店、猫儿山避暑山庄、瑶苑乡村度假中心、超然派等宾馆酒店及农家乐约 30 家，每家酒店宾馆及农家乐均提供餐饮服务，餐厅接待能力约 1200 人/d。

4）供水能力计算模型如下。

供水设施承载力为

$$S_w = \frac{W \times T}{I} \tag{5-15}$$

瞬时值为

$$S'_w = \frac{W}{I} \tag{5-16}$$

式中，W 为旅游区供水设施总容量；T 为某时间段（本书取一天）；I 为人均用水标准。

猫儿山景区位于三江源头，水源充足，用水基本是天然水，所以供水设施总容量按照保护区森林植被瞬时水源涵养量 4738.32 万 m^3 来计算。由于景区的人均用水标准数据统计有限，因此本书采取广西人均日用水量的国标 [150~220 升/（人·天）] 来作为猫儿山景区的人均用水标准，为了最大限度地容纳各种情况，我们选取 220 升/（人·天），即 0.22m^3 作为人均用水标准。按照以上公式可得供水设施承载力为 516 907.64 万 m^3，瞬时值为 21 537.82 万 m^3。

5）供电能力计算模型如下。

供电设施承载力为

$$S_e = \frac{E \times T}{P_e} \tag{5-17}$$

瞬时值为

$$S'_e = \frac{E}{P_e} \tag{5-18}$$

式中，E 为景区供电设施总容量；T 为某时间段（本书取一天）；P_e 为人均用电标准。

猫儿山景区供电设施总容量为 160kW·h，人均用电标准按广西人均用电标准 126.73kW·h 参照计算，因此供电设施承载力为 30.3kW·h，瞬时值为 1.26kW·h。

（3）人力承载力

旅游从业人员的平均受教育程度是反映旅游区内人力资源状况和旅游从业人员素质的指标。据统计，目前猫儿山景区共有旅游从业人员约 80 人，其中导游 12 人，景区调度人员 10 人，旅游车司机 22 人，售票员 8 人，检票员 8 人，其他人员 20 人。学历在大专以上的 12 人，高中以下的 68 人。以大专为基准，猫儿山景区旅游从业人员平均受教育程度为15%。

5.7.4.3 社会承载力

本书从游客及居民感知的角度，对游客和居民分别设计问卷。问卷共包括两部分：①指标部分。对游客指标的选取，分别从生态环境、服务水平和文化风俗三个方面展开，通过德尔菲法、层次分析法，筛选出23个指标。对居民指标的选取，分别从旅游带来的经济、社会、环境和文化效益四个方面进行细化，筛选出了31个指标。根据以上指标设计的问题，对每道问题进行"非常同意""同意""中立""反对"和"非常反对"的勾选，运用李克特量表法，从5~1进行赋分，负面影响则反向赋分，如"旅游带来当地物价上涨"，从"非常同意"至"非常不同意"赋分为1~5分。②人口学特征。本书在文献综述的基础上，借鉴国内外对游客及居民感知的研究，结合猫儿山景区的实际情况，对受访者的年龄、性别、教育程度、职业、居住时间及收入水平等情况进行了调查。

2012年8月8日，项目组成员对猫儿山景区游客及居民各做了30份预调研，分析得出问卷的可靠性与有效性较高，因此，8月14日~8月19日，项目组成员5人，选择非周末、周末于猫儿山景区对游客进行了问卷调查，共发放问卷256份，回收问卷256份，问卷回收率100%，有效问卷245份，问卷有效率95.7%；期间，在景区周边的高寨村对"农家乐"、宾馆饭店经营者及非经营者也进行了问卷调查，共发放问卷150份，其中，回收问卷共147份，有效问卷共145份。因此，问卷回收率为98%，有效率为96.7%。最后项目组成员还与猫儿山自然保护区管理局的相关工作人员进行了访谈，对猫儿山自然保护区的保护、规划及生态旅游发展情况进行了详细的了解。

(1) 游客心理承载力分析

1) 样本特征。由表5-8可以看出，在性别方面男性占53.9%，女性占46.1%，分布较为均匀；在年龄方面，主要集中在19~35岁、36~50岁，分别占27.8%、59.6%，以青年及中年人为主体；在受教育程度方面，以专科、本科的居多，分别占28.6%、37.1%；在收入方面，主要集中在2001~3000元、3001元以上，分别为43.3%、24.0%；在职业方面，以企业人员、学生和机关单位人员为主，分别占32.7%、18.4%和21.6%；在省市方面，以桂林、南宁及其周边城市游客居多。

表 5-8　游客人口学特征

项目		频数	百分比/%	项目		频数	百分比/%
性别	男	132	53.9	月收入	1000 元以下	34	13.9
					1001~2000 元	46	18.8
	女	113	46.1		2001~3000 元	106	43.3
					3001 元以上	59	24.0
	合计	245	100		合计	245	100
年龄	18 岁以下	15	6.1	职业	学生	45	18.4
	19~35 岁	68	27.8		农民	10	4.1
	36~50 岁	146	59.6		企业人员	80	32.7
	51~65 岁	12	4.9		离退休人员	14	5.7
	66 岁及以上	4	1.6		机关、事业单位人员	53	21.6
					其他	43	17.5
	合计	245	100		合计	245	100
受教育程度	高中、中专及以下	41	16.7	省市	桂林	153	62.4
	大专	70	28.6		南宁	45	18.4
	本科	91	37.1		区内其他	32	13.1
	研究生及以上	43	17.6		区外	15	6.1
	合计	245	100		合计	245	100

2）游客感知问卷信度分析。本书利用 SPSS17.0 对问卷进行信度分析（表 5-9），Cronbach's Alpha=0.855>0.8，因此，问卷具有良好的内部一致性（一般认为，当 Cronbach's Alpha 大于 0.8 时，问卷具有良好的信度）。

表 5-9　游客感知问卷信度分析

Cronbach's Alpha	基于标准化项的 Cronbach's Alpha	项数
0.855	0.862	23

3）游客心理感知分析。游客心理感知的各个因子的内部指标是对游客旅游活动过程中不同方面的感知，具有一致性和整体性，本书认为其权重相同。因此，生态环境、服务水平和文化风俗三方面内部指标的得分取各指标的算术平均值（表 5-10）。

表 5-10　游客对旅游景区的感知

项　　目	N	均值	标准差
生态环境	245	4.23	0.682
景区空气清新	245	4.46	0.586
景区水质良好	245	4.39	0.604
景区动植物资源丰富	245	4.30	0.643
景区树木花草覆盖率高	245	4.28	0.647
景区噪声较小	245	4.32	0.650
景区环境卫生良好	245	3.56	1.004
景区自然景观多样	245	4.33	0.640
服务水平	245	3.20	0.960
登山道路、休息点的游客人数太多	245	3.18	0.947
旅游交通便利	245	3.51	0.942
公共设施充足	245	3.48	0.950
旅游住宿设施齐全，卫生条件好	245	3.12	0.978
景区旅游服务设施齐全感觉方便舒服	245	3.15	0.924
景区娱乐设施多样	245	2.75	0.916
景区周边餐饮场所较容易找到	245	3.33	0.951
饭店服务周到热情，物美价廉	245	2.98	1.027
景区服务管理很好	245	3.20	0.999
景区工作人员服务态度热情，导游讲解良好	245	3.25	0.999
文化风俗	245	3.50	0.87
当地人很淳朴	245	3.92	0.841
当地人具有商品意识	245	3.44	0.835
当地人穿着很时髦	245	3.07	0.789
当地的住宅建筑很传统	245	3.22	0.998
当地人对待游客很冷漠	245	3.50	0.934
当地治安不太好	245	3.85	0.827
有效的 N（列表状态）	245	—	—

　　调查结果显示，猫儿山游客对景区生态环境感知的均值和标准差均值分别为 4.23、0.682，除了景区环境卫生以外，其他指标均超过了 4.23>4，因此，游客对景区生态环境的整体感知较高；对服务水平感知的均值和标准差均值分别为 3.20、0.960，多项指标小于平均水平 3.20<4，说明游客对服务水平的整体感知不高；对文化风俗感知的均值和标准差均值分别为 3.50、0.87，一半指标小于平均水平 3.50<4，说明游客对文化风俗的整体感知也较低。

（2）居民心理承载力分析

1）样本特征。由表5-11可知猫儿山景区当地居民的基本信息，在性别分布方面，男性占64.8%，女性占35.2%，存在一定的差距，这可能与当地女性文化水平低及不愿配合调查有关；在年龄方面，主要集中在19～35岁、36～50岁和51～65岁三个年龄段，分别占40.7%、33.8%和19.9%；在受教育程度方面，以初中及小学以下的居多，分别占51.0%、22.8%，高中、大专、本科及以上的学历很少，这与当地的教育状况有关，中老年人受农村风气影响，普遍受教育程度较低，而受教育程度高的青年人大多在外地就业，因此，造成了当地文化水平偏低的现象；在平均月收入方面，501～1000元、1001～2500元的居多，分别占28.3%、48.3%，处于500元以下和2501元以上的人数较少。根据调查发现，平均月收入在1000元以上的居民多数与从事旅游业或种植毛竹有关，收入在1000元以下的居民尤其是500元以下的居民多数是孤寡老人或是丧失劳动能力的人；在职业方面，以农民和普通员工为主，分别占49.0%、24.1%，其中从事旅游业者与从事非旅游业者的比例相当，分别为56.3%、43.7%，说明猫儿山景区周围的居民从事旅游业的程度不高；在居住情况方面，外地迁入的人口较少，仅占5.6%，远低于占94.4%的世居本地居民。

表5-11　居民人口学特征

项目		频数	百分比/%	项目		频数	白分比/%
性别	男	94	64.8	月收入	500元以下	22	15.2
					501～1000元	41	28.3
	女	51	35.2		1001～2500元	70	48.3
					2501元以上	12	8.2
	合计	145	100		合计	145	100
年龄	18岁以下	4	2.8	职业	农民	71	49.0
	19～35岁	59	40.7		机关、事业单位人员	8	5.5
	36～50岁	49	33.8		普通员工	35	24.1
	51～65岁	29	19.9		个体经营者	12	8.3
	66岁及以上	4	2.8		学生	9	6.2
					其他	10	6.9
	合计	145	100		合计	145	100

续表

	项目	频数	百分比/%		项目	频数	百分比/%
受教育程度	小学及以下	33	22.8	居住情况	世居本地	137	94.4
	初中	74	51.0		外地迁入	8	5.6
	高中/中专	16	11.0		合计	145	100
	大专/本科	22	15.2				

2）问卷结果信度分析。本书利用 SPSS17.0 对问卷进行信度分析，Cronbach's Alpha = 0.820 > 0.8（表 5-12），因此，问卷具有良好的内部一致性（一般认为，当 Cronbach's Alpha 大于 0.8 时，问卷具有良好的信度）。

表 5-12　居民感知问卷信度分析

Cronbach's Alpha	基于标准化项的 Cronbach's Alpha	项数
0.820	0.805	31

3）居民心理感知分析。居民心理感知的各个因子的内部指标是对居民生活不同方面的感知，具有一致性和整体性，本书认为其权重相同，不具有重要度的差异。因此，猫儿山生态旅游对其产生的经济、环境、社会和文化效益四个方面内部指标的得分取各指标的算术平均值（表 5-13）。

表 5-13　居民对猫儿山生态旅游的感知

项　　目	N	均值	标准差
经济效益	145	3.35	0.785
旅游使您的收入增加了	145	3.75	0.788
旅游为您提供了更多的就业机会	145	3.62	0.834
旅游促进了本地经济发展	145	4.07	0.457
自产农林产品基本用于农家乐	145	2.92	0.937
旅游使物价水平迅速上涨	145	2.48	0.808
旅游开发影响了其他产业的发展	145	3.30	0.885
社会效益	145	3.64	0.658
旅游使公共交通设施显著改善	145	4.10	0.452
旅游使公共服务设施显著改善	145	3.83	0.507
旅游使社会治安明显好转	145	3.28	0.701
旅游使居民之间的关系更加和睦	145	3.35	0.758
旅游使居民与游客之间的关系更融洽	145	3.68	0.692

续表

项　目	N	均值	标准差
旅游使居民与政府或旅游开发公司更注重合作	145	3.56	0.691
旅游使卫生状况明显改善	145	3.48	0.860
旅游使居民环境意识增强	145	3.72	0.721
旅游促进了地域文化的挖掘与发扬	145	3.37	0.849
居民文明礼仪程度和对游客的好客度增加	145	3.86	0.515
居民的商品经济意识增强	145	3.80	0.496
环境效益	145	3.03	0.94
空气不如过去清新了	145	2.80	1.050
村庄中或附近河水变差了	145	2.86	1.125
一些常见的飞鸟走兽变少了	145	2.56	0.996
旅游者喧哗影响了您的生活	145	3.14	0.915
外来车辆增多影响了您的出行	145	3.18	0.867
环境卫生变差	145	2.75	1.065
道路变得坑洼不平	145	3.24	0.902
旅游使公共设施变得拥挤	145	3.32	0.770
游客使土地受到破坏	145	3.38	0.799
文化效益	145	3.37	0.79
旅游使本地传统文化开发商业化	145	3.13	0.925
发展旅游后不太注重传统节日	145	3.70	0.641
推广普通话，减少了方言使用	145	3.23	0.848
旅游使当地传统风俗习惯迅速消失	145	3.77	0.590
外来旅游经营者数量增加	145	3.04	0.963
有效的 N（列表状态）	145	—	—

调查结果显示，猫儿山景区居民对旅游带来的经济、环境、社会和文化效益感知中，均值最高的为社会效益 3.64，其次是文化效益 3.37，再者是经济效益 3.35，最后是环境效益 3.03。标准差均值最高的为环境效益 0.94，其次是经济效益 0.785，再者是文化效益 0.79，最后是社会效益 0.658。在社会效益方面，均值与标准差一致，说明当地居民对旅游带来的社会效益的整体感知程度较强。在经济效益方面，之所以得分均值和标准差均值不高，整体感知强度较弱，可能与当地居民参与旅游业的程度较低有关，在访谈过程中，多数居民表示没有感受到从旅游业中获得经济利益，尤其是在提高收入水平方面；在环境效益方面，标

准差超过了 0.9，居最高，说明居民对旅游带来的生态环境干扰的认识存在较大差异；在文化冲击方面，居民对发展旅游后不太注重传统节日和旅游使当地传统风俗习惯迅速消失两个指标的感知最高，超过了平均水平，其他指标均在平均值以下，整体感知强度一般。

5.7.4.4　无量纲化后承载力的标准值

（1）生态环境承载力

经过计算，地表水水质达标率为 0.993，地下水水质达标率为 0.994；耕地承载力为 0.962，林地承载力为 0.966，建成地承载力为 0.832；API 指数≤100 的天数占全年天数比例为 0.994，环境空气质量达标率为 0.944；区域环境噪声平均值为 0.446；植被覆盖率为 0.943。根据得分可以看出建成地承载力最低，林地承载力最高，这可能与猫儿山自然保护区的森林覆盖率高、建成地面积少有关。

（2）旅游接待服务承载力

经过计算，旅游业投入产出比为 0.497；住宿承载力为 0.592，交通运载能力为 0.493，餐厅接待能力为 0.691，供水设施承载力为 0.766，供电设施承载力为 0.897；旅游从业人员平均受教育程度为 0.496。根据得分可以看出猫儿山景区的投入产出比、交通运载能力与从业人员平均受教育程度得分较低，说明猫儿山景区投资回报率较低，交通设施运力不够，人员素质不高，亟待改善。

（3）社会承载力

经过计算，生态环境得分为 0.953，服务水平为 0.509，文化风俗为 0.066；经济效益为 0.321，社会效益为 0.428，环境效益为 0.148，文化效益为 0.269。根据得分可以看出游客对生态环境评价最高，文化风俗评价最低，说明游客对生态环境的感知程度最强，满意度最高；文化风俗感知程度最弱，满意度较低。居民对旅游带来的社会效益感知程度最强，满意度最高；对环境效益感知程度最弱，满意度较低，约80%的居民感觉生活环境明显变差，尤其是固体废弃物和水污染方面感知最强；对经济效益感知不强与当地居民参与旅游业的人员较少有关，73.1%的居民仍然靠种地、种植毛竹、外出打工等方式来获得经济收入，从事旅游业的程度较低；文化效益和文化风俗得分不高主要与当地缺少娱乐活动有关，对当地文化挖掘不够。

5.7.4.5　猫儿山景区各因子承载力的计算

为了将计算简化，本书将猫儿山景区的生态旅游承载力的所有指标分别化作生态环境承载力、接待服务承载力和社会承载力3个因子进行计算。在将所有因子的指标得分归一化的基础上，首先运用层次分析法，其次计算各因子的指标权重，再次对各因子的指标分别进行加权求和，最终求出各因子承载力的大小。由统计可得，地表水水质达标率、地下水水质达标率、耕地承载力、林地承载力、建成地承载力、API指数≤100的天数占全年天数比例、环境空气质量达标率、区域环境噪声平均值、植被覆盖率、旅游业投入产出比、住宿承载力、交通运载能力、餐厅接待能力、供水设施承载力、供电设施承载力、旅游从业人员平均受教育程度、服务水平、生态环境、文化风俗、经济效益、社会效益、环境效益、文化效益指标的权重分别为0.1148、0.0664、0.0434、0.0747、0.0253、0.0531、0.0463、0.0408、0.0824、0.0664、0.0142、0.0252、0.0126、0.015、0.011、0.0594、0.0443、0.0511、0.0222、0.0537、0.0292、0.0329和0.0157。

因此：

生态环境承载力 $B_1 = \sum P_i \times W_i = 0.993 \times 0.1148 + 0.994 \times 0.0664 + 0.962 \times 0.0434 + 0.966 \times 0.0747 + 0.832 \times 0.0253 + 0.994 \times 0.0531 + 0.944 \times 0.0463 + 0.446 \times 0.0408 + 0.943 \times 0.0824 = 0.5073$

接待服务承载力 $B_2 = \sum P_i \times W_i = 0.497 \times 0.0664 + 0.592 \times 0.0142 + 0.493 \times 0.0252 + 0.691 \times 0.0126 + 0.766 \times 0.015 + 0.897 \times 0.011 + 0.496 \times 0.0594 = 0.1134$

社会承载力 $B_3 = \sum P_i \times W_i = 0.953 \times 0.0511 + 0.509 \times 0.0443 + 0.066 \times 0.0222 + 0.321 \times 0.0537 + 0.428 \times 0.0292 + 0.148 \times 0.0329 + 0.269 \times 0.0157 = 0.1115$

式中，P_i 为各指标的得分；W_i 为各指标的权重。

通过以上计算得分可以看出猫儿山景区生态旅游承载力中，生态环境承载力得分最高，其次是接待服务承载力，最后是社会承载力。

5.7.4.6　猫儿山景区静态协调度的计算

由以上分析可得生态环境承载力为0.5073，接待服务承载力为0.1134，社会承载力为0.1115，因此三个矢量的夹角为0.8740、0.9936和0.9938。根据静态协调度的计算公式 $H = \prod_{i=1}^{3} \cos\theta_i$ 可以得到猫儿山景区的静态协调度为0.8630。根据静态协调度的划分等级可知猫儿山景区的静态协调度位于 [0.81, 0.93]，处于失调状态，说明猫儿山景区生态旅游承载力各矢量之间的协调程度较低，出现失调现象，整体绩效不是很高，亟待完善。

5.7.4.7　猫儿山景区三重矢量综合承载力

根据三维矢量分析可知生态环境承载力、接待服务承载力和社会承载力三个矢量的得分分别为 0.5073、0.1134 和 0.1115；权重分别为 0.5473、0.2037 和 0.2491。因此，漓江流域生态旅游景区生态旅游承载力的整体评价值 $P(t) = \sqrt{F^2(t)+E^2(t)+S^2(t)} = 0.2800$，将三重矢量的整体发展水平和静态协调度综合起来，便形成了漓江流域生态旅游景区生态旅游承载力三重矢量综合评价模型 $H' = \sqrt{P(t) \times H} = 0.4916$。$0 \leqslant H' \leqslant 1$，$H'$ 越接近 1 越大，表示漓江流域生态旅游景区综合生态旅游承载力越好，由计算可以看出 H' 远远小于 1，离 0 较近，说明漓江流域生态旅游景区综合生态旅游承载力较差。通过以上计算得分可以看出猫儿山景区生态旅游承载力中生态环境承载力得分最高，其次是接待服务承载力，最后是社会承载力。

5.7.5　结果分析

（1）知名度较低

由于猫儿山景区没有系统地开发其生态旅游资源，也没有大力地促销宣传，致使猫儿山生态旅游区的整体旅游形象不鲜明，精品不突出，进而导致猫儿山景区的知名度以及整体旅游形象的市场影响力较低。根据调查显示，猫儿山景区游客以一日游为主，客源市场主要集中在桂林市区及其周边县市，广西区内其他城市和省外游客所占比例较小，仅占 37.6%。游客对猫儿山景区的认知度不高，尤其是对于猫儿山的某些优质资源，如铁杉荟萃、九龙塘峡谷等认知度较低，多数游客都是第一次来猫儿山景区游览。

（2）环境保护意识不强

根据居民问卷调查显示，当地居民对旅游带来的环境效益感知程度最弱，满意度较低，约 80% 的居民感觉生活环境明显变差，尤其是固体废弃物和水污染方面感知最强，其中一个主要原因就是游客在旅游过程中不当旅游行为所造成的，如乱扔垃圾和废弃物等行为，致使当地环境遭到污染，水质变差。另一个主要的原因是当地居民尤其是旅游宾馆、饭店经营者，乱建排水管道，随意排放生活污水，生活垃圾无处处理，被乱扔于山上或草丛中，给景区生态环境污染带来了隐患，加上景区对当地环境保护宣传力度不够，缺乏必要的宣传标语和措施，致使猫儿山景区游客与当地居民的环境保护意识薄弱。

（3）旅游接待设施建设滞后

猫儿山景区的酒店、宾馆、饭店等旅游接待设施建设滞后，星级高档酒店较少，除了景区的停车场、休息厅、盘山公路和山顶栈道走廊外，其他服务设施尚处于当地村民自发建设状态，品位不高，设施不完善，仅能提供基本的食宿需要，布局混乱，经营管理水平有限。景区内游客以散客居多，74.6%的游客是自行出游，其中以自驾车为主，但是景区内尚没有为自驾车游客专门设置的指示牌等基本服务设施，多数自驾车游客表示缺乏指示标志，进出景区不方便。

（4）缺乏生态旅游专业人才

猫儿山景区旅游从业人员平均受教育程度较低，旅游从业人员素质不高，大专以上学历仅占总人数的15%，缺乏生态旅游管理专业人才和高素质旅游服务人员。根据访谈结果显示，游客对售票员、检票员等旅游服务人员服务态度恶劣反映较强烈，普遍认为景区从业人员服务态度恶劣，缺乏服务意识，服务水平低下。

（5）景区生态旅游收入单一

从猫儿山景区的收入情况来看，绝大部分的旅游收入都来自于门票收入，其他收入来源相当少，生态旅游收入形式过于单一，娱乐、购物设施缺乏，过夜游客较少。因此，生态旅游给当地居民带来的经济效益不明显，对当地经济的拉动作用潜力没有得到充分挖掘，还有待进一步提高。

5.7.6 可持续管理对策

（1）加大宣传力度，拓宽客源市场

据统计显示，2011年猫儿山景区旅游总支出为3150万元，旅游收入为611.747万元，生态旅游所带来的投入产出比为5.12，共接待游客18.89万人次。其中以桂林和南宁两地游客居多，分别占游客总数的62.4%、18.4%，区内其他城市游客较少，省外游客更是少之又少。因此必须要加大对猫儿山景区的宣传力度，从数量和质量上改善现有的宣传品，将互联网络、报纸、杂志等各种宣传方式进行整合，制作全方位的传播效果，搭建"三个沟通平台"（强势传媒、

网络、旅游区品牌服务系统），实现与顾客和经销商的信息交换，开通"三条渠道"（网络分销渠道、旅行社销售渠道、电视+报纸广告的散客直销渠道），实现团队、散客的销售渠道畅通。采用生态学术会议、节事活动、公益广告、生态保护宣传活动等市场活动在全国中心城市及区内周边城市进行宣传促销的方式，同时灵活运用微博、论坛等新型网络传播工具，促进猫儿山景区宣传片的传播，让全国各地的人们了解猫儿山的历史文化、历史遗迹、珍稀动植物以及生态环境的神奇和独特，着力提升猫儿山景区的知名度，进而增加旅游收益。

（2）强化环境教育，提高环保意识

开展生态旅游的目标之一就是实现生态旅游对旅游者的环境教育功能，激发旅游者自觉保护生态环境的意识。但是在调查过程中发现，景区旅游者随地乱扔瓜果纸皮的现象随处可见，因此在宣传猫儿山景区生态旅游的同时，有必要通过寓教于乐、寓教于游等多种方式强化对生态环境教育的宣传，促使旅游者在欣赏自然、人文景观的同时，能够亲身参与到景区生态环境保护中来，这也是促进生态旅游区可持续发展的重要举措。在景区管理方面应加快建立污水处理系统，减少宾馆、饭店等生活污水的排放；注重旅游道路景观的保护，在盘山公路沿线设立保护生态环境的"提醒牌"和设置必要的垃圾回收设施，增强游客对生态环境保护的责任感，将回收的固体垃圾实施分类处理，并将其运送到垃圾处理场统一处理；严格控制景区气体排放，景区内旅游交通工具尽量采用徒步和"环保型"旅游车辆；在旅游总收入中，划出一定比例的资金作为环境保护专项基金。

（3）完善接待服务体系，提高服务质量

针对猫儿山景区接待服务设施建设滞后，服务体系不完善，服务质量不高的问题，在景区开发规划建设的同时，必须加强景区住宿、交通、餐饮、排污等基础设施建设，不断提高现有宾馆、饭店的设施、服务质量，适当引入信誉良好的国内酒店企业集团开发和经营景区内的农家旅馆、饭店等，形成连锁机构，提供标准化服务，使游客住的舒心，住的放心；不断提高旅游区对外公路、上山公路和连接各景点旅游步道的等级和质量，使游客能够便利到达和游览景区；培育具有地方特色的餐饮服务业，更好地满足游客的多层次需求；严格控制景区污水排放和固体废弃物的处理，加强对植被和三江源的保护工作，同时也要适度开展形式多样的健康娱乐活动，如民间舞蹈表演等，吸引游客停留下来，使游客在观光游览的同时还能亲身体验到当地的民俗文化；依托旅游资源优势打造精品旅游线路，开展攀登、徒步、科考等特色旅游，使游客能充分领略猫儿山自然保护区所固有的原生态文化，从而以较高的旅游服务质量来获取高收益；同时结合猫儿山

国家级自然保护区的森林优势，着重推出一批附加值很高的手工艺品，如代表当地文化特色的唐卡、纺织品、竹雕等，以促进猫儿山景区的生态效益和经济效益最大化。

（4）加强对旅游从业人员的培训，提高从业人员素质

要提升猫儿山景区的服务质量，除了必要的旅游接待服务设施以外，人的因素也是不可或缺的。实践证明，具有生态保护专业知识且工作热情的服务人员、管理人员等，对于一个生态旅游景区的规范开发、创意设计和生态旅游区的可持续发展至关重要。因此，必须树立"以人为本"的用人理念，加强猫儿山景区人力资源的管理与开发，强化尊重人才、爱护人才的用人意识，善于发现人才价值，让真正的优秀人才脱颖而出；严格旅游从业人员的聘用机制，把好聘任第一关，录取人员后，要分层次、分阶段地抓好环境保护、服务管理的职业培训，实施培训上岗制度，普及有关生态旅游的科普知识、法规、法律和政策等，努力提高景区从业人员的综合素质和服务水平，进而为游客提供多样化的满意服务，激发旅游者的消费欲望，增加猫儿山景区的经营效益。

（5）建立生态旅游承载力风险预警机制

猫儿山景区被多头管理，其中林业部门主管自然保护区，它无法及时发现并遏制人为破坏环境的因素；而旅游部门主管生态旅游景区，对自然保护区生态环境的破坏、污染、自然灾害等常常不闻不问，只要出现问题，这两个部门就会互相推诿扯皮致使问题得不到及时有效的解决。猫儿山生态旅游景区位于猫儿山自然保护区的试验区内，生态系统敏感性较强，因此，在发展生态旅游的过程中必须注意生态旅游承载力饱和、超载和失调的危害性，设立生态旅游承载力预警组织，建立一套规范、全面的预警系统，随时掌握猫儿山景区的客流量、服务质量和居民心理状况，提高对生态旅游承载力的风险识别和控制能力，并且利用规划、组织、经济、宣传等手段使风险最小化。生态旅游承载力预警组织具有自我防错、纠错、实施风险管理的功能，是旅游区预测风险、分解风险、降低风险、化解风险的重要职能部门，主要对旅游区生态系统的稳定性进行检测、识别、诊断和纠正，以及对生态旅游风险进行管理。建立生态旅游承载力预警组织的具体步骤包括建立预警管理小组和外部生态环境检测系统、对征兆进行常规性调查分析、初步拟定预警管理计划、开展预警培训、进行风险管理等。

6 漓江的旅游容量评价

6.1 旅游容量概述

6.1.1 旅游容量的概念

环境容量（environment capacity）是一个生态学的概念，最早诞生于19世纪末的日本，它是指"在人类生存和自然状态不受危害前提下，某一环境所能容纳的某种污染物的最大负荷量"（余春祥，2004）。后来随着世界经济的飞速发展，工农业的发展所带来的环境破坏和污染问题日渐严重，探讨研究大气、河流、土壤等生态环境的环境容量课题备受各界关注。环境容量的内涵被不断丰富和完善。现今，环境容量主要是指一个生态系统在保持生命机体的再生能力、适应能力和进化能力的前提下所能经受住的最大生物体数目（赵赞，2009）。它包括绝对容量和年容量两个方面，前者是指可容纳一定的环境污染物的最大承载量；后者是指某一环境在污染物的积累浓度不超过环境标准规定的最大容许值的情况下，每年所能容纳的某污染物的最大负荷量。

传统旅游业盲目开发，并以经济利益为首，导致旅游地资源环境遭到破坏。1980年以来，我国对旅游容量的研究逐渐开展。把旅游容量作为景区协调发展的"标尺"，在景区的管理实践中起到了重要作用。旅游容量也称为旅游承载力，广泛地讲是指一个旅游地的空间容量值。专家学者在不断探讨和研究的基础上，将其基本定义为：在旅游区可持续发展前提下，一定时间段内，其自然环境、社会心理环境和经济环境所能承受的游客量及其相关活动在规模和强度上极限值的最小值（胡允银，2004）。这一概念体系包括以下三个基本类型。

1）旅游心理（感知）容量。旅游者在某一地域从事旅游活动时，在保证活动质量的前提下，该旅游景区所能容纳的旅游者及旅游活动的最大量。

2）自然生态容量。游客超载造成的环境污染和破坏是显而易见的。自然生态容量是指在保证生态系统不致永久性退化的前提下，一定时间内旅游场所所能容纳的旅游活动量。

3）资源空间容量。在保持旅游资源质量的前提下，一定时间内旅游资源所依存的空间能容纳的旅游活动量，通常分为合理容量和极限容量。不同的旅游活动所需要的资源空间也不一致。

6.1.2 旅游容量研究进展

国外关于旅游容量的研究最早是在 1963 年，Lapage 首次提出旅游容量的问题。当时，人们注意到：旅游大众化发展趋势，使数以千计的游客蜂拥而至旅游目的地，造成一些旅游地交通堵塞，环境遭受破坏，游客审美体验下降。生态学家 Streeter 在 1970 年就警告人们：要维持旅游目的地的品质，最好避免破坏生态环境（Barkham，1973）。1982 年 Mathieson 等将旅游容量定义为：在自然环境没有出现不可接受的变化和游客体验质量没有出现不可接受的降低的情况下，使用一个景点的游客人数最大值。之后随着研究的不断深入，旅游容量的概念和内涵不断得到丰富和完善。世界旅游组织（1992）将其定义为：能够产生高质量的游客体验和很少的资源环境影响时，一个旅游地的旅游使用水平。旅游容量理论在旅游热点区域得到广泛应用，管理者按照预测的游客数上限约束接待量，从而保证环境不退化；但是后来它的有效性受到了各界的质疑。

在国内研究方面，我国对旅游容量的研究起步较晚。1981 年，刘家麒最早发表《旅游容量与风景区规划》一文，他在文中表明了为什么要研究旅游容量，然后指出旅游容量的主要影响因素，并进行旅游容量估算（刘家麒，1981）。保继刚对北京颐和园的旅游环境容量作了一个较为翔实的个案研究（保继刚，1987）。1989 年楚义芳吸收国际上的研究成果，对旅游容量的概念体系、量测及其实用研究方向作了较为系统的阐述。之后，国内的旅游容量研究开始与实例结合，研究旅游容量在景区规划开发和经营管理中的应用问题。1996 年，蒋宗豪针对黄山风景区的旅游资源开发状况，主要研究了景区内存在的环境、游览景区客流分布状况、功能分区和旅游容量问题，指出了旅游容量的涵义及其指标体系，并在最后提出扩大黄山旅游容量的措施（蒋宗豪，1996）。2003 年，吴宝宏指出我国旅游业正在高速发展，要正确处理旅游业开发中遇到的容量饱和、超载、环境破坏等问题，采取积极有效的防治措施（吴宝宏和孙永平，2003）。2007 年，汪宇明以大都市上海为案例，认为都市旅游容量的管理至关重要，通过都市旅游产品转型与创新、基础设施升级等方式缓解中心城市的压力（汪宇明和赵中华，2007）。2011 年，张影莎等在参照国内大量研究文献的基础上，对旅游容量的测算方法进行梳理，采用日容量和年容量的方法来阐述（张影莎等，2011）。

通过综述我们发现，国外学者注重对旅游容量基本概念、内涵的基础性研究，并通过知名度较高的案例给人以启发。在国内研究方面，虽然起步较晚，但研究成果很多。在旅游容量的概念、应用、测算等方面有很多研究成果，但很少有涉及旅游容量评价指标体系构建相关的研究。

6.2 研究方法及技术路线

6.2.1 研究方法

（1）文献研究法

通过对相关的期刊、学位论文、著作等进行广泛的搜集和整理，然后在此基础上分析、比较、综合前人的研究成果，简要阐述了有关环境容量、旅游环境容量、旅游容量、漓江风景区旅游容量的国内外研究现状，从中获得了数据资料和理论支撑。

（2）田野调查法

田野调查法主要由两部分构成：一是通过观察法与访谈法，对研究区域、自然环境、社会经济、旅游发展现状进行调查；二是以游客为对象发放调查问卷。通过此方法获得了对漓江流域真实、详尽的第一手资料。

（3）层次分析法

层次分析法是将旅游容量问题按总目标、各层子目标、评价准则的顺序分解为不同的层次结构，然后用求解判断矩阵的办法，求得每一层次的各元素对上一层次某元素的权重，最后再计算备选方案对总目标的最终权重。

（4）德尔菲法

德尔菲法，是采用背对背的通信方式征询专家小组成员的预测意见，经过几轮征询，使专家小组的预测意见趋于集中，最后做出符合未来市场趋势的预测结论。本书的大致流程是：在对旅游容量评价体系的指标层进行筛选的问题上，设计专家问卷，征得专家的意见之后，进行整理、归纳、统计，再匿名反馈给各专家，再次征求意见，再集中，再反馈，直至得到一致的意见。

6.2.2　技术路线

本研究的技术路线图如图 6-1 所示。

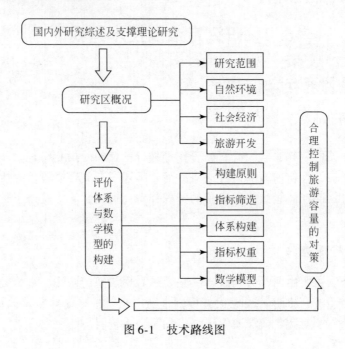

图 6-1　技术路线图

6.3　评价指标体系的构建

6.3.1　建立原则

（1）科学性

评价体系应与客观的科学标准相一致，评价指标的筛选，指标权重的确定，指标量化标准，模型构建，实证案例数据的选取、计算与合成都必须以统计理论、决策科学理论等科学理论为依据。在对评价体系的运算过程及诸多方面的相互关系做出准确、全面的分析和描述的基础上，综合考虑诸方面的协调性，使指标体系不仅能满足旅游容量评价的要素，同时又避免指标间的重复。

（2）系统性

评价指标尽可能完善齐全，旅游容量各个方面的基本特征必须通过指标体系全面反映，必须全面涵盖景区旅游容量综合评价的内涵。本书建立的指标体系应充分体现系统性原则，越往上指标越综合，越往下指标越具体。下一级指标隶属于上一级指标，下一级指标往往都能较具体反映出现状和规律，能更准确、直观地评价景区旅游容量状况。

（3）动态性

外部社会经济环境是一个动态系统，处在不断变化之中，同样旅游业发展的外部条件也瞬息万变。这就要求要以动态发展的角度进行评价，获取动态指标数据，以发展的观点对景区旅游容量状况做出评价。

（4）定量性

对漓江风景区旅游容量的评价要遵循定量与定性相结合的原则。定性评价指标可以通过语言描述景区旅游容量概况，而利用指标定量化，可以尽量减少主观色彩，利用真实可靠的数据说话。所以使用定性与定量评价相结合，以定量评价为基础的方法可以取得客观的评价结果。

（5）可操作性

对景区旅游容量的评价并不是仅仅为了评价，评价的目的在于应用。因此，构建尽可能很好地反映景区旅游容量实际情况的指标体系是可操作性的基本要求。所选取的指标应具有易获取性、可监测性和可比性；指标的概念要清晰，且相关数据容易获取。因为指标能否准确获取数据对该指标体系能否应用具有重要的影响。指标体系应尽可能简化，计算方法应简单易懂，避免太过繁琐复杂。

6.3.2　构建方法

建立的评价指标体系是否科学合理，关系到评价结果的正确性与有效性，它是研究漓江风景区旅游容量评价体系的关键。筛选评价指标时，要全面考虑上述五个原则，同时又要考虑到目前研究存在的差异，并根据景区的现实情况确定研究方法及衡量精度，力求真实、全面、准确地描述和计量旅游容量。本书采用理论分析法、专家咨询法、频度统计法和游客及居民问卷调查法来筛选指标。理论分析法是在对景区旅游容量的特征、内涵、基本要素等问题进行比较和相关分析

的基础上，着重选择具有代表性的指标；专家咨询法是在初步提出景区旅游容量
评价指标体系后，征询有关专家学者的意见，以调整评价指标（郭华和郭彩霞，
2008）；频度统计法是在对目前的相关评价研究进行频度统计的同时，选择使用
频率较高的指标；游客及居民问卷调查法是通过问卷调查的方式，了解游客及当
地居民对生态旅游景区开展生态旅游的感知，以此来找出最具有代表性的心理承
载力指标。

（1）专家问卷设计

问卷包括专家意见与建议征询两大部分内容：

第一部分包括41个具体指标，指标的重要程度分为五个等级，并请四所大
学的各位专家学者根据各个指标的重要程度，对其进行打分（问卷设计将分值划
分五个等级："不重要"——1分、"较不重要"——3分、"一般重要"——5
分、"较重要"——7分、"重要"——9分）。

第二部分包括两个问题：第一个问题是请各位专家对认为不合理的、无关的
与重要程度差的指标进行修正；第二是请专家根据需要增加其他相关指标。

（2）专家问卷统计与分析

根据各位专家学者对各个指标重要程度的打分，分别计算出各指标的专家
"意见协调度"和"意见集中度"。其中，专家"意见协调度"是各指标所得分
值的变异系数，其值越大，指标的"意见协调度"越低；专家"意见集中度"
是各指标所得分值的算术平均数，其值越小，指标的"意见集中度"越低。

计算公式如下。

"意见集中度"的计算公式：

$$M_j = \frac{1}{n} \sum_{i=1}^{n} X_{ij} \tag{6-1}$$

"意见协调度"的计算公式：

$$S_j = \sqrt{\frac{1}{n-1} \sum_{i=1}^{n} (X_{ij})^2 M} \tag{6-2}$$

$$V_j = \frac{S_j}{M_j} \tag{6-3}$$

式中，i 为第 i 个专家；j 为指标体系中的第 j 个指标；X_{ij} 为第 i 个专家给第 j 个指
标的重要程度打分；n 为专家人数；m 为指标个数；M_j 为 j 指标的算术平均值；
V_j 为 j 指标的变异系数；S_j 为 j 指标的标准差。

为了确保评价指标具有十足的说服力、精准性、科学合理性与客观真实性，

本书将统计结果为 $M_j \geqslant 6.5$ 并且 $V_j \leqslant 0.25$ 作为指标筛选的重要标准。

6.3.3 评价指标体系的构建

旅游容量是基于旅游环境系统，为解决旅游地开发与保护矛盾而提出的，是指在可接受的环境质量和游客体验下降的情况下，一个旅游地所能容纳的最大游客数。本书主要从资源空间容量、游客心理容量和自然生态容量三个方面评价旅游环境容量。资源空间容量是指旅游资源依存的有效环境空间能够容纳的游客数量。游客心理容量是指保持游客一定审美体验、旅游质量的前提下，所能允许的游客数量。自然生态容量是指一定时间内旅游地自然生态环境未受到破坏的前提下所能容纳的旅游人数。本书所选取的指标均以这三个标准为方向。

6.3.3.1 评价指标筛选

本书参考前人研究成果，以生态旅游环境承载力评价、旅游环境容量评价、水资源承载力评价、漓江流域生态旅游环境承载力评价研究、游客心理容量及其影响因素等相关文献作为参考标准，将同一指标被选取 5 次及以上的指标筛选出来，并以资源空间容量、游客心理容量和自然生态容量为准则，初步拟订了由 41 个评价指标构成的漓江风景区旅游容量评价指标体系，见表 6-1。

表 6-1 漓江风景区旅游容量评价原始指标

目标层	准则层	指标层
漓江风景区 旅游容量评价	自然生态容量 共 18 个	地表水水质达标率
		地下水水质达标率
		年径流总量
		水体水质达标率
		植被覆盖率
		噪声限值标准
		环境空气质量标准
		年平均最小径流量
		生物多样性指数
		地表水水体综合污染指数
		旅游区内环境空气质量标准
		噪声污染达标率
		地下水水体综合污染指数

续表

目标层	准则层	指标层
漓江风景区 旅游容量评价	自然生态容量 共18个	固体废弃物处理率
		旅游资源开发利用效率
		旅游区植被结构
		人为干扰程度
		环保建设投入
	资源空间容量 12个	流域面积
		旅游用地面积
		游览空间距离
		森林承载力
		建成地承载力
		水域承载力
		游览交通工具环保指数
		平均游览时间
		交通运载能力
		餐饮设施承载力
		旅游活动方式
		游览方式影响指数
	游客心理容量 共11个	景观美感度
		游客投诉率
		景观敏感度
		游客对旅游区生态环境的感知
		游客对旅游区文化风俗的感知
		游客对旅游区服务水平的感知
		密集感
		视觉感受
		听觉感受
		行为感受
		游客间亲密程度

然后，邀请桂林理工大学旅游学院、桂林旅游高等专科学校、广西师范大学、贺州学院等 20 名专家对上述 41 个评价指标进行半开放式问卷调查，发放问卷 20

份，回收问卷 17 份，其中有效问卷 17 份。利用 SPSS17.0 对问卷进行信度分析，Cronbach's Alpha＝0.836>0.8，因此，问卷具有良好的内部一致性（一般认为，当 Cronbach's Alpha 大于 0.8 时，问卷具有良好的信度）。根据专家打分结果对问卷进行统计，计算出各指标因子的"意见集中度"和"意见协调度"，将 $M_j \geqslant 6.5$ 且 $V_j \leqslant 0.25$ 的指标筛选出来，得到旅游容量评价指标共 20 个，见表 6-2。

表 6-2　漓江风景区旅游容量评价筛选后的指标

目标层 A	准则层 B	指标层 C	集中度	协调度
漓江风景区旅游容量 A	自然生态容量 B_1	年径流总量 C_1	7.93	0.12
		年平均最小径流量 C_2	8.46	0.11
		地表水水质达标率 C_3	6.72	0.09
		地下水水质达标率 C_4	7.86	0.22
		生物多样性指数 C_5	7.57	0.25
		植被覆盖率 C_6	6.50	0.19
		噪声限值标准 C_7	8.64	0.06
		环境空气质量标准 C_8	6.79	0.07
	资源空间容量 B_2	流域面积 C_9	7.22	0.21
		旅游用地面积 C_{10}	8.19	0.04
		游览交通工具环保指数 C_{11}	8.14	0.08
		游览方式影响指数 C_{12}	7.64	0.24
		平均游览时间 C_{13}	8.47	0.13
		游览空间距离 C_{14}	7.36	0.18
	游客心理容量 B_3	景观美感度 C_{15}	7.07	0.25
		景观敏感度 C_{16}	8.50	0.05
		游客投诉率 C_{17}	6.51	0.21
		游客对旅游区生态环境的感知 C_{18}	6.51	0.22
		游客对旅游区文化风俗的感知 C_{19}	6.80	0.25
		游客对旅游区服务水平的感知 C_{20}	7.83	0.21

6.3.3.2　评价指标体系框架

本书将漓江风景区旅游容量评价指标体系划分为三个层次：第一层次为目标层，它为其他指标层次的选取明确方向；第二层次为准则层，首次通过自然生态容量、资源空间容量、游客心理容量三个准则衡量旅游容量；第三层次为指标层，是对准则层的进一步分解和描述，是可以进行量化、定性、动态实施调控的要素和单元，也是评价风景区旅游容量最直接、最有效、最底层的元素，具体见表6-3。

表6-3 基于三棱镜原理的漓江风景区旅游容量评价体系表

目标层 A	准则层 B	指标层 C
漓江风景区旅游容量 A	自然生态容量 B_1	年径流总量 C_1
		年平均最小径流量 C_2
		地表水水质达标率 C_3
		地下水水质达标率 C_4
		生物多样性指数 C_5
		植被覆盖率 C_6
		噪声限值标准 C_7
		环境空气质量标准 C_8
	资源空间容量 B_2	流域面积 C_9
		旅游用地面积 C_{10}
		游览交通工具环保指数 C_{11}
		游览方式影响指数 C_{12}
		平均游览时间 C_{13}
		游览空间距离 C_{14}
	游客心理容量 B_3	景观美感度 C_{15}
		景观敏感度 C_{16}
		游客投诉率 C_{17}
		游客对旅游区生态环境的感知 C_{18}
		游客对旅游区文化风俗的感知 C_{19}
		游客对旅游区服务水平的感知 C_{20}

6.3.4 评价指标释义

6.3.4.1 自然生态容量

(1) 年径流总量

一定的径流量是漓江风景区乘船游览的必要条件。年径流总量指标是指某时

段 t 内通过河流某一断面的总水量。所以计算时段的时间 t 乘以该时段内的平均流量 Q，就得径流总量 W（单位 m^3），即 $W = Q \times t$。

（2）年平均最小径流量

枯水期内地表水流枯竭，漓江流域主要依靠地下水补给水源（廖广斌，2000）。一年内枯水期时间长短由河流流域的自然地理及气象条件决定。漓江径流年内分配极不均匀，汛期 3～8 月径流量约占全年径流总量的 80%，而到了少雨的枯水期，水资源又变得极为短缺，平均最小径流量很小，河床裸露，险滩连绵，百里漓江旅游航程有时缩短到只有几千米，严重影响和制约了桂林市旅游的发展。

（3）地表水水质达标率

由于水域生态系统非常复杂，与其他生态系统相比脆弱性更高。因此景区内旅游活动开展的强度或规模一旦超过了水资源的最大承受范围，就会造成水域生态系统的退化，靠其自身恢复或者人工建设很难达到原始状态。地表水水质达标率反映的是漓江的水质状况，在一定程度上也反映了水体受污染情况。水质达标率主要根据我国《地表水环境质量标准（GB 3838—2002）》规定，该标准适用于我国领域内的水库、内江、湖泊、河流等具有使用功能的地表水水域，地表水需要根据划分的五类（Ⅰ类、Ⅱ类、Ⅲ类、Ⅳ类、Ⅴ类）标准执行。漓江作为5A 级风景区要按Ⅱ类标准执行，保证航道水体清澈。

（4）地下水水质达标率

为保护和合理开发地下水资源，防止和控制地下水污染，保障沿岸人民的身体健康，促进旅游业健康发展，选取此指标。该指标标准严格按照《地下水环境质量标准（GB/T 14848—93）》划分的Ⅲ类标准执行。

（5）生物多样性指数

生物多样性指数是主要反映旅游区动植物种类情况的指标。在一个旅游区内生物多样性指数越高，就表示旅游区动植物种类越丰富，食物链越庞大，整个旅游区的生态系统就越稳定，所能承受的旅游活动规模和强度就会越大。通常主要从以下三个空间尺度测定生物的多样性：生境内的多样性，区域多样性，生境间的多样性。

（6）植被覆盖率

植被覆盖率是主要反映旅游区绿化状态、景观生态性的指标。计算公式为旅游区植被覆盖面积与旅游区总面积之比。

(7) 噪声限值标准

本书用环境噪声限值标准来衡量风景区内噪声污染状况，超过标准值将对景区环境造成破坏和干扰。噪声限值标准根据我国颁布的《声环境质量标准（GB 3096—2008）》获得，此标准适用于全国范围内的声环境质量评价与管理。它将环境噪声标准分为5类（4类、3类、2类、1类、0类），5A级景区噪声质量应达到1类标准。

(8) 环境空气质量标准

该指标主要反映的是在旅游区内开展的旅游活动对旅游区空气的影响。根据我国《环境空气质量标准（GB 3095—2012P）》显示，此标准适用于全国范围内各种环境的空气质量评价与管理。根据该标准将我国地域环境划分为两个等级（一类区、二类区）。漓江风景名胜区属于环境空气质量功能一类区，需执行一级标准。

6.3.4.2 资源空间容量

(1) 流域面积

流域面积也被称为受水或集水区面积，是指流域附近分水岭与河口（或坝、闸）部分所包围的区域，通常是指地表水的汇水面积（习惯上叫法），其单位以平方千米计。在水文学研究中，尤其在河流运输业相关研究上，流域面积是一个非常重要的数据。一般是流域面积越大，该地区河流的水量也越丰富，资源空间容量就越大。

(2) 旅游用地面积

资源空间容量是指一定的地域内在空间上所能承纳的游客数量，其大小主要由旅游区内水域面积和旅游用地面积衡量。漓江虽然目前开发的主要产品是船运游览，但今后的发展应放在利用沿岸土地资源上，开展乡村休闲步行游道，从而缓解水上游览的压力。可开发利用的旅游用地面积越大，未来能够承纳的旅游者就会越多，因而景区的整个资源空间容量就会越大。

(3) 平均游览时间

景区的游览时间主要依据景点的多少、停留时间、距离长远等估算。游览既要满足游客的审美需要，也要顾及下一航班游客的感受，太长太短均不适宜。漓江精华游航线主要是从桂林磨盘山码头或竹江码头出发到阳朔县，是漓江航区的精华部分，游览时长 4.5h 左右（朱瑜等，2012）。

（4）游览空间距离

为使前后两航班游客互不干扰，保证游览质量，并减少同一时段的环境压力和拥堵情况，游船之间的距离至少要保持在 5~10m。

（5）游览方式影响指数

游览方式影响指数根据访谈、调查问卷等方式获得。

（6）游览交通工具环保指数

随着旅游业的迅猛发展，漓江景区共有各种类型的船舶 300 多艘，漓江水体遭到了一定程度的污染（曾成等，2005）。旅游产生的漂浮物、油迹污染已经影响到游客感官和桂林旅游的形象。所以景区内应使用清洁能源的交通工具，严格管理游船带来的油类污染、尾气排放、噪声、垃圾漂浮物等问题。

6.3.4.3 游客心理容量

（1）景观美感度

景观美感度是反映漓江景区景观美学价值的指标，其主要指旅游者在旅游体验过程中感受的美感。

（2）景观敏感度

景观敏感度反映的是风景景观被关注程度的指标。如果景观敏感度很高，则景观被关注的可能性就越大，从而就能够引起游客的注意。高敏感度的景观或区域，旅游资源价值很高，是旅游区开发与保护的重点，同时也是旅游区规划与设计的关键区域。

（3）游客投诉率

游客投诉率是反映旅游者对旅游区景观的满意程度的指标。

（4）游客对旅游区生态环境的感知

游客对旅游区生态环境的感知是通过访谈、调查问卷等方式获得。

（5）游客对旅游区文化风俗的感知

游客对旅游区文化风俗的感知通过访谈、调查问卷等方式获得。

（6）游客对旅游区服务水平的感知

游客对旅游区服务水平的感知通过访谈、调查问卷等方式获得。

6.4　评价模型的构建

6.4.1　评价指标权重的确定

本书采用层次分析法（AHP）来确定漓江风景区旅游容量评价指标的权重。层次分析法是由美国 Saaty 教授提出的一种对定性问题和定量问题进行综合分析的决策方法，在理论上科学合理，在应用上简便易行。由于其重点在于对复杂事物中各因子赋予恰当的权重，故又称多层次权重分析法。

首先，构造指标重要性判断矩阵。经过对旅游容量评价指标体系层次结构的对比分析，分别构造共 4 个判断矩阵 A–B 及 B_1–C、B_2–C、B_3–C。

然后进行权重计算与确定量化标准。根据表 6-3 所示的评价指标体系建立因素重要性判断矩阵调查表，分别请四所不同大学的 20 位专家学者进行两两对比打分。对这 20 位专家的调查问卷进行整理和统计，结果运用层次分析法软件计算得出。同时，采用几何加权平均法对各位专家的问卷进行判断矩阵集结，运用最小改变法对不一致的矩阵进行修正，一致性达到小于 0.1 的标准，进而权重结果具有较满意的统一性。

最后计算出漓江风景区旅游容量评价指标体系的权重值（表 6-4）。

表6-4　基于三棱镜原理的漓江风景区旅游容量评价权重值

目标层 A	准则层 B	权重	指标层 C	权重
漓江风景区旅游容量 A	自然生态容量 B_1	0.3802	年径流总量 C_1	0.1124
			年平均最小径流量 C_2	0.0531
			地表水水质达标率 C_3	0.0639
			地下水水质达标率 C_4	0.0605
			生物多样性指数 C_5	0.0232
			植被覆盖率 C_6	0.0343
			噪声限值标准 C_7	0.0172
			环境空气质量标准 C_8	0.0156

续表

目标层 A	准则层 B	权重	指标层 C	权重
漓江风景区旅游容量 A	资源空间容量 B_2	0.3145	流域面积 C_9	0.1003
			旅游用地面积 C_{10}	0.0787
			游览交通工具环保指数 C_{11}	0.0478
			游览方式影响指数 C_{12}	0.0203
			平均游览时间 C_{13}	0.0124
			游览空间距离 C_{14}	0.0550
	游客心理容量 B_3	0.3053	景观美感度 C_{15}	0.0691
			景观敏感度 C_{16}	0.0553
			游客投诉率 C_{17}	0.1140
			游客对旅游区生态环境的感知 C_{18}	0.0259
			游客对旅游区文化风俗的感知 C_{19}	0.0176
			游客对旅游区服务水平的感知 C_{20}	0.0234

6.4.2 评价指标量化标准

虽然在构建评估指标体系的时候，坚持客观性原则，但是仍有部分指标需要定性评价，在进行综合评价时，需要根据指标的作用性质和表现形式，采取不同的方法对各指标进行量化处理，以便于综合评定。本书采用将指标分为四个等级，各等级系数范围为4、6、8、10的统一量化方法，评价标准见表6-5。

表6-5 认证指标量化标准

评价项目	赋值标准			
	10	8	6	4
C_1	≥301 亿 m^3	151 亿~300 亿 m^3	51 亿~150 亿 m^3	≤50 亿 m^3
C_2	≥41m^3/s	31~40m^3/s	21~30m^3/s	≤20m^3/s
C_3	根据我国《地表水环境质量标准》（GB 3838—2002）执行			
	I 类	II 类	III 类	IV类、V类
C_4	根据我国《地下水水质标准》（GB/T 14848—1993）执行			
	I 类	II 类	III 类	IV类、V类
C_5	很高	较高	一般	较低
C_6	≥90%	60%~90%	30%~60%	<30%

续表

评价项目	赋值标准			
	10	8	6	4
C_7	根据我国颁布的《声环境质量标准》（GB 3096—2008）执行			
	1类	2类	3类	4类
C_8	根据我国《环境空气质量标准》（GB 3095—2012）执行			
	高于一类标准	一类标准	二类标准	低于二类标准
C_9	≥4001 km²	3001~4000 km²	2001~3000 km²	≤2000 km²
C_{10}	≥4001 km²	3001~4000 km²	2001~3000 km²	≤2000 km²
C_{11}	划分四个等级（由高到低分为4、3、2、1），由专家进行打分			
	4	3	2	1
C_{12}	划分四个等级（由高到低分为4、3、2、1），由专家进行打分			
	4	3	2	1
C_{13}	≤1h	1~3h	3~5h	≥5h
C_{14}	≤45m	25~45m	5~25m	≥5m
C_{15}	很高（≥80%）	较高（50~80%）	一般（20~50%）	较低（≤20%）
C_{16}	较低（≥80%）	一般（50~80%）	较高（20~50%）	很高（≤20%）
C_{17}	很低	一般	较高	很高
C_{18}	很好 （游客评分4~5分）	较好 （游客评分3~4分）	一般 （游客评分2~3分）	不好 （游客评分1~2分）
C_{19}	很好 （游客评分4~5分）	较好 （游客评分3~4分）	一般 （游客评分2~3分）	不好 （游客评分1~2分）
C_{20}	很好 （游客评分4~5分）	较好 （游客评分3~4分）	一般 （游客评分2~3分）	不好 （游客评分1~2分）

6.4.3　综合评价模型构建

6.4.3.1　三重矢量基础评价模型

三重矢量评价模型是从矢量评价的结果和过程两方面来合成三重矢量信息的评价方法。漓江景区在 t 时刻的三重矢量是指自然生态容量、资源空间容量、游客心理容量三个方面的综合评价值，即 $F(t)$、$E(t)$、$S(t)$。根据平行四边形法则将这三个矢量先平方求和，再开根号便可以得到旅游容量的整体矢量 OP，

$P(t)$为合成值。所以，漓江景区旅游容量的评价过程就是将三重矢量在其矢量空间中求和的过程。函数公式表示是：

$$P(t) = \sqrt{F^2(t) + E^2(t) + S^2(t)} \qquad (6\text{-}4)$$

6.4.3.2 三重矢量静态协调

静态协调度模型所要表达的是在某一时刻三重矢量自然生态容量、资源空间容量与游客心理容量的均衡状态，即三者的整体矢量 $\overline{OP}$ 与其三个分量夹角的方向和大小。通过分析夹角的大小就能够得出风景区旅游容量在自然生态、资源空间和游客心理方面的整体协调状态，判定它们之间的匹配程度。整体矢量与其三个分量的夹角确定它的唯一方向，预示着三重矢量在现在的情况下，将来的共同发展趋势。根据三重矢量的评价模型要求，三个分量对于评价旅游容量情况具有同样重要的利害关系，不能偏废任何一个，需要整体最优即同步、全面的发展，因此本书为了强调各指标的一致性，特用乘法合成的方法表示三重矢量的整体协调度（图6-2）。计算公式为

$$H = \prod_{i=1}^{3} \cos\theta_i \qquad (6\text{-}5)$$

H越大，漓江景区旅游容量发展越协调。

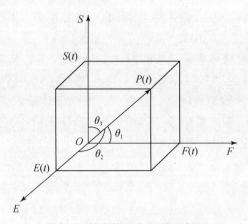

图6-2　静态协调度矢量示意图

本书参考温素彬和薛恒新的《基于科学发展观的企业三重绩效评价模型》中反复试验所得的三重矢量静态协调度划分六等级标准（表6-6）。

表 6-6　三重矢量静态协调度

C	[0, 0.15)	[0.15, 0.3)	[0.3, 0.45)	[0.45, 0.6)	[0.6, 0.8)	[0.8, 1)
等级判断	极其失调	严重失调	失调	基本协调	协调	非常协调

6.4.3.3　三重矢量综合评价模型

为了更直观、科学的评价，本书将三重矢量的整体发展水平 P 与静态协调 H 综合起来，形成了漓江风景区旅游容量三重矢量综合评价模型，计算公式为

$$H' = \sqrt{P(t) \times H} \qquad (6\text{-}6)$$

H' 为漓江风景区的综合旅游容量，$P(t)$ 为景区的综合旅游容量基本值，H 为静态协调度。H' 越大，表示漓江风景区综合旅游容量越好。

6.5　实 证 研 究

6.5.1　实证研究的范围

漓江源自兴安、灵川两县交界的猫儿山，流经桂林地区的兴安、灵川、临桂、阳朔、恭城、荔浦、平乐等县及桂林市区，注入桂江，全长 228km，流域面积达 12 159km（陈晓波，2010）。其中，兴安至桂林市区为上游，长 105km；桂林市区至阳朔为漓江游览风景区，被称为"黄金水道"，长 83km。漓江风景区是世界岩溶峰林景观发育最完善的典型之一，不仅兼有"山青、水秀、洞奇、石美"四绝，而且还有"深潭、险滩、流泉、飞瀑"等佳景（陈战是，2005）。考虑到漓江流域绵长，沿岸地质地貌条件复杂，且黄金水道生态旅游开发成熟，所以本书以 83km 黄金水道作为研究范围。

6.5.2　数据来源

本书所涉及的原始数据均来源于《广西统计年鉴 2012》《桂林经济社会统计年鉴 2012》《桂林漓江风景名胜区总体规划（2006—2025）》、2013 年桂林市政府部门官方网站所发布的相关信息、2013 年漓江风景名胜区管理局的统计资料以及 2013 年 8 月实地向游客发放调查问卷和访谈所得的一手资料。2013 年 8 月 6 号在漓江风景区对旅游者进行了实地调查，一周的调研期内共发放问卷 200 份，回收问卷 195 份，回收率为 97.5%，其中有效问卷 192 份，有效回收率为 96%。

运用 SPSS17.0 软件对调查问卷进行检验，可信度为 0.825。

6.5.3 指标层数据分析

（1）年径流总量

年径流总量指标是指某时段 t 内通过河流某一断面的总水量。所以计算时段的时间 t 乘以该时段内的平均流量 Q，就得径流总量 W（单位 m^3），即 $W = Q \times t$。据监测，漓江多年平均流量为 $127m^3/s$，所以其年径流总量为 39.5 亿 m^3（吴果团和梁云贞，2003）。

（2）年平均最小径流量

根据有关部门多年检测，漓江流域平均最小流量 $10.9m^3/s$。

（3）地表水水质达标率

根据我国《地表水环境质量标准》（GB 3838—2002），地表水五类水域的水质需要根据特定要求来执行。其中 II 类标准主要适用于集中式生活饮用水地表水源地一级保护区、珍稀水生生物栖息地、鱼虾产场等。漓江地表水水质符合 II 类标准，达标率 100%。

（4）地下水水质达标率

根据我国《地下水水质标准》（GB/T 14848—1993）设定，地下水五类用途的水质需要根据特定要求来执行。III 类标准以人体健康基准值为依据，主要适用于生活集中式饮用水水源及工业、农业用水。漓江地下水水质符合 III 类标准，达标率为 100%。

（5）生物多样性指数

2011 年广西水产研究所朱瑜通过多次采样、调研等方法，计算出漓江鱼类生物多样性指数为 0.551（蔡德所和马祖陆，2008）。

（6）植被覆盖率

植被覆盖率计算公式为旅游区植被覆盖的面积与旅游区的总面积之比。近几年漓江两岸绿化工程如火如荼地展开，现已种植各种树木 1500 万株，总的绿化面积超过 $200km^2$，森林覆盖率达 60% 左右。

(7) 噪声限值标准

根据我国颁布的《声环境质量标准》（GB 3096—2008），环境噪声标准分为 5 类（4 类、3 类、2 类、1 类、0 类）。据观测数据显示漓江景区的区域环境噪声平均值为 49.6db。漓江作为 5A 级风景区符合一类标准的要求，昼间为 55db，夜间为 45db。

(8) 环境空气质量标准

我国《环境空气质量标准》（GB 3095—2012）将我国地域环境划分为两个等级（一类区、二类区）。漓江风景名胜区属于环境空气质量功能一类区，需执行一级标准。漓江景区 API（Air Pollution Idex）指数≤100 的天数占全年天数的比例为 100%，环境空气质量达标率为 100%。

(9) 流域面积

根据资料显示，桂林市水文站以上流域面积为 2762km²，阳朔水文站以上流域面积为 5585km²（广西壮族自治区人民代表大会常务委员会，2011）。故桂林—阳朔段黄金水道流域面积为 2823km²。

(10) 旅游用地面积

漓江黄金水道流域沿岸有 10 个乡镇，两岸社区总人口约 160 万，耕地面积 1627km²，而可供旅游开发的面积相比之下则更少。

(11) 游览交通工具环保指数

游览交通工具环保指数由专家打分。

(12) 游览方式影响指数

游览方式影响指数由专家打分。

(13) 平均游览时间

从桂林磨盘山码头或竹江码头出发到阳朔县，游览时长约 4.5h。

(14) 游览空间距离

游览空间距离由专家打分。

(15) 游客投诉率

近年来，漓江景区旅游环境的不断改善和旅游市场的整治，接待游客数量的不断增长，景区游客投诉率低于万分之四。

(16) 景观美感度

此指标主要依据游客的心理感知，判断和衡量旅游资源景观美学价值。调查结果显示：国内游客有70.6%的人认为漓江具有很高的景观美感价值；82.5%的外国游客认为漓江景观美感价值高。综合两类游客的感受进行加权平均，漓江的景观美感度为74%。

(17) 景观敏感度

根据游客调查问卷的统计结果显示，78.4%的国内游客对漓江风景区的景观敏感度较低，能够承受一定程度的外界活动干扰；80.3%的入境旅游者也同样认为。所以将两者进行加权平均，漓江风景区的景观敏感度为79.1%。

(18) 游客对旅游区生态环境的感知

运用李克特量表法，游客对生态环境的感知持"非常好""较好""一般""不怎么好""非常不好"五种态度进行打分，分别赋5，4，3，2，1分。对192份有效问卷进行统计，算出平均值为4.21。这表明游客对漓江景区的生态环境感知较好。

(19) 游客对旅游区文化风俗的感知

运用李克特量表法，游客对文化风俗的感知持"非常好""较好""一般""不怎么好""非常不好"五种态度进行打分，分别赋5，4，3，2，1分。对192份有效问卷进行统计，算出平均值为3.08，分值较低。

(20) 游客对旅游区服务水平的感知

运用李克特量表法，游客对服务水平的感知持"非常好""较好""一般""不怎么好""非常不好"五种态度进行打分，分别赋5，4，3，2，1分。对192份有效问卷进行统计，算出平均值为3.15，游客对服务水平不怎么满意。

根据对上面的20个指标因子进行分析，参照表6-5评价指标的量化标准对指标进行打分，打分结果见表6-7。

表 6-7　基于三棱镜原理的漓江风景区旅游容量评价体系表

目标层 A	准则层 B	指标层 C	得分
漓江风景区旅游容量 A	自然生态容量 B_1	年径流总量 C_1	4
		年平均最小径流量 C_2	4
		地表水水质达标率 C_3	8
		地下水水质达标率 C_4	6
		生物多样性指数 C_5	4
		植被覆盖率 C_6	6
		噪声限值标准 C_7	8
		环境空气质量标准 C_8	10
	资源空间容量 B_2	流域面积 C_9	6
		旅游用地面积 C_{10}	4
		游览交通工具环保指数 C_{11}	6
		游览方式影响指数 C_{12}	8
		平均游览时间 C_{13}	6
		游览空间距离 C_{14}	6
	游客心理容量 B_3	景观美感度 C_{15}	8
		景观敏感度 C_{16}	8
		游客投诉率 C_{17}	10
		游客对旅游区生态环境的感知 C_{18}	10
		游客对旅游区文化风俗的感知 C_{19}	8
		游客对旅游区服务水平的感知 C_{20}	8

6.5.4　准则层容量计算

为了简化繁琐的计算过程，本书没有列出具体的指标因子得分与加权平均的计算过程，其结果见表 6-8。

通过以上计算得分可以看出，漓江风景区旅游容量中，游客心理容量得分最高，其次是自然生态容量，最后是资源空间容量。

6.5.5　静态协调度计算

由以上分析可得，自然生态容量为 2.1284，资源空间容量 1.7702，游客心理

表6-8　漓江风景区旅游容量得分表

目标层 A	准则层 B	准则层得分	指标层 C	指标层得分
漓江风景区旅游容量	自然生态容量	2.1284	年径流总量	0.4496
			年平均最小径流量	0.2124
			地表水水质达标率	0.5112
			地下水水质达标率	0.3630
			生物多样性指数	0.0928
			植被覆盖率	0.2058
			噪声限值标准	0.1376
			环境空气质量标准	0.1560
	资源空间容量	1.7702	流域面积	0.6018
			旅游用地面积	0.3148
			游览交通工具环保指数	0.2868
			游览方式影响指数	0.1624
			平均游览时间	0.0744
			游览空间距离	0.3300
	游客心理容量	2.7222	景观美感度	0.5528
			景观敏感度	0.4424
			游客投诉率	1.1400
			游客对旅游区生态环境的感知	0.2590
			游客对旅游区文化风俗的感知	0.1408
			游客对旅游区服务水平的感知	0.1872

$$P\ (A)\ =\ \sqrt{2.1284^2 + 1.7702^2 + 2.7222^2} = 3.8825$$

容量为2.7222，因此三个矢量的夹角为0.5938、0.9520和0.3582。根据静态协调度的计算公式 $H = \prod \cos\theta_i\ (i\ 取\ 1，2，3)$ 可以得到漓江景区的静态协调度为 $H = 0.3156$。根据表6-6静态协调度的划分等级可知，漓江景区的静态协调度在 [0.3，0.45)，处于失调状态。这说明漓江风景区旅游容量各矢量之间的协调程度较低，才会出现失调现象。

6.5.6　三重矢量综合旅游容量

由表6-8可知，漓江景区旅游容量的整体评价值为3.8825。将三重矢量的整体发展水平和静态协调综合起来，计算漓江风景区旅游容量三重矢量综合评价模型 $H' = \sqrt{3.8825 \times 0.3156} = 0.6217$。$0 \leqslant H' \leqslant 1$，$H'$ 越接近 1 表示漓江景区综合旅游容量越好。由此可见，漓江景区综合旅游容量与"1"相比还有一段差距，自然生态容量、资源空间容量、游客心理容量三者协调程度不好，没有达到良好的综合接待容量。

6.5.7 结果分析

本书实证研究的目的有两个：第一，检验基于三棱镜原理的漓江风景区旅游容量评价体系的科学性、合理性和实际操作性。从各准则层的旅游容量计算结果、漓江景区静态协调程度及综合旅游容量结果来看，本书所建立的评价体系及模型具有科学性和实际可操作性，评价结果基本符合漓江风景区的实际现状。此评价模型可以作为旅游容量评价的参考。第二，通过评价过程及结果发现，漓江风景区存在一系列问题亟待解决，具体问题如下。

(1) 各准则层旅游容量差异大，综合协调度低

自然生态容量、游客心理容量、资源空间容量三个准则层的旅游容量计算结果显示，自然生态容量最大，资源空间容量最小，所以导致景区的静态协调程度低，综合旅游容量小。三者旅游容量差异大，容易在较低一方产生失衡的状况，不利于景区可持续发展。由于目前漓江风景区的旅游产品开发程度不高，上下游及沿岸旅游产品组合度不高，游览以乘船为主，游览方式单一。沿岸的村落、古建筑、特色民族文化风情、农林产品、手工艺技术等有价值的旅游资源没有开发，旅游产品整合度不高，仅依靠游船观光难以满足游客多样化、个性化的需求。

(2) 季节性枯水期长，旅游淡旺季问题突显

漓江属于雨源型河流，受亚热带季风气候影响，雨季过后出现的枯水现象不可避免。因而每年9月至翌年2月的干旱季节是漓江风景区旅游的淡季。漓江是桂林山水的一张名片，由于受漓江淡旺季的影响，桂林市整个旅游市场也受到相应的波动。旺季人山人海，拥堵不堪，景区接纳量超过环境承载的最大容量；而淡季则冷冷清清，无人问津，景区人迹罕至，门可罗雀。淡旺季问题日渐突显，影响游客对景区乃至桂林旅游形象的认知。至于在枯水期水量稳定与否，主要取决于上游有无水源林对漓江全年流量进行调节，以及调节能力的大小。

（3）植被覆盖率不高，上游水源涵养林被破坏

近年来，当地居民受种植毛竹经济林利益驱使下，漓江上游三处常绿阔叶林猫儿山、青狮潭、海洋山被乱砍滥伐，造成群落结构被严重破坏，生态系统的平衡被打乱，生态景观和环境退化。水源林调节水量、涵养水源的功能也骤然下降，每逢夏季降水增多，水土流失、泥石流现象逐年增多；再加上最近几年来全国范围内气候异常、降雨骤减、工农业和城市人口增多用水量增加等综合因素影响，导致漓江枯水期平均流量只有 $10m^3/s$，遇上严重干旱季节，桂林水文站监测到的流量不足 $10m^3/s$，枯水、缺水问题非常严峻。

（4）利益相关者环保意识薄弱，造成环境破坏

由于政府部门监管不力，没有采取有效可行的措施解决环境资源保护问题，致使环境破坏愈演愈烈。开发商过分注重经济收益，黄金周期间人山人海，重开发轻保护，一味迎合旅游者需求。社区居民的部分传统产业，如开山采石、砍伐原始林种植经济林木，日常生活废弃物的乱排乱放，对风景资源的危害较大，现代水泥建筑与自然风景格格不入。旅游者环保意识薄弱，随手乱丢垃圾、踩踏植被、攀爬文物等现象屡见不鲜，对沿岸植被、生物多样性造成了不可预见的危害。

（5）社区参与程度不深，利益分配不均

据实地调查了解，漓江沿岸的部分社区居民已经简单参与了部分旅游项目，在大圩镇、兴坪镇，村民参与从事农家乐、农家旅馆、竹筏载客、销售旅游纪念品等旅游活动，获取了一定的经济收入。目前仍存在一些问题，主要表现在：参与旅游的面不广，参与途径不多，参与层次低等，很少能参与到管理和决策层面。在利益分配方面，经过相关部门、开发公司、领头人等的逐层"剥削"后，分到居民手中的收入是微薄的。从景区沿岸居民的人均收入来看，参与旅游业所获得的收入不超过全部经济收入的 10%。

6.6　漓江旅游容量的提升对策

6.6.1　加快"一山五库"工程建设，提高漓江流域蓄水调水能力

为了缓解丰水期水土流失、洪水暴涨暴落，枯水期河床裸露等问题，相关部

门要加大监管力度，加快落实"一山五库"工程建设，保护并逐渐修复水源涵养林，禁止开展任何破坏森林生态的社会生产活动，种植当地特色树木，提高森林覆盖率。生态化管理漓江流域，以保护中开发和开发中有效保护为理念，在资源承受力范围内通过科学制定生态保护和旅游综合开发规划，实现"一山五库"工程区域自然生态、经济与社会可持续发展。另外，在漓江流域的管理问题上，不轻易兴建水库、大坝，要认识自然河流的易变性，把自然流域的五个特征（即河水流量、频率、持续时间、季节周期性、水文变化程度）与具体情况相结合，形成一个大的生态管理框架，建立一个先进的流域管理模式，有助于针对被旅游活动深度干扰的河流进行生态恢复（王金叶等，2008）。

6.6.2　开发新型旅游产品，拓展游览方式

漓江风景区开发游船观光旅游产品过于单一，不能满足多样化需求，更难以缓解旅游旺季带来的环境压力。因而，解决目前的困境首当其冲就是开发新型旅游产品，加快漓江上游、下游旅游开发力度，分散游客，减少黄金段的压力；丰富产品类型，挖掘旅游资源的价值，开发集自然观光、养生度假、森林探险、野外徒步、民风体验等于一体的旅游产品。在旅游线路设计中，开辟沿岸各城镇间游船游览、步行游览、车行游览以及步行、游船、车行相结合等旅游线路。满足游客个性化需求，为游客提供多种可选择的游览形式，既缓解了单纯依靠水上游览而造成的喧闹与拥挤，也减少了各城镇临水码头的环境压力，降低了漓江水质的污染。同时，在一定程度上也缓解了淡旺季旅游明显差异的状况。

6.6.3　加强环境教育，提高利益相关者的环保意识

开展生态旅游的目标之一就是实现旅游对旅游者的环境教育功能，激发旅游者自觉保护生态环境的意识（李文彬和赖玲，2009）。在调查过程中发现，景区旅游者乱扔瓜果纸皮、踩踏植被的现象随处可见，因此有必要通过寓教于乐、寓教于游的方式强化大众对环境保护教育的宣传，开发生态旅游科普教育基地，开展系列主题活动，促使旅游者、从业者、经营者参与旅游的同时，能够亲身参与到景区生态环境保护中来，这也是促进景区可持续发展的重要举措。在景区管理方面，应加快游船污水处理系统的建设，严格控制尾气、生活污水的排放；对于旅游开发商也要增强对生态环境保护的责任感，合理规划开发，不盲目以牺牲环境为代价赚取经济收益。

6.6.4 开发沿岸乡村旅游，重视社区参与

"三农"问题一直是党和政府高度重视的重大问题。早在 2005 年就提出按照"生产发展、生活宽裕、乡风文明、村容整洁、管理民主"的要求建设社会主义新农村。对于漓江两岸村镇，民风淳朴，资源丰富，景观优美，有条件以生态农业为基础，以乡村旅游为突破口，发展成"农旅结合、以农促旅、以旅强农"的经营模式，建成"美丽乡村，和谐乡村"（胡伏湘等，2010）。关注国家政策方针，争取专项资金，开发有观赏价值的自然景观、人文建筑、遗址遗迹、民间风俗、神话传说、重要节庆等旅游资源，不仅为农村发展另谋出路，也为整个桂林旅游增添新的亮点。政府、开发商、旅游协会等部门要帮助社区居民的参与，建立完善的参与机制，在参与方式和深度上不断提升，使旅游业和谐发展、可持续发展。

7 漓江生态旅游景区的认证与建设

7.1 生态旅游景区认证概述

生态旅游作为一种实现旅游可持续发展的理想模式受到了越来越多的认同。然而，在实际操作中生态旅游却往往只作为一种市场营销手段被许多旅游企业所利用，在开发、经营、管理中并没有真正贯彻生态旅游所要求的若干原则（宋瑞，2003）。森林旅游由美国学者格雷戈里首先提出，是指以任何形式到林区（地）从事的旅游活动，这些活动不管是直接利用森林还是间接以森林为背景都称为森林旅游（许伍权等，1985）。根据生态旅游定义，普遍认为森林旅游可以认为是典型的生态旅游。但在森林生态旅游发展过程中，由于缺乏统一的标准，呈现多样化的态势，既可以是自然保护区、森林公园、风景名胜区、国家公园，也可以是其他形式（程道品等，2009）。同时，在开发过程中也出现了资源粗放开发、盲目利用、生态环境退化等问题（王林琳和翟印礼，2008），影响了森林生态旅游的可持续发展，其根本原因是缺乏一个对旅游区进行生态旅游认证的标准。目前，国际上比较成熟的生态旅游认证标准主要有世界旅行旅游理事会（WTTC）的"绿色环球21"（Global Green 21）国际性生态旅游标准体系，澳大利亚的全国生态旅游认证项目（National Ecotourism Accreditation Program，NEAP）。国内学者对于生态旅游评价标准的理论研究开始于21世纪初，初期研究成果主要集中在对国外生态旅游认证体系的引入和介绍上，近年来学者已经开始对生态旅游标准所涉及的范围、构建原则、指标体系等方面进行更深层次的探讨（杨彦锋和徐红罡，2007）。环保部、国家林业局、国家旅游局相继起草发布了《国家生态旅游示范区标准》《国家生态旅游示范区建设与运营规范》等，从政策和宏观层面上对生态旅游进行引导和规范，但针对不同的生态旅游区操作有一定的局限（国家旅游局，2010）。因此，以一个典型的森林生态旅游区为研究对象，建立符合森林生态旅游区特点的认证指标体系，对于规范森林生态旅游开发行为，促进生态旅游健康发展具有重要的指导意义和学术价值。

7.2 生态旅游景区认证体系的构建

7.2.1 构建原则

(1) 科学性原则

指标体系的构建必须建立在科学分析的基础上，使之能够客观地反映景区实践生态旅游的真实情况，即每个指标必须是切合生态旅游景区特点的，概念明确、具有代表性，各单项指标之间形成一个内在联系、互不重复、互相补充的有机整体。

(2) 实用性原则

认证指标体系的构建最终目的是应用到旅游景区的认证上面，故构建指标体系时必须实用，具备可操作性，尽可能选择可量化的指标，使指标简化，计算方法简单，数据易于获取。同时要考虑到生态旅游景区各利益相关方的关切，使得这一认证指标是能为各方所接受的，能够付诸实践的。

(3) 整体性原则

景区是涉及经济、社会、文化、自然环境等各方面的复合系统，因此在建立认证指标体系要能够全面真实地反映被评价区域生态旅游的各个侧面的基本特征，每一侧面由一组指标构成，各指标之间相互独立，又相互联系，共同构成一个有机整体。

(4) 层次性原则

如前文所述，生态旅游景区是一个综合型的复杂系统，各系统之间反应在认证指标体系上面，即指标体系可以分为若干层次结构，使指标体系合理、清晰。

(5) 侧重性原则

生态旅游景区是一个巨大的综合系统，在制定区域生态旅游认证指标体系时，指标的选取不可能面面俱到，只能有所侧重地选择、尽量全面地覆盖需要测度的指标。本书将针对生态旅游景区的实际情况提出一套生态旅游认证的指标体系。

(6) 定性与定量相结合原则

指标体系要定性与定量相结合，以定量评价指标为主，但考虑到指标体系涉及面广，描述现象复杂，无法做到直接量化，必然要采用一些主观评价指标。

7.2.2   构建依据

(1) 生态旅游若干基本原则

国内外对于何为生态旅游众说纷纭，但对于生态旅游产品的基本原则已经达成共识，在2002年10月澳大利亚凯恩斯国际生态旅游大会上公布的《国际生态旅游标准》指出：生态旅游的核心在于让旅游者亲身体验大自然；生态旅游通过多种形式体验大自然来增进人们对大自然的了解、赞美和享受；生态旅游代表环境可持续旅游的最佳实践；生态旅游应该对自然区域的保护做出直接贡献；生态旅游应该对当地社区的发展做出持续贡献；生态旅游尊重当地现存文化并予以恰当的解释和参与；生态旅游始终如一地满足消费者的愿望；生态旅游坚持诚信为本、实事求是的市场营销策略，以形成符合实际的期望。所以，笔者认为，一个好的生态旅游景区必然是符合这些基本原则的，对于一个生态旅游景区的认证评价体系也必然体现这些基本原则。

(2) 国外生态旅游认证项目的综合研究

生态旅游景区认证体系的构建不仅需要考虑生态旅游自身的特点与原则，同时还应该参考借鉴一些已经在国际、国内上公认比较成熟的可持续与生态旅游发展的政策、原则与标准。由世界旅行旅游理事会（WTTC）发起的"绿色环球21"（Global Green 21）国际性生态旅游标准体系，澳大利亚从1996年就开始的全国生态旅游认证项目（National Ecotourism Accreditation Program，NEAP），针对某一地区的加拉帕格斯群岛的Smart Voyager认证项目，都是在实践中获得广泛认可及社会、经济、环境效益的生态旅游认证项目，他们的成功实践将成为笔者构建生态旅游景区认证体系时的重要依据。

(3) 国家相关标准及学者研究

2005年原国家环保总局起草发布的《生态旅游管理技术规范》（征求意见稿），2006年国家林业局正式出台的《自然保护区生态旅游规划技术规程》（GB/T 20416—2006），2006年中科院地理所在首届中国生态旅游标准建设研讨会上提交的《生态旅游标准讨论稿》，2007年开始，国家旅游局和环保部联合专家开始着手制定《国家生态旅游示范区标准》，2010年由国家旅游局、环境保护部、北京市同和时代旅游规划研究院、中山大学旅游发展规划与研究中心共同起草的《国家生态旅游示范区建设与运营规范》（GB/T 26362—2010），以及众多的地方标准为生态旅游及生态旅游景区的建设、评价提供了标准。此外，众多学者对于生态旅游景区认证有建设性的研究、已有的一些关于生态旅游景区认证体系的科学思考以及关于生态旅游景区的各方面研究也将作为笔者的依据。

7.2.3　指标体系的框架模型

生态旅游资源是进行生态旅游开发的前提，景区环境质量的好坏是衡量生态旅游质量的基础，景区是生态旅游的载体，其运营及建设行为是保证景区符合生态旅游相关标准的重要保证，而景区利益相关者的状态则是景区生态旅游实施效果的直接体现。在分析上述生态旅游景区认证体系建立依据的基础之上，根据本书确立的生态旅游景区的基本概念界定，本着上文确立的六大指标筛选原则，本书确立从生态旅游景区涉及的相关主体出发，建立相应认证体系。

认证的指标在系统层归为三个大类，即景区生态旅游资源及环境质量、景区建设及运营、景区利益相关者三个方面进行认证评定。在各系统下设指标层，反映认证的具体内容，最后的要素层反映对景区进行认证的具体评测值，从而建立一套科学全面的，层次突出的，较为适用，针对性较强，同时具有一定可操作性的生态旅游景区认证体系（图7-1）。

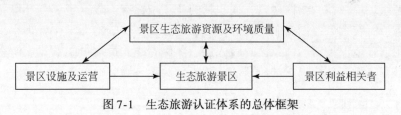

图7-1　生态旅游认证体系的总体框架

7.2.4　认证指标的筛选

本书采用反复过滤法和频度统计法，对收集的现有国内外相关文献及已有的国家标准、国际认证体系中采用的指标进行频度统计和反复过滤，选择那些使用频度较高的指标，形成第一轮73个指标集合。在初选的基础上，采用专家咨询、实地考察、调查问卷等方法，对指标进行反复调整，并按照如上所确定的框架向三个方面进行归并，形成如下 40 个指标集合。

(1) 景区生态旅游资源品位及环境质量

开展生态旅游的区域必然有一个相对完整的、原生态和谐的生态系统，这是旅游景区开展生态旅游活动的基础，生态旅游环境的好坏也是衡量一个景区开展生态旅游必不可少的要素。参阅有关文献及国家标准，充分考虑生态旅游景区的特征，本项认证指标包括如下评测值：生态旅游资源方面需要考虑的是植被、动物、珍稀物种及濒危物种量、生物旅游资源丰度及规模、生物旅游资源价值；景区环境质量方面需要考量的是空气质量、地表水体质量、声环境质量、森林覆盖率、负离子浓度、自然状态保持度、适游天数。

(2) 景区设施及运营

生态旅游景区应该在开发建设及经营中处处体现出对景区环境及资源的可持续利用理念，并对景区生态环境保护做出直接的贡献。这种低破坏和持续性利用笔者认为应该从如下方面进行考核：生态旅游设施方面，要在不破坏景观的前提下，使其能够全面、充分地发挥效益，并能够充分满足生态旅游者需求。它主要是从设施风格、材料选择、设施选址这三大方面区别于一般的旅游设施。生态旅游设施认证指标包括生态厕所普及率、旅游步道的生态性、停车场的生态性、低污染交通工具使用率、建筑面积占景区面积比率、建筑项目与环境的协调度、清洁及可再生能源的使用率。景区运营方面，生态旅游景区区别于其他经营单位，不应将经济效益最大化作为经营的最主要目标，在景区制度建设及日常经营中应更多地考量环境效益，景区运营方面包括的认证指标有：景区规划、环境保护制度及措施、游客容量控制机制、环评制度、垃圾及固体废物无害化处理率、污水二次利用、环境保护费用占景区总收入比、环保专职人员占员工数比、游客生态引导和教育、生态环境保护的科研、旅游商品的生态性。

(3) 景区利益相关者

生态旅游是一个与当地特定资源条件、社会结构、产业结构、管理模式和文化传统等密切相关，涉及多重因素的复合系统。生态旅游的一个重要目标就是在要在利益相关者之间建立一种平衡关系和制约机制，从而形成一个一体化的共生系统。生态旅游中的利益相关者主要包括当地社区、地方政府、生态经营者和生态旅游者。

生态旅游应该对当地社区的发展做出可持续的贡献。生态旅游的收益必须被公平地分配给当地社区。生态旅游景区旅游活动的开展必须将对当地社区经济来源和生活方式的不利影响减少到最低程度，通过生态旅游收益的分配来弥补由于旅游活动而给当地社区带来的损失，同时为社区的建设提供建设性的持续的贡献。主要认证指标包括：景区雇佣当地居民数量占员工比例、当地居民从事与景区相关工作人数占总人口比例、当地居民人均旅游收入占年人均收入的百分比、社区建设投资分红占景区年收入比例、社区居民参与景区规划比例、景区与社区会议召开频率、景区对当地生态环境教育的贡献程度、景区对当地社会文化的干扰程度。

生态旅游经营者是生态旅游景区的经营主体，其经营理念、经营决策和经营方向与景区是否符合生态旅游标准息息相关。生态旅游景区经营者需要具有这些观念并以此指导具体的经营管理行为，以确保其所制订的经营战略符合生态旅游景区的要求。认证指标是：经营者接受生态环境保护培训的次数占培训次数的比例，经营者生态知识考核。

生态旅游者是进行生态旅游活动的主体，是保护区开展生态旅游的客源和财源，生态旅游者的环境行为直接影响到保护区的生态环境。生态旅游应该通过多种形式使参与其中的旅游者体验大自然来增进人们对大自然的了解、赞美和享受。对生态旅游者的认证包括：生态旅游满意率、受到生态教育的比率。

综上，本书建立的生态旅游景区认证指标见表7-1。

表7-1　生态旅游景区认证原始指标

系统层	子系统层	指标层
资源环境系统 A	资源 A_1	$A_{1.1}$ 植物 $A_{1.2}$ 动物 $A_{1.3}$ 珍稀及濒危物种量 $A_{1.4}$ 生物旅游资源丰度及规模 $A_{1.5}$ 生物旅游资源价值
	环境 A_2	$A_{2.1}$ 空气质量 $A_{2.2}$ 地表水体质量 $A_{2.3}$ 声环境质量 $A_{2.4}$ 森林覆盖率 $A_{2.5}$ 负离子浓度 $A_{2.6}$ 自然状态保持度 $A_{2.7}$ 适游天数

续表

系统层	子系统层	指标层
设施及运营系统 B	设施 B_1	$B_{1.1}$ 生态厕所普及率
		$B_{1.2}$ 旅游步道的生态性
		$B_{1.3}$ 停车场的生态性
		$B_{1.4}$ 低污染交通工具使用率
		$B_{1.5}$ 建筑面积占景区面积比率
		$B_{1.6}$ 建筑项目与环境的协调度
		$B_{1.7}$ 清洁能源的使用率
	运营 B_2	$B_{2.1}$ 景区规划
		$B_{2.2}$ 环境保护制度及措施
		$B_{2.3}$ 游客容量控制机制
		$B_{2.4}$ 环评制度
		$B_{2.5}$ 垃圾及固体废物无害化处理率
		$B_{2.6}$ 污水二次利用
		$B_{2.7}$ 环境保护费用占景区总收入比
		$B_{2.8}$ 游客生态引导和教育
		$B_{2.9}$ 生态环境保护的科研
		$B_{2.10}$ 旅游商品的生态性
利益相关者系统 C	当地社区 C_1	$C_{1.1}$ 景区雇佣当地居民数量占员工比例
		$C_{1.2}$ 当地居民从事与景区相关工作人数占总人口比例
		$C_{1.3}$ 当地居民人均旅游收入占年人均收入的百分比
		$C_{1.4}$ 社区建设投资分红占景区年收入比例
		$C_{1.5}$ 景区与社区会议召开频率
		$C_{1.6}$ 景区对当地生态环境教育的贡献程度
		$C_{1.7}$ 景区对当地社会文化的干扰程度
	经营者 C_2	$C_{2.1}$ 经营者接受生态环境保护培训的次数占培训次数的比例
		$C_{2.2}$ 经营者生态知识考核
	旅游者 C_3	$C_{3.1}$ 生态满意率
		$C_{3.2}$ 受到生态教育的比率

7.2.5 指标权重的确定

各层次指标子系统或者各个单项细化指标，在反映生态旅游景区生态旅游开展状况中的相对重要程度不可能完全相同，因此客观上有一个权数（权重），以表示它们的相对重要性。但在实际操作中，由于各项指标都是反映某一侧面的问题，各指标之间并不具有直接可比性，因而很难精确确定其重要程度，特别是在指标数量较多时，每一项指标的重要性就更难以判定。在实际操作中，确定指标权重有多种方法，大致可以分为主观方法和客观方法两大类。主观方法即凭经验确定权重，如德尔菲法（也称专家咨询法）、AHP 法（层次分析法）、权值因子判断表法等；客观方法则依据评价对象各指标数据的数学统计特征，按照某种计算准则求出各评价指标的权重，如嫡值法、最大方差法、主成分分析法等。充分考虑它的客观性、可操作性等方面的因素，本书采用运用 AHP 来确定各项指标的权重。

笔者首先制定了评价指标因子的专家意见征询表，请专家对各层次内指标进行两两对比，判断其重要性，并在相应的地方做标记。采用四分制，将表中"非常重要"量化为 4 分，"比较重要"量化为 3 分，"同等重要"量化为 2 分，"不太重要"量化为 1 分，"不重要"量化为 0 分，在每一位专家评判的基础上进行统计。

（1）计算每一个认证指标得分值

$$D_{iR} = \sum_{\substack{i=1 \\ j \Leftrightarrow i}}^{n} a_{ij} \tag{7-1}$$

式中，n 为该层次内评价指标的项数；R 为表示专家序号；a_{ij} 为评价指标 i 与评价指标 j 相比时，指标得分值。

（2）求评价指标的评价分值

$$P_i = \sum_{R=1}^{L} \frac{D_{iR}}{L} \tag{7-2}$$

式中，L 为专家人数，本书中 $L=10$。

（3）求指标权重

$$W_i = \frac{p_i}{\sum_{i=1}^{n} P_i} \tag{7-3}$$

得到的指标权重见表7-2。

表 7-2 生态旅游景区认证指标的权重

系统层	权重	子系统层	权重	指标层	权重
资源环境 系统 A	0.541	资源 A_1	0.512	$A_{1.1}$植物	0.189
				$A_{1.2}$动物	0.138
				$A_{1.3}$珍稀及濒危物种量	0.221
				$A_{1.4}$生物旅游资源丰度及规模	0.251
				$A_{1.5}$生物旅游资源价值	0.201
		环境 A_2	0.488	$A_{2.1}$空气质量	0.158
				$A_{2.2}$地表水体质量	0.137
				$A_{2.3}$声环境质量	0.107
				$A_{2.4}$森林覆盖率	0.209
				$A_{2.5}$负离子浓度	0.121
				$A_{2.6}$自然状态保持度	0.166
				$A_{2.7}$适游天数	0.102
设施及运营 系统 B	0.253	设施 B_1	0.583	$B_{1.1}$生态厕所普及率	0.125
				$B_{1.2}$旅游步道的生态性	0.171
				$B_{1.3}$停车场的生态性	0.121
				$B_{1.4}$低污染交通工具使用率	0.134
				$B_{1.5}$建筑面积占景区面积比率	0.138
				$B_{1.6}$建筑项目与环境的协调度	0.152
				$B_{1.7}$清洁能源的使用率	0.159
		运营 B_2	0.417	$B_{2.1}$景区规划	0.121
				$B_{2.2}$环境保护制度及措施	0.113
				$B_{2.3}$游客容量控制机制	0.114
				$B_{2.4}$环评制度	0.102
				$B_{2.5}$垃圾及固体废物无害化处理率	0.104
				$B_{2.6}$污水二次利用	0.096
				$B_{2.7}$环境保护费用占景区总收入比	0.083
				$B_{2.8}$游客生态引导和教育	0.094
				$B_{2.9}$生态环境保护的科研	0.087
				$B_{2.10}$旅游商品的生态性	0.086

续表

系统层	权重	子系统层	权重	指标层	权重
利益相关者 系统 C	0.206	当地 社区 C_1	0.405	$C_{1.1}$景区雇佣当地居民数量占员工比例	0.116
				$C_{1.2}$当地居民从事景区相关工作人数占总人口比	0.124
				$C_{1.3}$当地居民人均旅游收入占其年收入的百分比	0.163
				$C_{1.4}$社区建设投资分红占景区年收入比例	0.143
				$C_{1.5}$景区与社区会议召开频率	0.093
				$C_{1.6}$景区对当地生态环境教育的贡献程度	0.172
				$C_{1.7}$景区对当地社会文化的干扰程度	0.189
		经营者 C_2	0.293	$C_{2.1}$经营者接受生态环境保护培训的次数占培训次数的比例	0.475
				$C_{2.2}$经营者生态知识考核	0.525
		旅游者 C_3	0.302	$C_{3.1}$生态满意率	0.600
				$C_{3.2}$受到生态教育的比率	0.400

7.2.6 认证指标的量化

根据各指标的作用性质及表现形式，采用以下几种方法对各指标进行量化处理。

7.2.6.1 生态旅游资源指标

主要参考《旅游资源分类、调查与评价》（GBT 18972—2003），《国家生态旅游示范区建设和运营规范》（GBT 26362—2010）和《旅游区（点）质量等级的划分与评定》（GB/T 17775—2003）来确定，无国家相关标准的指标根据专家现场测评打分，所有指标分为1、0.8、0.6、0.4 四个等级。

7.2.6.2 环境质量指标

严格执行国家的相关标准：空气质量评价参照《环境空气质量标准》（GB 3095—1996），水质量评价参照《地表水环境质量标准》（GB 3838—2002），噪声评价参照《城市区域环境噪声标准》（GB 3096—1993），森林覆盖率、负离子浓度、适游天数等指标参照《中国国家森林公园风景质量等级评定》（GBT 18005—1999），废弃物处理率参照《国家生态旅游示范区建设和运营规范》（GBT 26362—2010），自然状态保持度则根据专家现场考察按照四个等级进行评分。

7.2.6.3 定量评价指标

如"标牌完整率""建筑面积占景区面积比率"等，依据对景区的实地调查，工作人员的访谈以及对游客的调查，并整合相关资料的研究数据，将此类指标分为1、0.8、0.6、0.4四个等级。

7.2.6.4 定性评价指标

如"低污染交通工具使用率""建筑项目与环境的协调度""景区自然状态保持度"等，按专家打分法来确定。根据每个指标具体设计的评判点，由评估专家组的专家依据具体情况进行打分，分为1、0.8、0.6、0.4四个等级。指标量化认证建议值见表7-3。

表7-3 生态旅游景区认证指标的赋分标准

评价项目	评价标准（建议值）			
	1	0.8	0.6	0.4
$A_{1.1}$ 植物	植物种类极为丰富 高等植物 ≥2 000	植物种类较为丰富 高等植物 1 200～1 999	植物种类丰富 高等植物 500～1 199	植物种类一般 高等植物 <500
$A_{1.2}$ 动物	动物种类极为丰富 高等动物 ≥300	动物种类较为丰富 高等动物 250～299	动物种类丰富 高等动物 200～249	动物种类一般 高等动物 <200
$A_{1.3}$ 珍稀及濒危物种量	有大量珍稀物种，或此类现象在其他地区罕见	有较多珍稀物种，或此类现象在其他地区很少见	有少量珍稀物种，或此类现象在其他地区少见	有个别珍稀物种，或此类现象在其他地区较多见
$A_{1.4}$ 生物旅游资源丰度及规模	独立型旅游资源单体规模、体量巨大；集合型旅游资源单体结构完美、疏密度优良级	独立型旅游资源单体规模、体量较大；集合型旅游资源单体结构很和谐、疏密度良好	独立型旅游资源单体规模、体量中等；集合型旅游资源单体结构和谐、疏密度较好	独立型旅游资源单体规模、体量较小；集合型旅游资源单体结构较和谐、疏密度一般

续表

评价项目	评价标准（建议值）			
	1	0.8	0.6	0.4
$A_{1.5}$ 生物旅游资源价值	同时或其中一项具有世界意义的历史价值、文化价值、科学价值、美学价值、游憩价值	同时或其中一项具有全国意义的历史价值、文化价值、科学价值、美学价值、游憩价值	同时或其中一项具有省级意义的历史价值、文化价值、科学价值、美学价值、游憩价值	历史价值、文化价值、科学价值、美学价值、游憩价值具有地区意义
$A_{2.1}$ 空气质量	国家一级	国家二级	国家三级	严重污染
$A2.2$ 地表水体质量	国家Ⅰ类	国家Ⅱ类	国家Ⅲ类	低于国家Ⅲ类
$A_{2.3}$ 声环境质量	国家0类	国家1类	国家2类	低于国家2类
$A_{2.4}$ 森林覆盖率（%）	≥95	90～94	85～89	<85
$A_{2.5}$ 负离子浓度（个/cm^{-3}）	≥50 000	49 999～10 000	9 999～3 000	<3 000
$A_{2.6}$ 自然状态保持度	优	良	中	差
$A_{2.7}$ 适游天数①	适宜游览的日期每年超过300d，或适宜于所有游客使用和参与	适宜游览的日期每年超过250d，或适宜于80%左右游客使用和参与	适宜游览的日期每年超过150d，或适宜于60%左右游客使用和参与	适宜游览的日期每年超过100d，或适宜于40%左右游客使用和与
$B_{1.1}$ 生态厕所普及率②（%）	≥90	70～89	50～69	<49
$B_{1.2}$ 旅游步道的生态性	由专家打分评估，评估标准：选线与环境相互呼应；建设垃圾处理好；以桥梁方式保留动物通道；以水路方式保留鱼类、蛙类爬行通道；设动物通道提醒标志；沿线山体绿化好，山石有突出景观，有水且水体清澈，行道树树种较好；交通标志设置正确、清晰、完好、美观；采用生态性材料（指用木头、木板、竹板、卵石、砾石、石板等材料）等			
$B_{1.3}$ 停车场的生态性	高绿化、高承载、透水性能好、绿化面积大于混凝土的面积	硬化停车场	沙砾或泥土停车场	无停车场

评价项目	评价标准（建议值）			
	1	0.8	0.6	0.4
$B_{1.4}$低污染交通工具使用率[③]（%）	≥80	65～79	50～64	<50
$B_{1.5}$建筑面积占景区面积比率（%）	<5	5～10	10～15	>15
$B_{1.6}$建筑项目与环境的协调度	根据建设项目的色彩、建筑风格、材料等要素与周围环境的协调程度，由专家打分评估			
$B_{1.7}$清洁能源的使用率	清洁能源指太阳能、水、风、沼气、地热、天然气等。清洁能源消耗量占景区总耗能的百分比目前统计比较困难，故从景区是否使用清洁能源并对使用的比率进行大概估计即可			
$B_{2.1}$景区规划	有	—	—	无
$B_{2.2}$环境保护制度及措施	极重视生态环境保护，编制专项环境保护规划并认真贯彻	重视生态环境保护，编制环境保护规划，有贯彻措施	重视环境保护，有环境保护规划，无贯彻措施	不够重视生态环境保护，无环境保护规划及措施
$B_{2.3}$游客容量控制机制	有	—	—	无
$B_{2.4}$环评制度	有	—	—	无
$B_{2.5}$垃圾及固体废物无害化处理率（%）	100	90～99	80～89	<79
$B_{2.6}$污水二次利用率（%）	≥10	5～9	1～4	<1
$B_{2.7}$环境保护费用占景区总收入比（%）	≥10	7～10	3～7	<3

续表

评价项目	评价标准（建议值）			
	1	0.8	0.6	0.4
$B_{2.8}$游客生态引导和教育	解说媒介多于6种，生态教育内容占解说体统的比例很高，标牌指示引导设施完整	解说媒介4~5种，生态教育内容占解说体统的比例高，标牌指示引导设施较完整	解说媒介2~3种，生态教育内容占解说体统的比例一般，标牌指示引导设施缺损	解说媒介单一，生态教育内容占解说体统的比例很少，标牌指示引导设施缺损严重
$B_{2.9}$生态环境保护的科研	生态科研投入占景区收入≥5%，或作为科研或科普基地	生态科研投入占景区收入4%~3%	生态科研投入占景区收入1%~2%	生态科研投入占景区收入<1%
$B_{2.10}$旅游商品的生态性	优（不出售以受保护动植物为原材料的旅游商品）	良	中	差
$C_{1.1}$景区雇佣当地居民数量占员工比（%）	≥60	50~59	40~49	<40
$C_{1.2}$当地居民从事与景区相关工作比例（%）	≥40	30~39	20~29	<20
$C_{1.3}$当地居民旅游收入占收入比（%）	≥50	40~49	30~39	<30
$C_{1.4}$社区建设投资分红占景区年收入比例（%）	≥10	7~10	3~7	<3
$C_{1.5}$景区与社区会议召开频率（次/年）	≥6	4~5	2~3	<2

续表

评价项目	评价标准（建议值）			
	1	0.8	0.6	0.4
$C_{1.6}$景区对当地生态环境教育贡献程度	有很大贡献	有较大贡献	有少量贡献	无贡献
$C_{1.7}$景区对当地社会文化的干扰程度	无明显干扰	有较少干扰	有较大干扰	有很大干扰
$C_{2.1}$经营者生态环境保护培训的次数占培训次数的比例（%）	≥40	30～40	20～29	<20
$C_{2.2}$经营者生态知识考核达标率（%）	≥95	85～95	75～84	<75
$C_{3.1}$生态旅游满意率（%）	≥90	80～89	70～79	<70
$C_{3.2}$受到生态教育的比率（%）	≥90	80～89	70～79	<70

注：指标说明如下：

①适游天数：一年内人体感觉凉、舒适、暖的日数之和为旅游适游期。气候生理指标温湿指数 $THI = t - 0.55 \times (1-f) \times (t-14.4)$ （t：气温，f：相对湿度），$THI>25.0$，闷热；$20.0 \sim 25.0$，暖；$15.0 \sim 20.0$，舒适；$10.0 \sim 15.0$，凉；<10.0，冷。

②生态厕所普及率：是指具有不对环境造成污染，并且能充分利用各种资源，强调污染物自净和资源循环利用概念和功能的一类厕所。根据景区的实际情况，指标"生态厕所普及率"中的生态厕所在此可以指的是冲水厕所，生态厕所普及率=冲水厕所数量/厕所总数×100%。

③低污染交通工具使用率：是指低污染的交通工具数量占景区交通工具总数量的比例。关于何为低污染交通工具还没有一个明确的界定，故要统计景区的低污染交通工具使用量也存在一定难度，在这种情况，可以由各专家根据景区低污染交通工具的使用情况酌情判定。

7.3 认证评价模型的构建

森林生态旅游区认证评价模型由系统层、子系统层和指标层组成，最终评价得分根据各指标测度量化值和权重计算，计算模型为

$$F = \sum_{L=A}^{C} \left\{ \sum_{i=1}^{N_L} \left[\sum_{i=1}^{N_i} (L_{ij} \times P_{ij}) \right] P_i \right\} P_L \tag{7-4}$$

式中，L 为第 L 个系统，本书中 L 为系统 A 到 C；P_L 为第 L 个系统的权重；N_L 为第 L 个系统的子系统的项数；P_i 为第 i 个子系统的权重；N_i 为第 L 个系统的第 i 个子系统的项数；L_{ij} 为子系统 L_i 的第 j 个分支的指标值；P_{ij} 为子系统 L_i 的第 j 个分支的权重。

7.4 实证研究

7.4.1 猫儿山景区基本情况

猫儿山国家自然保护区位于广西桂林北部，属南岭山地越城岭山系，主峰猫儿山。处桂林市兴安、资源、龙胜三县交界处。地理坐标为东经 110°20′~110°35′，北纬 24°48′~25°58′。保护区呈东北至西南不规则长方形，南北长 25km，东西宽 19km。保护区范围包括老山界、高寨戴云山、九牛塘、八角田、猫儿山顶、塘洞戴云山、清水江、大竹山、通大坪、长毛界等区域，并与华江、金石、两水、车田、中峰、江底 6 个乡，高寨、杨雀、同仁、千祥、小河、洞上、永安、佑安、中洞、新文、社岭、石寨、社水、沐水、塘洞、城岭 16 个行政村相邻。总面积 17 008.5hm²。

保护区地质构造属华南加里东地槽褶皱带，由于地层褶皱强烈，沟谷侵蚀发育，境内溪谷幽深，山峰挺拔，相对高差在 800~1000m 以上，山峦起伏，沟壑纵横，地形复杂，地势陡峭。气候属中亚热带湿润山地季风气候，处于海洋性气候向大陆性气候的过渡地带，山地气候特征明显，具有春夏多雨，秋冬干冷，相对湿度大，日照时数短，光热雨同季的特点。猫儿山自然保护区是广西北部主要的水源林区之一，森林覆盖率高，涵养水源能力强，发源于猫儿山的主要河流有 39 条，它是漓江、浔江和资江的主要发源地，连接着长江、珠江两大水系，发源于猫儿山的河流在保护区范围内的集水区域每年径流量达 3.14 亿 m³。猫儿山自然保护区植被繁茂，结构复杂。据调查，猫儿山有木本维管束植物 784 种，草

本有 707 种，藤本植物 229 种。珍贵稀有植物 32 种。国家一级保护 5 种，国家二级保护 19 种；国家三级保护的有 8 种。猫儿山目前已发现的脊椎动物 311 种，隶属 5 纲，29 目，89 科，206 属。其中：属国家一级保护的有：白颈长尾雉、黄腹角雉、金钱豹、云豹 4 种，国家二级保护的有：大鲵、虎纹蛙等 32 种。属国家保护的有益动物有草鹭、池鹭等 155 种。

7.4.2 猫儿山景区旅游开发现状

目前，猫儿山自然保护区已经成立广西猫儿山原生态旅游有限公司，在猫儿山国家级自然保护区管理局的监督管理下，开发经营猫儿山保护区的旅游资源，2011 年已经实现年接待游客约 5 万人次，年经营收入 580 万。保护区内有管理处至高寨三级公路 13km，沥青路面；从高寨至猫儿山山顶有林三级公路 32km，砂石路面。大小轿车和客车都可直达猫儿山主峰。猫儿山景区目前开发的旅游景区也都沿这条上山公路开展，目前主要开发了如下景区。

华南之巅景区：景区位于猫儿山主峰周围，面积 241.4hm^2，有华南之巅、神仙顶、佛光台、华南虎、穿仙洞等十多个景点，景观雄险神奇，是猫儿山自然保护区的代表性景区，具极高的旅游观光价值。景区内建有广西电视转播台（239 台），对景区景观有一定的影响，已建有山顶培训中心，具备一定的接待服务能力。

八角田三江源景区：位于主峰北边的山顶盆地，海拔 1900~2060m，植被以高山苔藓林为主，面积 349.8hm^2。现有铁杉荟萃、三江源、高山沼泽、高山原始矮林、杜鹃王、仙愁崖、美军飞机失事纪念碑、阴阳桥等景点，是猫儿山的代表性景区之一，是以生态观光、漓江探源、探险猎奇为主体功能的原始生态景区。

老山界景区：位于陡界头至八角田的老山界一带，面积 585.0hm^2。1934 年 12 月 4 日中央红军长征在此翻越老山界并阻击桂军的追击。陆定一先生写有《老山界》一文。景区现有杜鹃花海、红军碑亭、长征路、原始森林等景点。景区是一个以观赏杜鹃花、重走长征路为主题，生态旅游与革命传统教育相结合的景区。

7.4.3 认证评估结果分析

为了对猫儿山景区进行科学严谨的认证评估，本项研究按综合型建模评价的有关要求，分别制定了景区调查表和游客调查表，分别向景区管理者、专家及游客从不同角度调查了猫儿山景区生态旅游开发状况，同时对景区周边居民进行了访谈，查阅了《广西猫儿山自然保护区综合考察》等科学文献，得到认证指标调查值表，见表7-4。

表7-4 猫儿山景区主要评价指标的赋值

评价项目	指标调查值	分值
$A_{1.1}$ 植物	维管束植物计1,720种	0.8
$A_{1.2}$ 动物	野生动物311种昆虫566种	1
$A_{1.3}$ 珍稀及濒危物种量	国家一级保护植物5种，二级19种，特有种13种。国家一级保护动物四种，二级32种	0.8
$A_{1.4}$ 生物旅游资源丰度及规模	保护区内有大面积原始森林植被（14,733.5hm²）。垂直植被景观明显，野生杜鹃资源38个品种，约占广西杜鹃种类一半	1
$A_{1.5}$ 生物旅游资源价值	原生性常绿阔叶林森林生态系统极具典型，是研究我国亚热带森林生态学、生物学的良好基地，是研究恢复与重建退化森林生态系统的天然参照系统。日出、晚霞、云海、佛光、烟雨、冰雪、雾凇等景观都极富观赏价值。清代道光元年所刻古禁山碑，二战飞虎队失事飞机发现地，具有很高历史意义	0.8
$A_{2.1}$ 空气质量	国家1级	1
$A_{2.2}$ 地表水体质量	国家Ⅰ类	1
$A_{2.3}$ 声环境质量	国家0类	1
$A_{2.4}$ 森林覆盖率（%）	96.5	1
$A_{2.5}$ 负离子浓度（个/cm⁻³）	九牛塘保护区24 376 八角田原始森林39 613～58 425	0.8
$A_{2.6}$ 自然状态保持度	优	1
$A_{2.7}$ 适游天数	适宜游览的日期每年超过300天，并适宜于所有游客使用和参与	1
$B_{1.1}$ 生态厕所普及率	53.3%	0.6

续表

评价项目	指标调查值	分值
$B_{1.2}$ 旅游步道的生态性	良	0.8
$B_{1.3}$ 停车场的生态性	砼硬化停车场	0.6
$B_{1.4}$ 低污染 交通工具使用率（%）	景区内交通以汽车和徒步为主，低污染交通工具使用比例较低	0.6
$B_{1.5}$ 建筑面积 占景区面积比率（%）	非林业用地 4.0hm²，为建筑和交通用地，占总面积的 0.02%	1
$B_{1.6}$ 建筑项目 与环境的协调度	不协调。培训中心开山而建，建筑风格、格局均一般。猫儿山主峰建立了广西电视调频转播台影响景观，239 台的建立和从猫儿山山麓修建至 239 台的公路及公路沿线的旅游开发与景区格局不符	0.4
$B_{1.7}$ 清洁能源使用率	较低	0.4
$B_{2.1}$ 景区规划	有	1
$B_{2.2}$ 环境保护制度及措施	自然保护区设有保护站、有护林员看护、对重点物种有保护措施	0.8
$B_{2.3}$ 游客容量控制机制	有	0.8
$B_{2.4}$ 环评制度	有	1
$B_{2.5}$ 垃圾及固体 废物无害化处理率	较低	0.4
$B_{2.6}$ 污水二次利用率（%）	基本没有进行处理	0.4
$B_{2.7}$ 环境保护 费用占景区总收入比	10%	1
$B_{2.8}$ 游客生态引导和教育	有导游讲解、音像材料、景区解说牌、宣传画进行生态环境教育。生态教育内容占解说体统的比例高，标牌指示引导设施较完整	0.6
$B_{2.9}$ 生态环境保护的科研	生态科研投入占景区收入≥5%，与高校、研究所有长期的科研合作，配有专业科研人员并作为科研或科普基地	1

续表

评价项目	指标调查值	分值
$B_{2.10}$ 旅游商品的生态性	没有出售以受保护动植物为原材料的旅游商品,但具有当地特色的旅游商品很少,基本没有旅游商品销售地	0.8
$C_{1.1}$ 景区雇佣当地居民数量占员工比例	≥60%	1
$C_{1.2}$ 当地居民从事与景区相关工作人数占总人口比例	≈30%	0.6
$C_{1.3}$ 当地居民人均旅游收入占年人均收入的百分比	≈20%	0.4
$C_{1.4}$ 社区建设投资分红占景区年收入比例	10%	0.8
$C_{1.5}$ 景区与社区会议召开频率	没有定期召开机制,会根据需要发放材料,以与村干部进行协商为主	0.6
$C_{1.6}$ 景区对当地生态环境教育的贡献程度	有较大贡献	0.8
$C_{1.7}$ 景区对当地社会文化的干扰程度	有较少干扰	0.8
$C_{2.1}$ 经营者接受生态环境保护培训的次数占培训次数的比例	较少,一般不会有专门的会议讲解生态环保知识	0.4
$C_{2.2}$ 经营者生态知识考核达标率(%)	被调景区工作人员生态旅游知识考核基本知晓率约为80%	0.8
$C_{3.1}$ 生态旅游满意率	调查游客生态旅游满意率为84.6%	0.8
$C_{3.2}$ 受到生态教育的比率(%)	调查游客受到教育的比例是73.1%	0.6

　　根据以上各项单项评分,将各指标权重考虑在内,得到猫儿山自然保护区生态旅游认证评估得分见表7-5。

表7-5 猫儿山景区主要评价项目的分值

系统	得分	子系统	得分
资源环境系统	0.926	资源	0.878
		环境	0.976
设施与运营系统	0.691	设施	0.627
		运营	0.780
利益相关者系统	0.692	当地社区	0.731
		经营者	0.610
		旅游者	0.720

$$S=0.926×0.541+0.691×0.253+0.692×0.206=0.816$$

猫儿山景区最后评估得分为 0.816 分，由以上评估结果可以看出，猫儿山已经初步具备了生态旅游景区的条件。保护区在建设生态旅游景区，开发生态旅游的资源及环境条件是十分优越的。主要提分项目在于，其景观类型齐全，具有丰富的地质地貌景观、生物景观、水景、气象景观、历史遗址、民族风情等旅游资源，并具有大面积的原始森林景观，生态环境质量高，组合优美，特色鲜明，主题突出，景观要素齐全，深受不同层次游客的喜爱。在各项制度建设上，猫儿山保护区也做了很多具体的工作，编制了《广西猫儿山自然保护区总体规划》、《广西猫儿山自然保护区管理办法》等，共同指导着猫儿山自然保护区的生态保护和旅游开发工作。在促进珍贵自然环境、自然资源保护及促进周边社区经济社会发展方面，发挥了重要的作用。

得分比较低的项目主要是在基础设施建设、景区建设，包括旅游接待设施、旅游步道、厕所、停车场等方面还不够注意与生态环境的协调及对生态环境的保护；景区经营运作方面，污水处理、废物处理、清洁能源的使用、低污染交通工具的使用方面都还不太符合生态旅游的要求，生态旅游产品的开发，当地文化的展示方面很不到位；景区在发挥生态环境教育、环境保护等方面所做的工作还很有限，目前关注的重点仍然是旅游的经济价值，而忽略了发挥自然保护区独特优势，没有很好地向游客传播生态环境知识、自然环境保护知识。在处理与周边社区的关系上也存在着沟通不够，发挥景区辐射功能使景区所在地社区受益不足的问题。

7.5 结论与讨论

本书通过对生态旅游理论、生态旅游认证研究和已有生态旅游认证体系的总结与分析，建立生态旅游景区认证体系。该指标体系包括 3 个二级指标，40 个三级指标。采用德尔菲法和层次分析法确定了各项指标权重，依据国家相关标准、专家咨询、文献查阅以及景区的实地调查数据等对指标进行量化和标准化处理。最后，结合广西猫儿山国家级自然保护区生态旅游的实际情况，依据本书所示的各项指标，对猫儿山保护区生态旅游开发现状进行了认证评估，为认清猫儿山保护区现状，促进猫儿山生态旅游开发的可持续发展提供了一定的参考。

建立生态旅游景区认证指标体系，是对自然保护区生态旅游可持续发展状况进行综合评价的关键问题之一。根据评估结果，尤其是 40 个细化的认证指标的评估结果，可为生态旅游景区的监管、建设和市场选择提供直观的参考，从而为促进生态旅游景区可持续发展提供科学依据。目前，关于生态旅游景区的认证，特别是森林型生态旅游景区尚无系统统一的评价指标体系，由于资源状况的差异，由于地区社会经济文化条件的差异，以及制度等的不同，没有任何一套标准体系能够完全适用所有的地区、所有国家的所有景区，在进行具体的生态旅游景区认证时一定要考虑不同自然保护区的具体情况，对部分指标进行适量的取舍，以获得较强的针对性和体现一定的灵活性。

8 漓江生态旅游产品可持续开发对策

8.1 森林生态类旅游产品

漓江上游的猫儿山为华南最高峰，且森林植被丰富，垂直地带性分布明显，旅游资源丰富，适合开发高质量的森林生态旅游产品。猫儿山目前主要开发了观光型旅游产品、探险型旅游产品和生态科考型旅游产品。观光型旅游产品主要有山岳观光、气象观光、森林观光等旅游项目；探险型旅游产品主要开发了峡谷探险、森林探险等旅游项目；生态科考型旅游产品主要有森林科考、动植物科考、湿地科考等项目。总的来说，旅游产品类型比较单一，新型旅游产品开发较少，旅游产品开发水平比较低，有待于进一步挖掘。

通过对旅游区的 SWOT 分析、旅游市场调查与预测，旅游资源的定性与定量评价，旅游区的创意规划，旅游区应举生态大旗，打生态教育、生态文化、生态观光、生态休闲旅游品牌，拟开发如下四大核心和重要旅游产品。

8.1.1 生态观光类旅游产品系列

以资源保护为前提，在环境承载力的范围内进行适度开发，设置短时间的观光游览产品，满足规模较大的观光市场需求，并注重旅游旺季的合理组织和有效疏导，开发生物景观观光类产品，如青冈林观光、矮林奇观、铁杉荟萃、杜鹃画廊等；水域风光观光类产品，如瀑布观光等；地文景观观光类产品，如绝顶览胜、怪石观光、悬崖飞瀑等；气象景观观光类产品，如佛光览胜、猫岳天象、雪景奇观等。

8.1.2 生态教育类旅游产品系列

深入挖掘旅游资源的生态教育功能，推出适合不同阶层需求的特色生态产品，整合修学旅游资源，重点开发国内外修学旅游市场，塑造旅游区修学旅游基地的形象，加快建设和完善具有高科技含量的旅游项目，精心策划组织以科技观光、科学实验、科学考察、专题研讨为主要内容的旅游活动，着重开发科普宣传类旅游产品，如佛光览胜、怪石观光、生态小屋、生态科教苑等；科学考察类旅游产品，如漓江源考察、八角田湿地科考、动植物考察等；生态教育类旅游产品，如绝顶览胜、铁杉荟萃、植物认养、生态科教苑等。

8.1.3　生态休闲类旅游产品系列

依据资源特点和市场需求，打造特色化、多元化的休闲度假旅游产品，注重生态休闲旅游产品的多样化和多层次化，提高游客的参与性，针对中高端市场和低端市场，进行不同的规划和建设，着重开发生态体验类旅游产品，如丛林野战、峡谷探险、高山溯溪等；生态康体类旅游产品，如山地自行车、勇攀天梯、森林浴等。

8.1.4　生态文化类旅游产品系列

强化人文旅游资源禀赋，注重生态性与人文性的结合，积极创新文化旅游活动，打造特色文化旅游产品，着重开发宗教文化旅游产品，如佛光览胜、朝觐礼佛等；红色文化旅游产品，如长征故道、红军英姿、飞虎壮举、丛林野战等。

8.2　古镇休闲类生态旅游产品

凭借以大圩镇、严关镇、三街镇、兴坪镇等为核心，散布在其周围的古镇建筑村落群为依托，开展综合性古商道深度体验以及现代文化休闲活动项目；利用大圩、严关、三街周边大规模蔬果田园农业资源，开展高端庄园式休闲农业体验项目；以及熊村周边大规模的油菜花农业景观，开展季节性徒步摄影农业观光活动项目。

8.2.1　大圩古镇

以大圩老街所在地为基础，将纵深 1~2km 的古街、码头等建筑恢复明清风貌，逐步恢复古代商铺、手工作坊的格局。商户招牌均采用牌匾以及望子（古时店铺悬挂的布招）形式，这样既保护古建筑，又增添旅游气氛，更突出古镇特色。游客在古街上行走时，也会产生一种时空穿越的感觉。古镇码头通过重建、人物铜像制作、旧时商船复原、水上人渡活动开展等方式进行恢复。

（1）明清文化风情体验

旧时大圩有名商号较多，曾有"四大家""八中家"及"二十四小家"之称，素有"小生产家家做，小加工有特色"的传统。自古，大圩以银杏、草席、草帽、芝麻、黄糖、板栗、桐油、薏米、竹笋、蒜苗、干鱼仔等土特产著名。建议策划开展逛古街尝美食、骑马串巷游商号、重温码头文化、重温科举仕宦文化、古作坊体验等文化体验项目。

（2）全景游轮游大圩

大圩曾经是桂林最著名的港口和商埠，自清至民初，大圩共建成13个码头，一般长10m，宽3～4m，石砌，伸入江中，楔入街巷；其功能各有不同。通过商号、手工作坊、码头的复原，和古朴、乡土特色的游憩方式开展，将开设大圩—桂林的全景游轮游览项目，让游客乘坐气泡状全景游轮游览桂林—大圩沿途风光，并重点在大圩开展纤夫号子表演、对歌表演、龙舟表演等项目，重现古代大圩繁华的景象，使游客能亲身体验到大圩已逝的繁华与兴荣。

（3）小火车游大圩

利用大圩现有废弃铁轨，增设外古内新的游览休闲小火车，火车内提供餐饮以及部分休闲服务，通过小火车与市区连接，并在沿途开设若干停靠站点，利用周围乡村景观开展生态农业观光、采摘、品尝于一体的休闲娱乐活动。

（4）现代农业博览

充分利用大圩镇农业基础设施完善，以及观光农业已具备一定的基础和市场知名度的良好条件，建立现代农业博览园，集中展示设施农业、航天农业、立体农业、有机农业、数字化农业等设施、技术和产品，满足游客求异、求知的需求。

8.2.2　三街古镇

以三街镇老街所在地为基础，将公馆、祠庙、亭榭、道观、楼台、诗赋碑文以及东南北三座城门等建筑恢复楚越风貌，逐步恢复古城当年的风韵："北障霁雪""千秋文笔""银江晚渡""赤壁象蹲""黄岗狮拱""西峰夕照"，秀水清山，鄰波叠翠。古镇公馆、祠庙、亭榭、道观、楼台通过重建、诗赋碑文复原、水路驿道活动开展等方式恢复。

（1）楚越文化风情体验

三街镇地处越城岭余脉香炉峰东南北障山下，位于漓江上游湘桂走廊南端，是中原南下的必经之路，自古为"楚越往来之要冲"，向来就"领中原风气之先"。因而历史上的三街风光一时，驿道通南北，水路连楚越，曾一度成为桂北的经济重镇和军事要塞。承袭中原之风，三街镇的街道完整严谨，城池规模恢宏，文物景观博大精深。通过公馆、祠庙、亭榭、道观、楼台、诗赋碑文以及东南北三座城门等的复原，开展古镇游览、驿道体验、特色美食品尝等活动，使游客能亲身体验到三街九井六巷的繁华胜景。

（2）三街艺术天堂

在三街划出一片街区作为艺术文化集中地，为处于起步阶段的艺术家提供生活、创作、展示、交易的空间。艺术街区内，不做统一规划，艺术家可根据自己的想法改造建筑以及内部装饰，甚至包括建筑周边的街道氛围。入驻的休闲吧、酒吧必须进行个性的文化打造，且注重高雅休闲环境的营造。务必逐步形成与古镇对比鲜明的现代文化风格。街区的房屋可使用本区域原建筑，经入驻的艺术工作者后期打造。街区务必营造出独一无二的艺术氛围和艺术气息。每一间房屋、每一条街道都是艺术的展现，每一处休闲场所都透露浓郁的文化气息。规划开展建筑艺术展示、艺术作品、工艺品展览、街头艺术制作、展示、行为艺术参与、个性休闲、创意活动参与等项目。

（3）三街美食基地

三街镇曾是桂林重要的美食基地，"玩在桂林、吃在三街"曾是解放初期桂林游客的共识，清水鸡、清水鱼、银杏老鸭、脆皮猪脚等餐饮品牌形成了三街美食系列。将三街的美食文化和特色菜品进行整理和挖掘，依托古镇优美的风光、良好的交通区位条件和深厚的文化积淀，将之打造成桂林"土到底、洋到家"特色的美食基地，让游客在此能体验最正宗的"桂林味"。

（4）三街租赁农场

针对城市人、中老年人怀旧的心理，立足三街镇不断完善的交通条件，建立一个大型的租赁农场，划分稻田区、菜地区、果园区、养殖区，出租田地、菜地、果树、畜禽供游客认养，游客周末可来农场劳作、采摘，平时交由农场工人管理。

8.2.3　溶江古镇

(1) 唐宋耕读文化体验

耕读文化在唐宋时期尤为盛行，且很多都在唐诗宋词中得到描绘，在现代人心目中留下了美好的意境。对漓江流域和楚越地区的耕读文化进行搜集和整理，根据唐诗宋词中的意境，打造若干个主题型耕读文化体验园区，让游客品位唐诗宋词中"世外桃源"和"采菊东篱下，悠然见南山"的意境。

(2) 古水利工程博览

对我国著名的水利工程和水运文化进行整理，建立我国著名水利工程的微缩景观，建立古水利工程的材料、技术、器具、工作场境的博览园和主题度假酒店，让游客在休闲度假中感叹古人的聪明才智和精湛的技艺。

(3) 葡萄酒庄园

葡萄庄园作为葡萄酒文化的重要载体，在发展休闲旅游方面具有得天独厚的优势，被认为是"浪漫高雅"的旅游项目。溶江镇是广西最大的优质葡萄产区，有"南方吐鲁番"之称。结合溶江镇丰富的葡萄资源和优美的自然环境，设计集葡萄产业观光、葡萄酒酿造、葡萄酒文化体验、葡萄酒鉴赏与收藏于一体的庄园度假区，融吃、住、行、游、购、娱等服务于一体，将生产性农庄的特点与服务性企业的要求完美结合。

(4) 溶江水世界

溶江镇水资源十分丰富，是漓江、珠江二大水系发源地，川江、小溶江和灵渠南渠在此交汇，素有"九江八水一条河"之称。充分利用溶江水资源丰富、水系发达、生态环境优良的优势，建造集休闲水街、欢乐水世界、休闲船屋、水上酒吧等项目，打造溶江水世界休闲度假区。

8.2.4　严关古镇

严关镇位于兴安县西南部，北距兴安县城 10km，南距桂林市区 47km，自古以来为湘桂走廊的交通要塞，为兵家必争之地，因秦始皇二十九年建造的一座气势雄伟的关隘——"古严关"而得名，开发秦历史文化（军事文化）为主题的产品为核心。

(1) 秦文化博览园

利用古秦城遗址、古关口遗迹以及古战场遗迹等主要特色, 以秦风文化为依托, 以开发葡萄大庄园、灵渠漂流、灵渠滨水休闲长廊、秦风客舍、农家客栈为主要内容, 打造一个微缩的秦城, 重点突出秦风历史文化, 配置古秦文化广场、古秦农耕文化雕塑、古秦兵器展馆、古秦战场虚拟宫、古秦文化交流站等设施, 让游客能体验到扑面而来的秦风遗韵。

(2) 秦代战场

将严关镇的古军事文化、军事故事、奇人异事进行整理和提炼, 打造成实景演出的品牌, 重现古战事的豪气、壮烈。同时, 将古战场与现在流行的真人 CS 进行融合, 打造极富体验的秦代战场。

(3) 漓江国际养生休闲园

目前严关镇的养生农作物, 如野山药、罗汉果等的种植已具有初步规模, 在此基础上, 进一步引进种植养生型、药膳型农作物, 同时广泛收集养生药膳食谱、药浴技术、长寿养生知识等, 建立养生休闲度假酒店, 推出养生、养老、疗养类专题旅游产品。

8.3 庄园度假类生态旅游产品

源于西方社会流行的 lodge 生活, 属于高档消费旅游项目, 游客可以真正体会本地风格的生活。庄园规模一般较大, 园中有大屋或城堡组合形成的养生度假村, 由田地、农舍、牧场和林地所包围, 能基本做到自给自足。庄园拥有很好的风景与独特性, 给旅客带去截然不同的特色庄园生活体验。利用大圩、三街、溶江、严关蔬果园地、滨水农家等特色条件, 打造主题鲜明、内容丰富的特色庄园。

庄园融合观光采摘、果脯酿酒、养生料理、居住养生、网络农庄等最新休闲农业概念进行打造, 建设蔬果庄园、果酒庄园、亲水农庄、休闲农庄、养生度假村等分区。例如, 蔬果庄园可依托庄园瓜果食材种植区修建蔬果加工坊, 分为瓜果采摘、果脯晾晒区, 游客休闲区等, 风格为两层木结构, 与农家乐民居风格一致。果酒庄园, 以主流果酒、特色果酒酿制为主, 可加盟国内著名果酒企业如张裕、长城等建设专业酒酿基地, 庄园同时设置果酒酿制流程观摩专用通道, 并以果酒自酿体验区配套满足游客自酿美酒的需求。

8.4 休闲农业类生态旅游产品

8.4.1 生态农业观光

重视农事活动和农耕文化的开发，可利用湖泊、蔬菜园、果园、茶园等开展各种参与性农事活动，开发如种菜、采茶、瓜果采摘、垂钓休闲等旅游项目；参与制作果品的过程，如烹制果膳，酿制果酒，制作果脯等，增加乡村旅游活动的体验性和参与性。策划以农业丰收为主题的农耕文化节、葡萄节和"农业园·庆丰收"等系列节庆活动。将现有葡萄、油菜花地、稻田、毛竹、桑树、银杏、茶园以及其他蔬果培育园区规模扩大，形成漓江特有的农业景观。

8.4.2 生态农业采摘

生态农业采摘与品尝集中体现了多种参与方式的"休闲农业"体验模式。同时，可根据每个庄园的特点，集中设置该庄园的特色项目，注重特色农业产业链的延伸开发。例如，滨水庄园、蔬果庄园、果酒庄园等可分别围绕水体、果园、果酒开展特色项目，引导游客参与食材、农业产品制作的过程；挖掘和发展农产品深加工产业。

8.5 乡村休闲类生态旅游产品

结合广西实施的城乡风貌改造机遇，对景区内现有的现代建筑进行外观风貌改造，统一设计景区解说牌、垃圾桶等，使建筑风格与其周围的自然环境和文化环境相协调，保存和修缮反映乡村特有文化底蕴的建筑，修整和拆除影响视觉效果的设施等。在配套设施建设上进行人性化设计，如开发特色餐饮、家庭野外休闲、老年康体养生等系列产品。针对游客需要，开辟综合性的度假村，融健身、休闲、观光等各类活动于一体，采用分时度假、乡村会所等形式，为旅游者提供休闲度假服务。

8.6 滨水休闲类生态旅游产品

漓江的资源基础是漓江山水，其休闲体现在游山玩水的方式上。用徒步、自行车游览、游船、竹筏等方式游览，能让人近距离接触"出自桂林，胜似桂林"的漓江景观。利用现有的溶流神岭瀑布资源，整合三街的九井六巷、蛟塘地热、千秋峡、三街翼王城、古城墙资源，溶江的漓江补水工程水库的建设、红军堂、红军桥、岩洞、漂流资源和严关的灵渠水街、五里峡水库、白石湘江源资源打造极具休闲特色的漓江日夜互补玩水休闲带。

8.6.1 渔业生态休闲产品

凭借漓江资源及其周围田园风光的独特性，形成漓江流域最为典型的休闲旅游核心带。依托三街独特的美食文化资源以及良好的景观基础，建设三街美食文化小镇以及漓江高端休闲度假产品聚集区。再现渔村的生活场景；并加入游客参与项目，让游客亲自体验打鱼的快乐与辛苦，劳动后的一顿河鲜大餐将会令游客格外难忘，并以渔业生活体验项目带动当地农家乐的发展。例如，在桂林到大圩及桂林南洲岛段漓江沿岸进行休闲开发，打造沿江休闲设施，如酒吧街、水上休闲吧，并且对其进行亮化工程建设，同时开发休闲步道以及自助游交通设施等，提升市郊漓江段的休闲氛围以及休闲基础设施。

8.6.2 水上生态休闲产品

漓江以游船、竹筏、游艇等方式开展休闲观光旅游，利用漓江沿岸的田园风光营造轻松、休闲的氛围，给游客以回归自然的感受。例如，打造会员制商务型休闲游艇俱乐部，集餐饮、娱乐、住宿、商务、船只停泊、维修保养、补给、驾驶训练等多功能于一体的休闲项目。面向商务市场，提供综合性较强的娱乐休闲设施，包括豪华酒店、会议包租、健身、温泉等；面向大众市场，提供水上训练活动、游艇驾照培训、结婚周年、Fashion Show、同学餐会、生日 Party、套装旅游、朋友聚会、家庭度假、垂钓休闲等服务。

9 漓江生态旅游线路优化提升对策

9.1 旅游交通道路优化

以漓江旅游区主要通道321国道（兴安—桂林—阳朔—高田）为主轴，在漓江东侧建设桂林至阳朔的二级公路，在桂阳公路东侧修建奇峰—大埠—杨梅岭—阳朔旅游专用公路，由南至北贯穿整个风景名胜区。形成以漓江为核心，东西两侧两条纵向的路网骨架，满足不同游览方式的需要，成为风景名胜区内的主要旅游干道。在此基础上，通过放射状道路，把各个漓江沿岸各景区、景点联系起来，形成"四纵、四环"的道路网络结构。

9.1.1 四纵

以4条主要的纵向公路，即321国道、漓江东岸的桂林—兴坪旅游公路、桂林—大埠—阳朔，以及兴安—草坪—兴坪为主轴，完善相关道路结点的联结，形成相互联结的四纵道路网络（表9-1）。

表9-1 纵向道路规划一览表

序号	道路名称及走向		长度/km	道路等级	备注
1	321国道（桂林—阳朔—高田）		66	一级公路	已有，改造升级
2	桂林—大圩—草坪—兴坪—福利—阳朔—接321国道		68	二级公路	已有，改造升级
3	桂林—奇峰—大埠—杨梅岭—瀑布塘—阳朔—接321国道	桂林—奇峰	8	一级公路	已有
		奇峰—大埠—杨梅岭—瀑布塘—阳朔	61	游览路	新建
		阳朔—接321国道	2	二级公路	已有
4	兴安—崔家—高尚—海洋—潮田—草坪—兴坪—福利—接省道305线		112	二级公路	改扩建

9.1.2　四环

环线道路沟通了旅游区内北、中、南三个片区的景区和景点联系，减少游览过程中不必要的往返和相互干扰，使游览线路更为灵活、流畅（表9-2）。

表 9-2　环线道路规划一览表

区域	道路名称及走向	长度/km
北部环线	普陀山—靖江王陵—滨江景区—芦笛岩—西山—南溪山—甑皮岩—愚自乐园—奇峰林—斗鸡山—普陀山	93
中部环线	葡萄—插旗—世外桃源—遇龙堡—朝阳寨—龙角山—阳朔—瀑布塘—杨梅岭—杨堤—下岩—葡萄	61
南部环线	阳朔—矮山—勇村—普益—福兴—平乐—二塘—沙子—福利—阳朔	91
上游及东部环线	兴安—高尚—潮田—古东瀑布—冠岩—兴坪—阳朔—世外桃源—桂林园博园—桂林—甘棠江公园—三街古镇—溶江葡萄产业园—古严关—兴安灵渠	260

9.2　旅游集散地布局优化

建立综合的交通设施体系，优化景区内部交通组织，合理控制和疏导游览车辆进入景区；完善公共交通系统。

9.2.1　完善交通设施

结合风景名胜区内旅游服务点位置，设置不同规模的停车场30处，满足游览和服务的需求。严格限制自驾车进入核心景区和重点景区，草坪、杨堤、兴坪景区外围设置专属自驾车停车场，遇龙河景区禁止自驾车进入，游客在景区入口处换乘专用游览车辆或采用自行车、徒步等方式进入景区游览。旅游高峰期，在桂林、阳朔城区设置大型临时停车场，并对道路进行交通管制，缓解各景区的道路和停车压力。

9.2.2　完善旅游集散地

适应散客游、自助游、自驾车游升温的态势，抓紧建立桂林市中心城区及各县（市）区散客服务中心/游客信息中心。

（1）建设和完善桂林旅游咨询服务区（站）

在进入桂林（各县）的主干路上、市环城高速路各出入口、旅游活动场所，及市、县中心区域等重要人流集散地和城市节点设置旅游咨询服务区（站）或建立正确的导览系统。旅游咨询服务区（站）建设要坚持兼顾覆盖面和突出重点的原则，同时要设置专业人员提供咨询服务，并要建立与效益挂钩的考核办法，完善桂林旅游咨询服务区（站）运行机制，为游客提供面对面的优质热情服务，真正起到旅游咨询服务的作用。

（2）建设和完善自驾车旅游咨询服务区

桂林不止是一个传统观光旅游目的地，它还是一个理想的自助旅游目的地，阳朔就被誉为"自助旅游天堂"。从 20 世纪 90 年代初开始，团队旅游在桂林客源市场中的份额就不断下降。随着桂林自助旅游市场日益兴旺，制约桂林自助旅游发展的问题也逐步暴露出来，除传统的观光型旅游产品就难以满足自助旅游者的体验式旅游需求外，旅游交通标志中的自助元素不全、旅行社同自助旅游的融合度不够等问题较突出，对自助旅游产品的公共需求更加迫切，特别是需要桂林旅游公共服务体系做出调整，以满足不断增长的个性化旅游需求。自助旅游服务体系其实就是旅游业和旅游相关部门及行业为满足自助旅游市场需求而提供有关服务的一个整体系统，包含了动力系统（自助旅游者需求和旅游业的自助旅游服务供给），主体系统（旅游六要素）和社会支持保障系统（旅游相关部门及行业的服务）三个方面。需要在进入桂林（各县）的主干路、市环城高速路各出入口建设加油站、汽车旅馆、旅游信息咨询、旅游购物等基本配套综合服务的自驾车旅游服务区。

（3）建立规模型旅游集散中心

旅游集散中心主要针对散客游市场，具有明确的发展战略和经营服务理念，注重品牌打造，坚持规范运营，集游客接待、旅游咨询、导游服务、票务代理、客房预定、电子商务、影像服务、轮椅借用、儿童车借用、特色旅游产品等多项服务功能于一体。根据目前桂林旅游发展的特点，采取政府主导、市场运作的方式在桂林市区建立旅游信息集散中心；建设统一的、具有信息咨询、投诉、预订等多种功能的综合性游客到访中心；建立规划合理、规范有序、科学高效并同国际市场有效对接的旅游公共服务中心；建立具有旅游咨询、预订和多种服务功能的旅游网站和配套系统，整合网络资源，形成新型电子旅游服务业，推进网上、网下公益性旅游咨询同有偿服务有机结合和互相配套。桂林市旅游集散中心要建设通往其他服务中心和景区的运输系统，方便快捷地将游客分流到其他中心和旅游景区、景点，为游客提供优质、贴心的旅游服务。

（4）建立汽车旅游营地

汽车旅游营地是为自驾车爱好者以及其他汽车旅游者提供自助或半自助服务的休闲度假区，是满足现代人休闲时尚需求的旅游新产品。近年来，随着私家车的增加，自驾车旅游车次数直线上升，自驾车休闲旅游在桂林发展迅速，客观上已对汽车旅游营地形成了巨大需求。2012年十一黄金周，国家出台了高速公路免收7座以下小汽车通行费的政策，使自驾车旅游出现有前所未有的井喷，汽车旅游营地严重不足的问题突出。因此，为了适应新形势下自驾车旅游发展的需要，在桂林市区以及各县建立面积为 $10 \sim 30 hm^2$ 的汽车露营地、娱乐休闲、旅游咨询等配套的自驾车大型综合公共服务旅游营地，着力推进以汽车旅游营地为重点的公共服务设施建设。

9.3 旅游客运码头优化

按照《桂林港总体规划》中的相关要求进行旅游客运码头的规划与优化建设。码头建设应符合《中华人民共和国水法》、《中华人民共和国防洪法》等相关法律法规的规定。同时加强码头区环境综合整治，拆除违规、违章及有碍观瞻的建筑物、构筑物，规范服务设施布置，突出景区入口形象。

9.3.1 磨盘山码头

规划磨盘山码头泊位增加至11个，占用岸线660m，码头结构采用直立式和斜坡式混合结构，前两级为直立式，后两级为斜坡式，中间四级平台相连，每泊位分设供游客上、下船的人行步级。

9.3.2 竹江码头

竹江码头位于桂林市东南22km的下车头渡口处，为入境旅游者游览漓江专用码头，年通过能力为300万人次，规划期内能满足桂林市旅游发展需求，因此本次规划竹江码头保持现状，8个泊位，码头建筑结构采用直立式，每泊位分设供游客上、下船的栈桥式人行步级，占用岸线400m，预留岸线200m。

9.3.3　龙船坪码头

龙船坪码头位于桂林市斗鸡山上游西岸，沿龙船坪漓江一侧，上游接宁远河和漓江交汇处，下游与南溪山入口相连，为市区水上游专用码头。龙船坪码头保持现状，5 个泊位，码头采用直立和斜坡式相结合的建筑工艺，分三级泊船平台，前两级为直立式码头，每级高 1.5m，用青石块砌成，后一级采用斜坡式结构，码头占用岸线 265m，预留岸线 85m。

9.3.4　冠岩码头

冠岩码头位于桂林市草坪乡冠岩景区，为冠岩—杨堤—冠岩旅游航线及冠岩进洞游览客运专用码头。近期冠岩码头保持现状，为 4 个泊位；远期需要新建 1 个泊位，共拥有 5 个泊位。码头采用直立式和斜坡式混合结构，码头前沿用方青石砌成，码头占用岸线 250m，远期预留岸线 200m，其中冠岩洞口 1 个泊位，为船舶垂直靠泊泊位。

9.3.5　大圩码头

大圩游览客运码头位于桂林下游 23km 的灵川县大圩古镇，目前主要使用横水渡码头，作为通往毛洲岛和鲤鱼岛的船舶停靠和旅客、居民上下船的码头，码头紧挨古镇沿漓江主航道河岸分布。规划客运码头规划布置在万寿桥上游约 300m 处，2 个 100 吨级泊位，采用顺岸式斜坡码头，水泥片石结构，占用岸线 100m，预留岸线 60m。客运码头岸线后方纵深 50～150m，为陆域用地，占地面积约为 4000m²，供布置停车场、候船楼以及其他生活生产配套设施。

9.3.6　南洲岛码头

新规划设置南洲岛旅游专用客运码头，位于桂林市大面圩，漓江上游西岸，上游接甘棠江和漓江交汇处，下游紧邻南洲岛，为桂林市旅游专用客运码头。距离两江交汇处约 100m，3 个 100 吨级泊位。采用直立式与斜坡式混合结构，占用岸线 300m，预留岸线 200m。本区岸线后方纵深 50～200m 为陆域用地，占地面积约为 20 000m²，供布置停车场、候船楼以及其他生活生产配套设施。

9.3.7　阳朔龙头山码头

近期维持现状的同时，由于发展需要规划扩大作业区范围，初步选址为龙头山码头上游300m、下游200m共500m岸线，同时，应与自来水厂取水口保持一定的距离。2020年新增5个100吨级泊位，码头共占用岸线500m。码头结构采用直立式和斜坡式混合结构。每泊位分设供游客上、下船的人行步级。码头岸线后方纵深100～200m，供码头陆域布置。

9.3.8　杨堤码头

杨堤码头位于磨盘山码头下游20km，为漓江一日游枯水期转运旅客作业区。由于杨堤码头现状年通过能力为90万人次，近期内能满足桂林市旅游发展需求，因此近期规划码头保持现状，2个泊位，占用岸线100m；远期扩大泊位吨级为300吨，占用岸线120m。码头建筑结构采用直立式，每泊位分设供游客上、下船的栈桥式人行步级。码头岸线后方停车场300m²。

9.3.9　兴坪码头

兴坪码头水路距阳朔20km；为漓江一日游中转站及枯水期终点站、兴坪至渔村旅游线路始发站。兴坪码头现状年通过能力为90万人次，规划中远期兴坪码头增加1个泊位，共3个泊位，占用岸线150m。码头采用阶梯式混凝土结构。

9.3.10　福利港点、普益港点

福利客运港点位于福利古镇南侧，水路上游距阳朔8km。目前主要为圩客、渡船集中停靠码头。福利港点码头现状年通过能力为80万人次，近期内不能满足桂林市旅游发展需求，规划福利港点2个泊位，码头占用岸线100m，码头采用步级式斜坡码头结构。普益客运港点位于普益圩西侧。福利港点码头现状年通过能力为40万人次，近期能满足桂林市旅游发展需求，远期扩大泊位吨级为300吨，占用岸线60m。码头采用阶梯斜坡码头结构。

9.3.11　平乐南洲码头

南洲码头位于平乐县城区对岸，桂江和荔浦河交汇处，是平乐县城至阳朔漓江、桂江游航线中转客运码头。规划南洲客运码头泊位拟定为 4 个，占用岸线 200m。码头结构采用直立式和斜坡式混合结构，前两级为直立式，后两级为斜坡式，中间四级平台相连，每泊位分设供游客上、下船的人行步级。码头岸线后方纵深 100～350m，供码头陆域布置。

9.3.12　平乐福兴码头

福兴码头位于平乐镇季鱼塘村漓江左岸，是漓江游客运专用码头。规划福兴客运码头泊位为 4 个，占用岸线 200m。码头结构采用直立式和斜坡式混合结构，前两级为直立式，后两级为斜坡式，中间四级平台相连，每泊位分设供游客上、下船的人行步级。码头岸线后方纵深 50～150m，供码头陆域布置。

9.3.13　其他旅游码头

启动建设灵渠南渠旅游码头，疏通南北渠道总长 36.4km，全程线路以旅游船为主，新建码头 6 处，主要提供游客到达各个景点。适时新建甘棠江公园码头、三街码头、溶江码头、严关镇码头。

9.4　水上游览线路优化

9.4.1　基本思路

(1) 统一规划

对整个漓江流域航线码头、游览线路、河道管理与治理、沿线景区景点等进行统一规划，尤其是对漓江东线旅游航线规划给予更多的关注，以便激活东线旅游，为沿线居民带来更多的旅游实惠与福祉。

(2) 统一协调

漓江流域涉及桂林市区、灵川、阳朔、平乐等县行政实体，并与桂江连为一体，涉及旅游、水务、交通、海事、港监、园林、环保等众多部门，各部门之间利益诉求和职责范围、工作任务、工作目标等存在较大差异，特别是与流域内及沿线居民的利益诉求之间差异较大，导致漓江旅游管理，特别是漓江风景名胜区出现多头管理，职责不明的问题。严重影响了漓江旅游的健康发展。因此，根据不同的利益相关者情况，规划建立统一的协调机制，以便利于开展各项活动。

(3) 延长航线

构建大漓江流域旅游廊道，中远期实现从桂林兴安到贺州昭平桂江全线通航游览，近期重点开发阳朔至平乐三江口航线，改变桂林至阳朔旅游航线一统天下的格局，以利于引入竞争机制。

(4) 分区游览

要改变单一的组团定时乘船游江航线方式，完善漓江的分段游和分时游，将竹筏载客、江村考察、水陆同游、沿江徒步游、航线景区景点相结合等纳入统一规划管理；并根据漓江旅游特点，划分为多个主题游览区，根据不同的旅游功能区和主题开发不具有互补性的差异性旅游产品，形成三足鼎立态势，以利于丰富漓江游览方式，发挥航线的辐射带动功能，让旅游惠及更多的居民。

(5) 分时游览

现在漓江 83km 黄金游线在旅游高峰期存在游船密度大、游览时间过长，以及游线呆板、单调、陈旧等问题。一方面对漓江的生态环境造成较大压力，另一方面也难以满足游客个性化、多样化的需求。因此，可以进行合理规划，策划不同体验项目，营造四季不同、昼夜迥异的漓江景观，从而打造日游和夜游相结合，四季特色分明的漓江游览线路，进而满足游客多样化的旅游需求，提高重游率。

9.4.2 实施重点

(1) 整合推出漓江东线旅游

漓江东线（大圩—古东—冠岩—杨堤—兴坪）生态资源与水资源丰富，是漓江游览的精华和未来发展中最具潜力的区域，可通过整合优化大圩、古东、冠岩、乡吧岛、月光岛、兴坪等景区，以体验休闲为主题，开发养生、休闲、度假、户外拓展、渔火民俗等新产品，并在条件允许的前提下开发夜游漓江航线

（冠岩—乡吧岛—月光岛）项目（该项目可充分挖掘漓江渔火捕鱼、渔鼓、龙舟、牌灯的文化元素，开发渔火漓江、月光漓江、水拍漓江等主题的夜游漓江项目）。同时，为了激活东线旅游，可规划恢复航线停靠冠岩、月光岛、渔村等重要旅游节点的旅游航线停靠点，采用分时分段旅游形式，结合桂林龙舟文化和沿途的农家乐、古镇、古村落等，开发婚俗风情、船歌号子、仿古采风、婚纱摄影、龙舟竞渡、古民居、文化寻迹游、乡村体验游等极富民俗特色的漓江民俗风情旅游航线。

（2）延伸阳朔至平乐的漓江两日休闲游航线

漓江的阳朔至平乐段水面开阔，水资源及其两岸生态环境质量高，适合发展配有舒适客房、特色餐饮服务、娱乐、高档文化演艺、水疗、养生、游泳等为一体的豪华游轮，开发高端旅游休闲产品。同时，也适合开发一个"水上民俗文化体验"为主题的船家民俗风情夜游航线，充分利用现有的漓江船民民俗文化资源优势，开发船家乐；在游船上倾力打造和集中展示船家独特的生产、生活、歌谣、婚嫁、饮食、水上游乐休闲等风俗文化，使之成为漓江—桂江旅游项目的新亮点。

9.4.3 旅游航线优化

（1）主要航线

主要航线为桂林磨盘山码头—兴坪码头—阳朔龙头山码头，发船间距不低于1000m。（黄金周高峰时段可做适当调整）

（2）分段航线

桂林市区码头—大圩码头，小型客船（20座以下）。

草坪码头—杨堤码头，杨堤码头—兴坪码头，小型客船（20座以下）利用大船早晚间歇，分时对开。

阳朔龙头山码头—福利码头—平乐三江口码头，中型客船（近期，60座以下）和大型客船（远期，200座），分时对开。

9.5 水陆综合游线优化

充分利用桂林漓江风景名胜区的丰富景观资源，缓解漓江黄金水道游览压力，通过不同的游览线路，开展类型丰富多姿多彩的游览活动，适合各种类型人群的游览，通过提供不同的游览线路，使游客充分领略到漓江山水风光和人文历史的风景魅力。综合游览线路主要有以下3个。

9.5.1　以桂林为核心的游览线路

线路一：象山—叠彩山—伏波山—靖江王城—四湖。
线路二：七星岩—桂海碑林—靖江王城—尧山—桃花江。
线路三：桂林—漓江—阳朔—桂林。
线路四：桂林—大圩古镇—毛州三岛—古东瀑布—桂林。

9.5.2　以阳朔为核心的游览线路

线路一：阳朔西街—碧莲峰—阳朔公园—书童山。
线路二：阳朔—田家河—大榕树—月亮山—菩萨水岩。
线路三：阳朔—遇龙河—旧县古村—遇龙堡古村—世外桃源。
线路四：阳朔—葡萄—杨梅岭—瀑布塘—莲花岩。
线路五：阳朔—福利—留公—三江口。

9.5.3　以兴安为核心的北部游览线路

线路一：自驾车旅游线路。桂林—三街古镇（楚越古驿道、艺术一条街）—溶江镇（葡萄庄园）—严关古镇（古秦城遗址、古关口遗）—兴安（秦城遗址、水街）—海洋乡（大桐木湾银杏林）—大圩古镇（草莓岛、提子山庄）—桂林。
线路二：水陆休闲度假游线路。桂林—三街古镇（楚越古驿道、渔家乐、千秋峡）—溶江（滨水休闲带、游艇休闲）—严关古镇（秦城遗址）—兴安灵渠漂流—桂林。

9.6　徒步与山地车游线优化

9.6.1　基本思路

漓江作为我国十大经典徒步穿越线路之一，随着我国休闲度假旅游的兴起，备受游客推崇，有着巨大的发展空间，是增加漓江游客容量和充分利用漓江资源的有效途径。针对漓江徒步旅游发展需求与现状管理和组织之间的矛盾，对漓江徒步游览进行专项规划，并统一安排旅游服务设施和景点组织。选取景观和观景效果较佳、交通条件便利，以及在重要游览区域内的个别山峰、洲岛，进行适当的景点建设以丰富徒步游览内容，将这些景点适当集中在沿江乡镇附近，建议建设四个景观较为丰富，可供游览内容较多的景区。

1）以大圩为中心，通过整治沿江景观，恢复古镇风貌，开设旅游纪念品和土特产商店，为游客提供休闲娱乐购物场所；开辟毛洲岛休闲游览旅游，开展吃农家饭、采摘、农家住宿等活动。同时，加强岛上垃圾、污水等的处理。

2）以草坪为中心，对冠山和乡吧岛进行景点建设，开辟必要的登山步道，在观景较佳处设置观景平台；完善半边奇渡景点道路设施，修筑游览渡口；丰富冠岩溶洞游览内容，增加乡吧岛游览，开展游客参与性活动，乡吧岛不进行任何永久性设施建设。同时，加强岛上垃圾、污水等的处理。

3）以杨堤为中心，对月光岛、羊角山进行景点建设，开辟羊角山登山游步道，在山顶修建小型观景平台，供游客登高远眺；月光岛景观营造以乡吧岛为模式，开展多种游览参与活动，不进行任何永久性设施建设；对浪石古村建筑进行保护性修复，在观音山脚下开辟浪石公园，提供游客简单休息停留的设施，不进行大量人工建设，以自然植物景观为主。

4）以兴坪为中心，对五指山、天水寨、渔村进行景点建设，开辟由兴坪镇经天水寨至渔村的游览步道，对老寨山登山设施进行检修，提高其安全级别；重新修建天水寨；对渔村内民居进行严格保护，对部分破损建筑进行修复。

5）以兴安为中心，开展"万里桥—水街—大湾陡—三里陡—霞云桥—东生桥—严关古镇（古秦城遗址、古关口遗）—画眉塘—黄茅坝—溶江镇（葡萄庄园、梦里水乡、酒堡农庄）"徒步旅游线路和"桂林—大圩古镇（草莓岛、提子山庄）—高尚刘家—高尚宰相湾—灵渠南陡口"、"阳朔—兴坪—草坪—海洋—兴安"自行车旅游线路。

9.6.2 线路优化

（1）峡谷精华徒步游

峡谷精华徒步游选择漓江峡谷段最精华的草坪至渔村段为游览段落，全长28km，游程可在一日或两日内完成。

沿江在原有机耕路的基础上简单整修形成步行游览道，设立 7 个旅游渡口。

步行游览线路如下：草坪乡—草坪渡口—官岩村—半边奇渡—桃源村—杨堤乡—杨堤渡口—水岩头—浪石村—浪石渡口—全家洲村—红山脚村—老村头村—冷水村—冷水渡口—大树脚村—杨家村—厄根底村—小河背村—兴坪镇—兴坪渡口—大河背村—大河背渡口—渔村。同时结合步行游览线路，在观景极佳处设置观赏停留。

（2）漓江东岸乐活游

1）大圩徒步环线。起点为大圩古镇以北2km的廖村。一路向北徒步观赏沿线古村落（沙桥、上桥、熊村、西宅）的古韵人文景观和周边大规模油菜花种植的农业自然景观。楚皮河在整条线路中若即若离，为徒步过程增添了乐趣。大片菜花的黄色与古村落朴实的颜色形成了强烈的冲撞，山、水、田园、人文形成的完美组合，成为东岸徒步的必游线路之一。四季景色各有特色，可进行季节性的徒步摄影。

2）潜径村徒步环线。本条线路大半程为沿江线路，起点为草坪乡的潜经村，先向南行至渡船头，再一路沿着漓江逆流而上至碧岩阁，然后从潜经村北部绕回。沿途可观赏到具有典型桂林山水特色的沿江自然风光，展翅的雄鹰、自在的牛羊、大片的滩涂使得整条线路趣味无穷。亦可进行季节性的徒步摄影。

3）草坪徒步游线。从小河里通往西塘的道路相对崎岖，但风光旖旎的西塘绝不会辜负你的汗水，蓝天白云、青山绿水、田园人家，所有的一切都洁净而唯美。然而，西塘拥有的绝不止此，它更是一个探险者的世外桃源。西塘村西北的大天坑是桂林目前发现的最大的天坑，其东北方向的南圩也有一个小天坑、穿岩和地下暗河的组合。

4）兴坪徒步游线。徒步起点为兴坪的迎宾桥，沿小河、大源河逆流而上。大源河两岸都是村民自发种植的橙子林，此线必须从橙子林中穿越，而夏橙花、果同树的特性使得该条线路四季均有游览价值。

5）草坪—兴坪骑行游线。线路以回音、高山湖泊、果园为特点，骑行时间约为3h。

9.7　区域联运线路优化

9.7.1　漓江东西两岸线路联动

1）桂林—由桂阳公路至愚自乐园—世外桃源—阳朔遇龙河—漓江东岸—返回桂林。

2）桂林—遇龙河—兴坪—草坪—大圩—海洋—兴安—桂林。
3）桂林—大圩—古东—冠岩—乘船至兴坪—阳朔。
4）桂林—大圩（乘船）—草坪—冠岩—乘船至兴坪或阳朔。
5）桂林—磨盘山码头—草坪（上岸）—兴坪—渔村—阳朔。

9.7.2　桂林—阳朔—平乐线路联动

延长桂林—阳朔黄金旅游主干线，辐射荔浦、平乐、恭城。依托漓江水道、桂阳公路等交通轴线，加快漓江东岸大圩—草坪—兴坪—福利旅游专线公路建设，加快桂林—大圩—草坪—兴坪—福利—三江口水上航线全线建设；配合贵广高速铁路带来的机遇，实现东南方向与珠江三角洲对接；完善桂林漓江—阳朔主干道沿线旅游方式和旅游产品的多样化。

主要陆路联动线路有：
1）桂林市—阳朔山水风光—乐长滩湾岛水上娱乐体验。
2）桂林市—荔浦银子岩—大发水泊瑶山—巴江大坝景区。
3）桂林市—恭城生态农业旅游—沙子龙船老街—平乐故城景区。

9.7.3　区际线路联动

（1）广州方向

1）深圳—广州—肇庆—德庆—梧州—平乐—阳朔—桂林。
2）深圳—广州—三水—四会—广宁—怀集—信都—贺州—平乐—阳朔—桂林。

（2）贵州方向

1）贵阳—榕江—从江—龙胜—桂林。
2）贵阳—都匀—南丹—河池—柳州—桂林。

（3）湖南方向

长沙—湘潭—衡阳—永州—全州—兴安—灵川—桂林。

10   漓江生态环境保护对策

10.1   漓江航道整治策略

10.1.1   加快漓江补水工程建设

以青狮潭、江底、小溶江、川江、斧子口 5 个水库为基础的漓江补水工程项目正在进行论证和建设，建成后将构成桂林市防洪及漓江补水工程体系和漓江生态补水的重要水源工程，对解决桂林市防洪、城市用水和漓江旅游用水、生态环境用水等问题发挥全局性的重大作用，其对漓江的设计补水流量可达 $60 \sim 80 \text{m}^3/\text{s}$，从而充分保证漓江旅游航运、景观用水和生态用水的需求。

10.1.2   加强沿线水源林和景观林的保护和建设

加强漓江上游水源林的保护和建设，不断提高森林质量；做好漓江两岸的水土保持工作，加快人工造林步伐；加强石山地区封山育林和补植工作，对粮食产量低而不稳定的耕地和 25° 以上的耕地必须退耕还林；禁止在两岸进行开荒种地、开山采石、放牧砍伐等人工活动；加强植被恢复，形成以阔叶林为主的水源林生态系统；保护珍稀树种，调整林相结构和质量，建立森林防火、森林病虫害防治、森林动态监测系统。加强漓江沿线景观植物的保护和恢复，建设宽度为 $50 \sim 100 \text{m}$ 的连续性滨江风景林带，以乡土树种为主，突出地方特色和生态效益。同时，增种景观优美、极富特色的凤尾竹、枫香、山乌桕等乡土景观植物。

10.1.3   对河道和航道进行清淤疏浚

对河道治理范围内河床进行清淤疏浚，清淤疏浚工程着重做好以下工作。
1）河道行洪能力达到 50 年一遇的防洪标准。
2）设计河道清淤要尽量与上下游进、出口河段平顺连接，尽量维持河道自然坡度。不对河道作过多挖填，不过大改变河道自然纵坡。

3）对河道内部分地段进行裁弯取直，疏浚后的河底高程需满足现有桥梁基础的防护。

4）对河道内已有的但未经河道管理部门及防汛部门批准的影响行洪的建筑物、构筑物予以拆除。

5）对河道中的典型浅滩，特别是杨堤到兴坪之间的鲤鱼滩、浪石滩、猪皮滩和化岩滩等滩险进行疏浚和维护，使航道畅通无阻。

6）对每条浅滩逐条进行探测，详细记录航道的水位、流量，加强对每座航标的标位、颜色、灯光等的检测，并对钢质浮标及航标灯等进行及时维护和保养，以确保通行信号的准确及时。

7）对于沙质和砂卵石河床，采用挖泥船挖除碍航的泥沙堆积物，增加航道水深；对于石质河床，采用爆破的方法（常称炸礁）炸除碍航的石嘴、石梁、孤石、岩盘等，确保虞山桥—平乐三江口段达到Ⅵ航道通航要求。

8）对漓江上游的村民自建的浮桥、围堰、滚水坝等进行清理，妥善安排村民跨江交通设施，确保漓江上游（虞山桥—灵渠段）达到小型游船通航要求。

10.1.4 对沿线景观和生态环境进行保护

严禁在项目区内漓江段挖沙采砾，拆除一切破坏漓江景观的违规、违章建筑和设施；实施漓江自然景观修复工程，通过自然和工程方式恢复漓江自然江滩；对漓江护岸进行生态化景观改造，最大限度地保持漓江自然景观的真实和完整。在河流整治及护岸工程建设时，应保持河道的天然形态和河岸形态的多样性，避免裁弯取直；护岸应进行边坡绿化，种植植物缓冲带，兼顾景观和生态效益，为生物栖息和繁殖提供必要场所。严格保护漓江洲岛景观，严禁在各洲岛上布置工业和居住用地，已有居民点和工厂实施严格的建设限制，并在规划期内逐步迁出。对于适于游览的洲岛应以自然景观为主，严禁进行大规模工程建设。漓江流域内的重大建设项目必须进行专题论证，严格审批。对漓江沿线的农、林业进行引导，打造经济效益高又富有观赏性的农林景观带。

10.1.5 对沿线的违法行为进行持续监督打击

严格控制和管理漓江两岸的一切建设活动。根据漓江不同地段的功能，确定不同的建设要求；严格保护其自然状态，禁止一切有悖于风景保护的建设活动。沿江居民点建设用地应退后至 20 年一遇的洪水淹没线以后，并对现状沿江居民点实施景观环境整治，对严重破坏自然景观的建筑物、构筑物应坚决拆除，跨江电线应逐步地埋；沿江建筑要求退后江岸3050m。扩大城市绿地规模，营造与自然相协调的城市风景河流景观。漓江城市区段以下至碧岩阁段沿岸两侧各300m范围内禁止新建各项建设活动；300~500m范围内不能搞大规模土地开发，可适当点缀与游览有关的景点性建设，建筑层数控制在3层以下；500m以外在符合环境影响评价要求和不破坏自然景观的前提下，可进行局部的景点性建设项目开发，但必须在容积率、绿地率等方面符合项目区旅游发展要求。

10.1.6　升级改造游船和游线

坚持以船适水、量水择船的原则，改造现有游船规模和结构，旅游航运以中小型游船为主；改造游船的燃料结构，减少燃油动力船，逐步实现游船的电气化；改变游船进餐方式，推行简易快餐，最大限度地降低游船对漓江的污染。

改变现有的游览方式，结合兴安—阳朔旅游专线公路、漓江航运建设、桂林港建设和漓江沿岸旅游开发，建立景区门票和船票分离的机制，打造水陆结合、分时分段的旅游线路，减少游客聚集度，减轻漓江河道旅游接待压力。

10.2　大气环境保护

大气质量状况直接影响自然环境的优化，漓江旅游的可持续发展需要大气环境达到环境空气质量标准（GB 3095—1996）一级标准。目前漓江旅游带周边工厂相对较少，居民主要以农业生产为主。旅游带内土壤植被丰富，空气质量良好，无大气污染。大气污染来源主要为餐饮油烟以及景区内汽车尾气的排放。根据以上要求，对沿岸的大气环境按照以下措施进行保护。

第一，要加强区内清洁型旅游接待服务设施的构建。必须对旅游景区内尤其是草坪地区需要新建的宾馆、饭店、商店、摊点等接待服务设施进行严格的控制，使用的燃料应为液化气、太阳能或电等清洁能源，严格控制烟尘和有害气体的排放量。

第二，建设大气质量观测站，对规划区范围内的大气质量动态情况进行监测分析。

第三，创新环境管理，加大环境执法力度。对规划区内污染严重的企业进行罚款，采取谁污染谁治理的方法。树立区内环境标兵，可以进行适当的表彰或奖励。

第四，鼓励区内企业或居民建设生态补偿林。生态补偿林可以大量吸收二氧化碳，释放氧气，也可含蓄水源，也是一种有形资产，可以遗留给后代。

第五，加强对旅游者的环保教育。漓江部分区域生态环境比较脆弱，游客大量聚集，对区内大气环境造成严重影响，但是同时可以利用这个机会对旅游者进行环保教育，在宾馆、饭店、码头等地发放宣传册，鼓励游客使用公共交通工具，减少汽车尾气的排放。

第六，加强道路绿化建设，减少扬尘。景区内的机动车道有步骤地改造成扬尘较少的柏油路面，景点的步行道改为易于行走、扬尘少的石板道，以及具有景观效果的木质栈道。在旅游开发的同时，配合区内旅游产品的设计，逐步加大植树造林力度，不断对旅游带内的生态环境进行修复。

10.3　水域生态环境保护

漓江沿线旅游资源中，水域类旅游资源占有相当重要的位置，良好的水环境质量是旅游区持续发展、吸引游人的重要保证。按照国家的相关规定，度假旅游区、森林保护区、风景名胜区各景区、水库游览区地面水水体按Ⅰ类标准管理，对其他景区按Ⅱ类标准，远离旅游景区的水域可根据实际情况制定标准。

10.3.1　加强污水的治理

旅游区不得建设可能对水环境造成污染的工厂，确实对当地经济发展有重要作用的项目，要在充分论证的基础上做好环境影响评价和建设完备的污染处理设施。

在游人集散地、餐饮点以及旅游景点按常住人数和游客人数的流量，特别是大圩、兴坪旅游景区，设置不同处理方式和处理能力的污染处理设施。污染经过处理后达到进入Ⅰ类水体的Ⅰ类排放标准方可排放，并按总量控制的思路，严格执行环境质量标准，使进入水体的污染物减少到最低限度。

10.3.2　严格监管水上旅游项目

对于规划开发的水上游乐活动，如神龙水世界的相关项目，要防止汽油、垃圾和生活污水对水体的污染。对于未开发的水域类旅游资源，应建立和完善主要景点和旅游服务设施的污水处理设施，并加强监管力度，有问题及时解决。

10.3.3　加强漓江区域环境保护

根据《漓江风景名胜区总体规划》的要求，针对已划定的漓江核心区域与非核心区域的范围，进行区域分级保护策略。重点保护处于规划区内的漓江核心区，谨慎开发规划漓江周边景观。

10.4　乡村人文环境保护

沿江居民点建设以保护山水景观为基本原则，规划应控制在现有范围，不再扩大，建筑密度、建筑体量应该经过详细规划设计。建筑形式要求体现地方特色。

10.4.1　乡村传统村落保护

本着修旧如旧的原则，对大圩古镇、草坪回族自治乡的古朴格局、路网结构、传统民居、建筑风格、建筑用材等需要调整的部分进行适当的修缮和改造。

大圩镇：保护、修复大圩古街，为保护古街景观的完整性和真实性，古街应以整体保护、局部修整为主，拆除现有的与传统民居不协调的建筑。

渔村：严格保护渔村现有民居和村落布局，新建民居的建筑风格、形式、材料、色彩、布局必须以传统民居为蓝本，室内可进行现代化装修，沿江下码头用河卵石铺砌。

草坪、月光岛：草坪乡建设用地宜远离漓江发展，禁止向江边挤靠，建筑形式以地方传统民居风格和伊斯兰特色为主，月光岛现有服务设施建筑规模不再扩大。

兴坪镇：保护古街的鱼形布局和传统建筑风格，新镇区宜向东发展。渡口周围环境混乱，拆除兴坪饭店及其南侧的招待所、餐厅等靠近码头的一组建筑，按古镇民居形式改造为旅游服务接待设施。

10.4.2　地方传统文化的挖掘

文化的再挖掘是对村落文化的主动保护。文化有了市场才会迸发出新的生命力，一些传统的民风民俗、传统节日等在城镇化的发展过程中失去了号召力和感染力，我们应该借乡村生态旅游的机会，针对市场需求重新包装和推出具有漓江沿岸特色的民俗文化。

10.5　旅游环境容量调控

旅游环境容量管理与调控就是要确立一个阈值或门槛，疏导进入漓江沿岸景区的旅游流，让旅游容量处在一个环境可接受、人们主观努力可控制的范围之内，始终保持着一种合理的、舒适的、持续的容量态势发展，维系旅游发展的可持续性。

10.5.1　合理开发、组织旅游线路

旅游景点线路的合理开发、组织，其意义主要在于使客流的时空分布均匀化。首先，可实现游览线路的多样化，对部分冷门景区景点加大宣传，提高其到游率；其次，对线路上景点游览顺序的灵活安排，通过景区客流信息的及时传递，通过信息系统提示各景区游客承载饱和程度，导游或游客据此决定游览顺序，是按行车顺序游览还是直接到某景区游览。最后，确立各景区旅游容量控制值，采取限制入园、合理分流等形式，确保客流量不超出环境承载范围，从而有效降低旅游活动对漓江沿岸环境景观的负面影响。

10.5.2　拓展旅游空间层次

旅游地旅游吸引力的展现、旅游者的进入都是以旅游产品为基础的。单一层面上的观光旅游活动开展不利于旅游容量的拓展和旅游地文化的保护。丰富旅游产品内容，完善其结构，从空间上拓展旅游空间层次。由于活动类型不同，人们对游憩容量的认同也不同。不同类型旅游者对旅游基本容量要求有区别，同时对旅游地的拥挤程度接受能力也有差异，游客对参与型、集体型旅游活动的心理容量相对较大，可适当开展。

10.5.3　提高社区居民的心理承载力

文化冲突、外来务工人员涌入、旅游者进入、环境破坏、旅游利益分配不均等是造成旅游社区安全问题的主要因素。围绕旅游开发，社区居民与旅游者、旅游经营管理者之间的矛盾调和显得十分重要。旅游活动的开展会造成居民生活环境质量下降，如噪声和垃圾增多，通过对旅游者和居民双方的管理教育，引导旅

游行为和居民行为，提高社区居民的心理承载力，建立新的良性循环机制。

10.5.4 有计划地分散客流

有计划地分散客流是从旅游需求方面着眼，减低热点景区旅游旺季的高峰流量，使旺季的旅游流量在旅游容量饱和点之内。可通过大众传播媒介向潜在的旅游者陈述已经发生过的旅游超载现象及后果，并预测当年旺季可能出现的旅游流量和超载情况，从而影响旅游者选择旅游景区的决策行为，使漓江沿岸旅游区客流在动态平衡中运行。从而避免局部旅游饱和与超载的发生。

10.5.5 加强部门间的协作

旅游容量管理调控工作，涉及旅游管理部门、旅游经营商、旅游者、居民等不同人群，旅游管理部门又分为直接主管部门与高层管理部门，各方之间一方面需要互相协调、信息传递；另一方面，又相互之间存在着管理、被管理关系，所以容量管理调控工作是一个交错复杂的系统性工作。漓江沿岸旅游区各主体之间的协调沟通、各景区间的信息共享与及时传递、各景区与上级主管部门之间的信息及时沟通处理，是调控旅游环境容量的根本保障。

10.5.6 加强旅游容量与承载力管理的制度创新

应将旅游容量或承载力理念纳入风景区规划管理，适度控制旅游区对于游憩休闲活动的强烈吸附和衍生能力，适当阻滞或疏理这种功能性的集聚能力所带来的公共游憩功能的过分扩张，降低或避免过分集聚所带来的超容量发展而产生的承载力威胁；将旅游容量管理理念贯彻到漓江沿岸各旅游区，列入景区质量考评体系中去，在推进旅游景区质量建设进程中，创新评选指标体系，推进和谐旅游景区建设，将管理重心由对旅游商业利益的关注转型到对旅游容量和承载力的关注，测度并发布由景区旅游环境舒适度、景区游客美誉度、景区服务满意度、景区旅游活动的市场欢迎度（新、奇、特、喜、异度）、景区交通便捷度等加权构成的旅游和谐景象指数，诱导游客流向，以实现景区环境容量和承载力的宏观调控。

10.6 自然灾害防治

根据漓江沿岸旅游区区域特点、区内气候条件、环境构成要素分配及相关关系，该区存在的自然和地质灾害主要有森林火灾、水土流失、滑坡、泥石流和洪水等。结合《漓江风景名胜区总体规划》进行保护。

10.6.1 森林防火

森林火灾是世界性的林业重要灾害之一，会造成森林资源的重大损失和全球性的环境污染。森林火灾具有突发性、随机性的特点，短时间内能造成巨大损失。森林防火始终贯彻"预防为主，积极消灭"的方针，防火重点是提前预防，包括防火预案制定、防火队伍建设、防火物资准备、林火监测、信息网络管理和火灾预测预报、防火隔离带建设等各项工作。

（1）制定森林防火预案

根据漓江沿岸旅游区森林防火形势和天气特点，结合近年森林火灾发生的规律分析，提出今后森林防火的重点区域、时间和天气状况，以及应对措施和办法，以便一旦有火灾发生，能够以最快的速度采取扑救措施。主要内容有：

1）成立漓江沿岸旅游区森林防火领导小组，统一指挥漓江沿岸旅游区森林防火工作。

2）组织扑火力量。坚持"专群结合，以专为主"的原则，由漓江沿岸旅游管理区组建以民兵为主的应急森林消防分队，组建专业、半专业和义务扑火队，并时刻与各行政区公安消防保持密切的联系，发生重大火灾时，报告上级部门调集部队和公安参与扑救。

3）建立通信联络。漓江沿岸旅游管理区设立专门的森林防火办公室，与上级森林防火部门密切配合，确保火情报告通信畅通无阻，在第一时间内组织人员扑救。

4）火情监视和火场天气预报。由各行政区气象、林业部门配合旅游区防火负责部门进行防火区天气预报和火情信息处理，确定防火期。根据气象局确定的大气干燥指数确定重点防火期，加强防火期内火源管理，在重点防火期进入防火地的游客必须人手一份防火要求。

5）后勤保障。根据防火、扑火需要，在旅游区重点防火地区储备专用防火物资，建立物资管理制度，定期检查。同时与上一级地方政府及主管部门建立密切联系，确保物资调运和扑火队伍运输。

(2) 建立森林防火预警体系

漓江沿岸旅游区通过上一级林业、气象、信息等部门建立森林防火预警体系，及时监控发现发生的森林火灾和火情，以最快的速度采取扑救措施。漓江沿岸旅游区主要景点都需要设置专门的森林防火安全岗，负责区内的防火安全。

10.6.2 地质灾害防治

该区地质灾害主要是水土流失、滑坡和泥石流，防治坚持"预防为主，积极防治"的方针，全面规划、重点防治。由于部分地方植被的破坏，以及汛期雨水的冲刷极易出现水土流失、滑坡和泥石流现象，使现有的地区地貌景观的观赏价值降低，并导致土地退化，生产力下降，规划目的在于有利于提高旅游区生态环境质量，提高对游客的吸引力。

重点区：旅游道路两旁和坡度大于30°的山坡，根据发生水土流失、滑坡和泥石流的可能性和现状，采取生物和工程措施，防治灾害的发生或加剧。

一般区：除重点区外的区内所有地区，特别是坡耕地，主要的防治措施是制订水土流失防治预案，对植被相对较差的地段，进行人工或自然的植被恢复，提高林草覆盖率。

10.6.3 防洪减灾

漓江位于桂北暴雨区，频繁、集中、强度大的暴雨大都在每年的 3~8 月，降雨量约占全年的 80%。漓江上游的干流陆洞河以及支流川江、黄柏江、小溶江大都发源于高山峡谷，流域坡降大，河道的比降也大，形成了洪水暴涨暴落的特点。由于汇流时间短、涨率大、防洪抢险来不及是造成洪灾的原因之一。

漓江通过上一级水利、气象、信息等部门建立洪灾预警体系，及时监控发现发生的洪水灾情，以极快的速度采取扑救措施。主要景点尤其是漓江沿岸地区都需要设置专门的防洪安全岗，负责区内安全，设立洪水暴发撤离路线及安全区标志。要加强河道疏浚，清除障碍物，提高泄洪能力，严禁在景区河道进行破坏河床的活动。水库洪水优化调度是防洪减灾的有力措施，防洪调度适当，才能获得显著的防洪效果。

11 漓江可持续发展的政策支持与社区调控

11.1 发挥政府管理职能

桂林漓江旅游发展涉及三县一区，规划的范围比较宽，所涉及的利益面比较大，既要确保政府收益，又要兼顾旅游企业利益；既要考虑县（区）、乡（镇）的利益，更要兼顾沿途村民的利益和旅游者的利益，才能充分调动各方面的积极性，确保旅游区的可持续发展。因此，政府部门在漓江旅游发展中具有不可替代的地位和作用。政府应发挥引导、协调作用，在公开公平的制度框架内满足各利益相关者的利益，并从维护各利益相关者的系统利益出发，建立有效的行为监控机制，将利益相关者的行为置于合理的制度与规范约束之下。应实施政府主导下的跨行业、跨部门协调联动机制，打破以往部门的条块分割，形成发展合力，对不积极配合的部门要追究部门责任，从而从根本上消除发展旅游的体制性障碍。有效整合各行业、部门的资源，利用社会力量，共同发展大旅游、开拓大市场、培育大产业，促进漓江旅游的跨越增长。完善资源开发、产品建设和宣传营销等旅游发展重大事项的决策机制。

11.2 加强漓江旅游品牌建设

漓江旅游航线一日游是桂林观光型旅游产品中规模最大、发育最成熟的旅游精品，其完全展示了漓江风光的品级和精华，具有重要的名牌效应。但除此之外，可考虑开辟其他漓江航线的可能性。如果具有可行性、效益性、新颖性、合理性及可持续发展的条件，就不妨尝试开发漓江的多种游览方式，以提高漓江旅游的整体经济效益。即可试行以下新的方式：一是开通桂林—平乐二或三日休闲长航线（二或三日游）；二是开通游船商务会议游；三是开通夜间返航游；四是开通沿江短线休闲游，即让游客乘小船边游边玩，到主要景点如沿途渔村、兴坪黄布滩等景点驻足摄影、写生钓鱼，旨在扩大客人旅游的选择范围，激发游客消费欲望，延长游客逗留时间等；五是开通旅游联票（一卡通）航线。以多航线联票游览形式实现旅游产业一体化经营，经营方式以漓江游览为主打旅游产品，以此多点式覆盖。联票实行优惠的价格政策，但有效期限可根据实际情况作一定限制。鉴于桂林漓江旅游普通票价在全国旅游业中仍然价格偏低，从保持旅游经济可持续发展的角度考虑，可适当提高一定幅度的票价，以对漓江上游的相关责任人作适当生态补偿及扩大市政财政收入。

11.3　提升旅游服务质量

特色是旅游之魂，文化是旅游之基。随着人们物质文化生活需求的不断提高，旅游业向着多元化、多层次、高品位方向发展的趋势十分明显。一般而言，当今的水上旅游游览方式已不仅仅局限于欣赏传统的山水风光以及满足安全、舒适、快捷、方便等要求，还要体现唯我独具特质的文化特色。因此，在以人为本、游客至上、安全第一、优质服务的基础上，漓江旅游还应发展高品位、高层次、高水平、高质量与集新、奇、特为一体的水上旅游项目，从而形成多景点、多内涵、多项目、多元化的旅游组合产品，以改变几十年不变的漓江旅游模式。如前所述，目前漓江旅游存在的主要问题是旅游方式结构单一、内涵不足、层次不深，其资源旅游功能单元之间联动性、互动性较差，经济规模与发展空间受到较大限制。桂林是历史文化名城，应该对山水风光、人文历史、民俗风情、地质美食等极有内涵价值的旅游资源和元素进行充分的开发利用，不断加大在媒体中的宣传力度。总之，应增加漓江游船的特色服务，延长游客的逗留时间。利用船上空间、时间，开设船上各类特色服务，如商品销售、游江实景录像、刻碟和娱乐活动；开辟小商品柜台、酒吧间，增加特色餐饮销售；代售漓江沿岸各景点和各县域景区门票及代理返程票务等。漓江游船还可分等级定价，设置普、中、高、豪华、商务、会务等不同档次及功能的舱位和等级，让不同消费水平的客人有不同选择。同时，还可在途中增设若干停留项目，让游客购一票通就可沿途饱览漓江风光，探访大圩古镇，草坪冠岩，杨堤美景，兴坪佳境，总统渔村，福利工艺等景观和技艺，从而让游客有更多自主体验的时间和空间，做活旅游营销的大文章。此外，还要结合桂林是全国历史文化名城、具有丰富的民间民俗美食文化等元素，广泛开发相关产品，推出独具桂林地方特色和富于个性的新兴促销产业机制。例如，开发长途水路旅游，兼顾观光休闲，提高参与性和趣味性，让旅游的食、住、行、娱、购、游等多项功能及各个环节在桂林旅游市场得以充分展现，使其成为桂林旅游新的经济增长点。最后，还可推出水上会议、水上娱乐、联欢联谊等多样化包船方式，以满足不同消费者的自我要求。我们要破除过去呆板的经营模式，借鉴国内外先进的管理理念，创新和提高旅游的经济效益和社会效应的机制和形式，丰富漓江旅游的产品和内涵。

11.4　加强行业科技创新

为保护漓江沿岸景观，还应加大行业环保管理的工作力度。就当前的管理水平看，漓江旅游环保的软硬设施均应加强。在漓江游船的硬件方面，必须考虑采用先进技术，使用新能源设备，减少船舶振动、噪声、废气以保护漓江的生态环境和可持续发展。为此，漓江旅游管理部门应加大对漓江旅游生态环保可持续发展所需要的知识、信息、高科技投入，强化旅游业发展的动力和基础。从而促进旅游经济新增长点的成长。因此，桂林漓江旅游管理要有同世界接轨、竞争与自我创新的意识。要尽快以"漓江旅游"申请域名及建立网站，先行在售票、统计、财务、信息网络、咨询服务等方面，建立相应的业务信息库并逐步构建与国际、国内信息沟通与共享的便捷的信息网络系统，以强化外联功能，为消费者提供跨地区、跨行业、跨国界的包括天气资讯、旅店营销、商务洽谈等在内的全方位服务体系，保持与外界广泛的联系和互动，借助媒体实时性传播和宣传漓江的优势，使漓江旅游不仅成为桂林重要的旅游窗口，更成为展示桂林旅游国际品牌的载体和平台。此外，要充分利用高新科技管理手段，在漓江游船上推广应用GPS全球定位系统，提高漓江通信性能和定位精度，强化漓江游船安全与全程监控，以保障漓江游船安全、有序、优质、规范运行。鉴于此，可在船舱内外增设装置，配置船用电脑，以此加强船舶航行的全程跟踪与船舶航行的动态管理。

11.5　协调各方利益关系

政府始终追求的是社会可持续发展；而旅游企业的重要目标就是实现企业利润的最大化；当地居民最关注的是地区的社会经济、环境发展以及自身的切身利益；而游客利益的核心是旅游经历的"质量"和"满足感"。要实现四者的利益协同发展，政府部门应发挥引导，协调作用，协调好旅游企业与政府部门及当地社区居民的矛盾冲突，及旅游者之间的利益关系，从而实现当地社会的全面发展；旅游企业应发挥企业的主导作用，在实现自身经济利益同时，也给旅游开发区带来了收益，并加强对资源环境保护的力度；社区居民参与旅游发展管理，既促进了当地居民的共同富裕，又提高了旅游资源的保护意识，同时有助于减少旅游企业开发管理与政府管理过程中的阻力，并使旅游者获得更大程度的经历满足感；旅游者的旅游经历得到最大满足感的同时，就是前三者实现利益最大化的时候。由此可见，四者的利益关系是一个无法分割的整体，只有四者的协同发展才能实现旅游区的健康发展。

参 考 文 献

艾琳 . 2010. 呼伦贝尔草原生态旅游环境承载力研究 . 北京：北京林业大学博士学位论文 .

白鸥 . 2004. 生态旅游认证指标体系及评估模型研究 . 杭州：浙江大学硕士学位论文 .

保继刚 . 1987. 旅游环境容量研究——以颐和园为例 . 中国环境科学, 7 (2)：32 ~ 36.

保继刚, 楚义芳, 彭华 . 1989. 旅游地理学 . 北京：高等教育出版社 .

步玉艳 . 2008. 生态旅游认证指标体系初探——以雾灵山自然保护区为例 . 北京：首都师范大学硕士学位论文 .

蔡德所, 马祖陆 . 2008. 漓江流域的主要生态环境问题研究 . 广西师范大学学报 (自然科学版), 1：110 ~ 112.

蔡德所, 王备新, 赵湘桂 . 2009. 漓江流域水生态系统健康监测和评价体系研究 . 广西师范大学学报 (自然科学版), 2：148 ~ 152.

蔡萌 . 2012. 低碳旅游的理论与实践——中国案例 . 上海：华东师范大学博士学位论文 .

蔡萌, 汪宇明 . 2010. 低碳旅游：一种新的旅游发展方式 . 旅游学刊, 25 (1)：13 ~ 17.

曹晶晶 . 2012. 基于能值生态足迹模型的湖北省生态安全评价与预测 . 武汉：湖北大学硕士学位论文 .

曹晓鲜 . 2011. 武陵源生态旅游认证指标体系分析 . 湖南科技大学学报 (社会科学版), 14 (5)：50 ~ 54.

曹新向 . 2006. 基于生态足迹分析的旅游地生态安全评价研究——以开封市为例田 . 中国人口·资源与环境, 2：70 ~ 75.

陈戈 . 2001. 旅游活动对水土流失的影响 . 水土保持研究, 8 (2)：84 ~ 87.

陈国阶 . 2002. 论生态安全 . 重庆环境科学, 24 (3)：1 ~ 4.

陈辉 . 2003. 旅游区环境问题及对策 . 中国环境管理干部学院学报, 13 (1)：49 ~ 53.

陈晓波 . 2010. 桂林市漓江段 2009 年水质分析及评价 . 桂林：桂林理工大学硕士学位论文 .

陈星, 周成虎 . 2005. 生态安全：国内外研究综述 . 地理科学进展, 6：14 ~ 17.

陈岩峰 . 2008. 基于利益相关者理论的旅游景区可持续发展研究 . 成都：西南交通大学博士学位论文 .

陈岩峰 . 2009. 近年旅游可持续发展研究综述 . 资源开发与市场, 25 (1)：91 ~ 93.

陈永富 . 2003. 论森林旅游业对环境的影响及对策 . 林业经济, 3：41 ~ 42.

陈宇锋 . 2004. 旅游环境容量测算方法初探 . 莆田学院学报, 3：78 ~ 79.

陈战是 . 2005. 小城镇与风景名胜区协调发展探讨——以桂林漓江风景名胜区内小城镇为例 . 小城镇规划, 1 (29)：84 ~ 87.

程道品, 王金叶, 郑文俊, 等 . 2009. 生态旅游开发理论与实践研究——以广西壮族自治区为例. 北京：科学出版社.

程晓丽. 2008. 九华山旅游生命周期分析与调控. 池州学院学报, 22 (3): 102~105.

楚义芳. 1989. 旅游的空间组织研究. 北京：北京大学博士后出站报告.

褚士永, 孙根年. 2012. 我国生态旅游发展研究综述. 长治学院学报, 29 (3): 9~12.

崔凤军. 1995. 论旅游环境承载力——持续发展旅游的判据之一. 经济地理, 15 (1): 89~94.

崔凤军, 刘家明, 李巧玲. 1998. 旅游承载力指数及其应用研究. 旅游学刊, 3: 41~45.

崔国山. 2009. 生态城市评价体系研究——以天津为例. 天津：天津商业大学硕士学位论文.

崔胜辉, 洪华生, 黄云凤, 等. 2005. 生态安全研究进展. 生态学报, 25 (4): 861~868.

戴学军, 丁登山, 林辰. 2002. 可持续旅游下旅游环境容量的量测问题探讨. 人文地理, 6: 78~79.

丁祖荣. 1996. 山岳风景区旅游开发中水土流失问题的研究——以皖南齐云山客运索道建设为例. 水土保持通报, 14 (3): 20~34.

董杰, 刘庆友, 杨达源, 等. 2004. 钟山风景名胜区旅游环境容量初探. 西南师范大学学报 (自然科学版), 6: 68~69.

董俊. 2009. 城市旅游地生命周期研究框架初探. 扬州：扬州大学硕士学位论文.

董巍, 刘昕, 孙铭, 等. 2004. 生态旅游承载力评价与功能分区研究——以金华市为例. 复旦学报自然科学版, 43 (6): 1024~1030.

董雪旺. 2003. 旅游地生态安全评价研究——以五大连池风景名胜区为例. 哈尔滨师范大学自然科学学报, 6: 100~105.

杜方明, 赵怀琼. 2008. 天堂寨国家森林公园旅游环境承载力研究. 合肥工业大学学报 (社会科学版), 22 (3): 5~10.

杜巧玲, 许学工, 刘文政. 2004. 黑河中下游绿洲生态安全评价. 生态学报, 24 (9): 1916~1923.

段学新, 徐晓东. 2013. 水环境容量研究在环境管理中的实施探讨. 绿色科技, 4: 56~57.

鄂和琳. 2000. 生态旅游开发与管理的思考. 国土资源科技管理, 17 (5): 20~26.

范中启, 曹明. 2006. 能源—经济—环境系统可持续发展协调状态的测度与评价. 预测, 4: 66~7.

方怀龙, 玉宝, 张东方, 等. 2012. 林业自然保护区生态旅游利益相关者的利益矛盾起因及对策. 西北林学院学报, 27 (4): 252~257.

冯小鸽. 2012. 论生态旅游可持续发展战略——以新疆喀纳斯景区为例. 乌鲁木齐：新疆大学硕士学位论文.

冯耀忠. 2005. 干线输油管道生态安全问题及其解决途径. 国外油气储运, 13 (3): 63~66.

符霞. 2006. 国外旅游环境容量理论的发展历程. 四川林勘设计, 2: 54~56.

高峻. 2010. 生态旅游学. 北京：高等教育出版社.

高孟绪. 2008. 西安市生态安全评价与信息系统开发研究. 西安：陕西师范大学硕士学位论文.

格雷戈里. 1985. 森林资源经济学. 许伍权, 等译. 北京：中国林业出版社.

宫敏丽. 2011. 舟山群岛旅游地生命周期及调控研究. 舟山：浙江海洋学院硕士学位论文.

龚丽蓉 . 2010. 基于利益相关者的企业三棱镜绩效评价系 . 哈尔滨：哈尔滨理工大学硕士学位
　　论文 .

龚直文 . 2006. 闽江源自然保护区及周边社区生态安全评价研究 . 福州：福建农林大学硕士学
　　位论文 .

广西猫儿山国家级自然保护区管理局 . 1993. 广西猫儿山自然保护区总体规划 .

广西猫儿山国家级自然保护区管理局 . 2007. 广西猫儿山生态旅游区总体规划 .

广西壮族自治区人民代表大会常务委员会 . 2011. 广西壮族自治区漓江流域生态环境保护条例 .

桂林市桂江（西江）流域建设领导小组办公室 . 2012. 漓江旅游品牌建设与旅游格局优化 .

桂林市人民政府 . 2013. 桂林市 2012 年国民经济和社会发展报告 .

郭滨，李铁松，刘涛 . 2004. 四川省广安市旅游环境承载力评价研究 . 四川环境，23（4）：
　　61～64.

郭华 . 2008. 国外旅游利益相关者研究综述与启示 . 人文地理，2：100～105.

郭华，郭彩霞 . 2008. 生态旅游环境容量的测算与调控 . 旅游发展研究，1：70～71.

郭进辉 . 2008. 基于社区的武夷山自然保护区森林生态旅游研究 . 北京：北京林业大学博士学
　　位论文 .

国家旅游局 . 2003. 旅游区（点）质量等级的划分与评定（GBT 17775—2003）.

国家旅游局 . 2010. 国家生态旅游示范区建设与运营规范（GB/T 26362—2010）.

韩春伟 . 2009. 基于可持续发展的三重企业绩效矢量评价模型 . 贵州财经学院报，2：19～23.

韩学伟 . 2005. 不同类型旅游区旅游环境容量的研究 . 郑州：河南大学硕士学位论文 .

侯向阳，肖平 . 1998. 可持续发展指标体系的构建方法探讨 . 生态科学，2：80～85.

胡炳清 . 1995. 旅游环境容量计算方法 . 环境科学研究，3：36～46.

胡伏湘，胡希军，谭骏珊 . 2010. 崀山风景区旅游环境容量分析与调控策略研究 . 生态经济，
　　1：241～245.

胡炎女 . 2008. 工业生态安全评价与实证研究 . 大连：大连理工大学博士学位论文 .

胡允银 . 2004. 旅游容量研究 . 武汉：华中科技大学硕士学位论文 .

黄成林 . 2001. 山岳风景区生态环境问题 . 山地学报，19（1）：53～58.

黄浩岚 . 2008. 绩效三棱镜在企业绩效测量和管理体系中的优势分析 . 会计之友，7：70～71.

黄浩岚 . 2008. 绩效三棱镜在商品流通企业绩效评价中的应用研究 . 南京：南京理工大学硕士
　　学位论文 .

黄继华 . 2007. 我国生态旅游景区管理研究进展 . 桂林旅游高等专科学校学报，18（2）：
　　279～283.

黄金玲，蒋得斌 . 2000. 广西猫儿山自然保护区综合科学考察 . 长沙：湖南科学技术出版社 .

黄顺红 . 2004. 卧龙自然保护区旅游开发对生态环境影响及其保护，西南民族大学学报，25
　　(7)：140～142.

贾艳红 . 2005. 基于格网 GIS 的生态安全评价研究——以甘肃牧区草原生态安全评价为例 . 兰
　　州：西北师范大学硕士学位论文 .

江洪 . 2005. 长汀县水土流失遥感监测及其生态安全评 . 福州：福州大学硕士学位论文 .

蒋信福.2000.入世对我国生态安全的挑战与战略对策.环境保护,2:23~25.

蒋宗豪.1996.黄山风景区旅游容量及相关环境问题研究.农村生态环境,12(2):
　9~11,21.

角媛梅,肖笃宁.2004.绿洲景观空间邻接特征与生态安全分析.应用生态学报,1:31~5.

金磊.2006.西部旅游呼唤生态安全保护.生存空间,6:7~8.

金哲坤.2012.旅游景区开发过程中利益相关者的博弈及共赢研究——以南京高淳老街为例.
　金华:浙江师范大学硕士学位论文.

李斌.2010.我国首次提出"国家生态安全"目标.http//www.960wood.com/dongtai/.Dongtai-
　15.htm[2010-09-03].

李春艳.2008.岷江流域生态安全及其预警研究.雅安:四川农业大学硕士学位论文.

李丰生,赵赞,聂卉,等.2003.河流风景区生态旅游环境承载力指标体系研究——以漓江为
　例.桂林旅游高等专科学校学报,14(5):13~18.

李丰生.2005.生态旅游环境承载力研究.长沙:中南林学院博士学位论文.

李冠英.2012.海岛旅游地生态安全与旅游经济协调发展评价研究.南京:南京大学硕士学位
　论文.

李海防,段文军,王金叶.2010.广西猫儿山森林水源涵养功能及水资源供求评价.安徽农业
　科学,24:2306~2310.

李辉.2011.城市生态安全评价的理论与实践.北京:化学工业出版社.

李辉,魏德洲.2003.环境影响评价的新领域——生态安全评价.安全与环境学报,3(5):
　23~27.

李绮华.2008.基于生态安全的生态旅游资源开发研究.厦门:厦门大学硕士学位论文.

李庆福,张淑琴,李茹.2013.环境容量计算方法探讨.环境保护与循环经济,3:67~68.

李庆龙.2004.生态旅游承载力问题的探讨.林业经济问题(双月刊),24(3):170~172.

李若凝.2010.云台山旅游景区生态安全评价与优化对策.北京林业大学学报(社会科学版),
　1:71~75.

李天元.2004.中国旅游可持续发展研究.天津:南开大学出版社.

李维余.2007.四川森林生态旅游可持续发展战略研究.成都:西南交通大学硕士学位论文.

李维余.2008.森林生态旅游可持续发展评价指标体系的构建.财经科学,2:118~124.

李文彬,赖玲.2009.黄家湖绿色公园生态旅游环境承载力研究.现代农业科技,21:
　294~295.

李祥林.2012.湖南乡村旅游可持续发展模式研究.长沙:湖南农业大学硕士学位论文.

李向前,曾莺.2001.绿色经济——21世纪经济发展新模式.成都:西南财经大学出版社.

李笑春,陈智,王哲,等.2005.可持续发展的生态安全观——以浑善达克沙地为例.自然辩
　证法研究,21(1):17~20.

李新琪.2008.新疆艾比湖流域平原区景观生态安全研究.上海:华东师范大学博士学位论
　文.

李星群.2003.自然保护区生态旅游可持续发展评价指标体系研究.南宁:广西大学硕士学位

论文.

李亚娟.2011. 武汉市旅游生态安全研究. 武汉：华中师范大学硕士学位论文.

李炎女.2008. 工业生态安全评价与实证研究. 大连：大连理工大学硕士学位论文.

李艳双, 韩文秀, 曾珍香, 等.2001. DEA 模型在旅游城市可持续发展能力评价中的应用. 河
　　北工业大学学报, 5：62~66.

李永军, 陈余道, 孙涛.2005. 地理信息模型方法初探河流环境容量——以漓江桂林市区段为
　　例. 水科学进展, 2：280~283.

李镇江.2007. 生态旅游开发研究——以平江县生态旅游开发为例. 长沙：湖南农业大学硕士
　　学位论文.

李正欢, 郑向敏.2006. 国外旅游研究领域利益相关者的研究综述. 旅游学刊, 21 (10)：
　　85~91.

廉同辉, 王金叶, 程道品.2010. 自然保护区生态旅游开发潜力评估指标体系及评估模型. 地
　　理科学进展, 29 (12)：1613~1619.

廉同辉, 王金叶, 程道, 等.2008. 猫儿山自然保护区生态旅游开发潜力评价. 西北林学院学
　　报, 23 (2)：213~216.

廖广斌.2000. 浅谈漓江游船环保的现状与发展. 广西交通科技, 2 (25)：42~44.

廖霞.2008. 新疆城市生态安全评价指标体系及方法研究. 乌鲁木齐：新疆大学硕士学位论
　　文.

林明水, 谢红彬.2005. 旅游环境问题研究与旅游环境容量测度. 山西师范大学学报 (自然科
　　学版), 3：100~103.

林明太, 黄金火.2007. 旅游可持续发展评价研究进展及存在问题. 资源开发与市场,
　　23 (4)：319~322.

刘丹.2005. 利益相关者与公司治理法律制度研究. 北京：中国人民公安大学出版社.

刘广海, 邢立亭, 刘元章, 等.2010. 地下水环境容量评价指标. 有色金属, 1：35~36.

刘红, 王慧, 张兴卫.2006. 我国生态安全评价研究述评. 生态学杂志, 25 (1)：74~78.

刘家麒.1981. 旅游容量与风景区规划. 城市规划研究, 2：44~49.

刘婧, 张培, 周勇军.2006. 近十年来国内旅游可持续发展研究述评. 天津农学院学报, 13
　　(4)：51~56.

刘丽梅, 吕君.2009. 旅游环境意识与旅游生态安全. 内蒙古大学学报 (哲学社会科学版),
　　41 (6)：90~94.

刘玲.1998. 旅游环境承载力研究方法初探. 安徽师范大学学报 (自然科学版), 9：38~41.

刘敏, 李宏, 武娟.2009. 旅游环境容量的理论研究进展. 首都师范大学学报 (自然科学版),
　　2：56~60.

刘申, 罗艳, 黄钰辉.2008. 鼎湖山旅游路径对针阔混交林个体数量和生物量空间分布格局的
　　影响. 热带亚热带植物学报, 5：23~26.

刘伟杰.2012. 基于 GIS 和生态足迹方法的东北亚地区生态安全评价. 北京：中国科学院研究
　　生院博士学位论文.

刘晓冰, 保继刚. 1996. 旅游开发的环境影响研究进展. 地理研究, 4: 92~99.

刘心怡. 2011. 游客环境意识、低碳旅游态度与行为关系研究. 沈阳: 辽宁师范大学硕士学位论文.

刘亚萍. 2007. 生态旅游与生态安全探析. 林业经济, 6: 54~57.

刘亚萍, 廖梓伶. 2011. 旅游承载力测算与承载指数评价实证研究——以广西巴马盘阳河沿岸为例. 广西大学学报 (哲学社会科学版), 33 (2): 44~50.

刘益. 2004. 大型风景旅游区旅游环境容量测算方法的再探讨. 旅游学刊, 6: 59~63.

刘勇, 刘友兆, 徐萍. 2004. 区域土地资源生态安全评价——以浙江嘉兴市为例. 资源科学, (3): 69~75.

龙良碧. 1995. 万盛风景区旅游环境容量研究. 西南师范大学学报 (自然科学版), 20 (3): 302~307

卢学爽, 王力峰. 2013. 国内生态旅游研究综述. 科技资讯, 9: 153~154.

罗永仕. 2010. 生态安全的现代性解构及其重建. 北京: 中共中央党校博士学位论文.

吕君. 2006. 草原旅游发展的生态安全研究——以内蒙古自治区为例. 上海: 华东师范大学.

吕凌云. 2011. 我国世界遗产旅游可持续发展研究. 桂林: 广西师范大学硕士学位论文.

马克明, 傅伯杰, 黎晓亚, 等. 2004. 区域生态安全格局: 概念与理论基础. 生态学报, 24 (4): 761~768.

马硕言. 2011. 低碳背景下西部乡村旅游可持续发展研究. 成都: 成都理工大学硕士学位论文.

马艺芳. 2009. 旅游城市桂林生态安全与可持续发展评价研究. 北京: 北京林业大学博士学位论文.

马勇, 李玺, 李娟文. 2004. 旅游规划与开发. 北京: 科学出版社.

孟旭光. 2002. 我国国土资源安全面临的挑战及对策. 中国人口·资源与环境, 12 (1): 47~50.

潘华丽. 2013. 环境税背景下旅游经济与旅游生态环境效应研究. 济南: 山东师范大学博士学位论文.

庞少静. 2004. 我国生态旅游开发中的若干环境问题及对策. 环境保护, 9: 25~30.

彭泉. 2012. 基于绩效三棱镜的企业价值创造评价指数研究. 武汉: 武汉理工大学硕士学位论文.

彭越, 李立华. 2002. 自然保护区旅游开发的生态影响. 四川环境, 21 (3): 33~35.

曲格平. 2002. 关注生态安全之一: 生态环境问题已经成为国家安全的热门话题. 环境保护, 5: 3~5.

任敬. 2000. 旅游地生命周期研究——以云南典型旅游地为例. 昆明: 云南师范大学硕士学位论文.

尚天成, 等. 2011. 生态旅游研究综述. 天津大学学报 (社会科学版), 13 (6): 505~510.

司全印, 高榕. 2006. 水环境容量的测算方法. 水资源保护, 6: 46~48.

宋晨. 2012. 山地度假旅游开发中的利益相关者研究——以鸡公山为例. 北京: 北京交通大学

硕士学位论文.

宋瑞.2003.生态旅游:多目标多主体的共生.北京:中国社会科学院博士学位论文.

宋瑞.2007.生态旅游:全球观点与中国实践.北京:中国水利水电出版社.

孙道玮,俞穆清,陈田,等.2002.生态旅游环境承载力研究——以净月潭国家森林公园为例.
东北师大学报(自然科学版),34(1):58~61.

孙凡,胡际权.2004.唤醒全民族的生态安全意识.西南农业大学学报(社会科学版),
2(1):21~24.

孙绮雪,陈国生,雷炳炎.2004.我国古代农业生态安全建设思想略论.南华大学学报,3:
60~61.

谭键.2011.海南省生态安全的空间结构研究.长沙:中南大学博士学位论文.

唐善茂,鲍青青.2010.基于顾客满意度的桂林漓江景区旅游生态贫困研究.资源与产业,2:
110~115.

滕明君.2011.快速城市化地区生态安全格局构建研究——以武汉市为例.武汉:华中农业大
学博士学位论文.

田捷.2011.舟山群岛旅游地生命周期及调控研究.舟山:浙江海洋学院硕士学位论文.

佟玉权.2007.生态安全与生态旅游尺度.生态保护,5:33~36.

万幼清.2004.旅游环境容量确定方法的探讨.江西财经大学学报,4:56~58.

汪朝辉.2012.山岳型森林公园生态安全评价研究.长沙:中南林业科技大学博士学位论文.

汪嘉熙.1986.苏州园林风景旅游价值及其环境保护对策研究.环境科学,7(4):83~88.

汪君.蒋志荣.车克均.2007.冶力关国家森林公园旅游环境承载力分析.湖南文理学院学报
(社会科学版),32(4):70~73.

汪宇明,赵中华.2007.基于上海案例的大都市旅游容量及承载力研究.中国人口·资源环境,
5:56~57.

王波,章仁俊.2008.基于利益相关者理论的国内外旅游应用研究综述.特区经济,7:
156~158.

王大庆.2008.黑龙江省生态足迹与生态安全分析及其可持续发展.哈尔滨:东北农业大学博
士学位论文.

王根绪,程国栋,钱鞠.2003.生态安全评价研究中的若干问题.应用生态学报,14(9):
1551~1556.

王韩民.2006.国家生态安全评价体系及其战略研究.西安:西北工业大学博士学位论文.

王怀採.2010.张家界旅游者碳足迹研究.长沙:中南林业科技大学博士学位论文.

王金叶,郑文俊,程道品,等.2008.猫儿山自然保护区老山界景区旅游环境容量分析.浙江
林业科技,4:47~51.

王良健.2001.旅游可持续发展评价指标体系及评价方法研究.旅游学刊,16(1):67~70.

王林琳,翟印礼.2008.我国森林生态旅游存在问题与发展对策.西南林学院学报,28(4):
146~148,160.

王茂强,殷红梅,王英,等.2011.基于旅游生命周期理论的乡村旅游开发农村剩余劳动力转

移分析——以贵州为例. 安徽农业科学, 39 (35): 21854～21857, 21879.

王权典, 周坷. 2003. 国家环境安全及其法律保护比较研究. 环境保护, 2: 11～15.

王群, 章锦河, 丁祖荣. 2004. 国外关于旅游地水供需矛盾的研究. 旅游学刊, 19 (6): 82～87

王伟. 2012. 转型期中国生态安全与治理: 基于 CAS 理论视角的经济学分析框架. 成都: 西南财经大学博士学位论文.

王文斌. 2007. 旅游景区环境承载力研究——以九寨—黄龙核心景区为例. 成都: 西南交通大学博士学位论文.

王文艳, 姜丽艳. 2010. 绩效三棱镜: 利益相关者价值取向的绩效评价体系. 财会通讯, 7: 26～27.

王雪峦. 2008. 净月潭国家森林公园生态系统稳定性及旅游环境承载力分析. 吉林: 东北师范大学硕士学位论文.

王燕. 2012. 北京市门头沟区旅游生态安全评价研究. 北京: 北京第二外国语学院硕士学位论文.

王义树. 2007. 可持续发展与中国环境法治. 北京: 科学出版社.

王永安. 2003. 森林生态旅游新趋势. 中南林业调查规划, 22 (3): 44～47.

韦跃龙. 2006. 四川剑门关地质公园旅游产品开发与可持续发展研究. 成都: 成都理工大学硕士学位论文.

温素彬, 黄浩岚. 2009. 利益相关者价值取向的企业绩效评价——绩效三棱镜的应用案例. 会计研究, 4: 62～68.

温素彬, 薛恒新. 2005. 基于科学发展观的企业三重绩效评价模型. 会计研究, 4: 60～64.

温素彬. 2010. 绩效立方体: 基于可持续发展的企业绩效评价模式研究. 管理学报, 7 (3): 354～358

文传浩, 杨桂华, 王焕校. 2002. 自然保护区生态旅游环境承载力综合评价指标体系初步研究. 农业环境保护, 21 (4): 365～368.

翁钢民, 杨秀平. 2005. 国内外旅游环境容量研究评述. 燕山大学学报 (哲学社会科学版), 3: 87～89.

吴宝宏, 孙永平. 2003. 浅谈我国旅游容量超载问题及解决措施. 沈阳教学学院学报, 5 (1): 122～125.

吴果团, 梁云贞. 2003. 关于大坝对流域生态系统的影响及对漓江水资源管理的思考. 南宁师范高等专科学校学报, 4 (20): 76～70.

吴继敏. 2008. 生态旅游及其承载力研究——以山西应县木塔为例. 上海: 华东师范大学硕士学位论文.

吴剑豪. 2008. 旅游地生命周期分析与调控——以武夷山市为例. 福州: 福建师范大学硕士学位论文.

吴兰桂. 2007. 国内外可持续旅游发展评价研究进展. 无锡商业职业技术学院学报, 7 (2): 46～49.

夏青. 1981. 水环境容量. 环境保护科学, 4: 56~57.

肖笃宁, 陈文波, 郭福良. 2002. 论生态安全的基本概念和研究内容. 应用生态学报, 13 (3): 354~358.

肖笃宁, 杨桂华. 2002. 生态旅游透视. 北京: 中国旅游出版社.

肖岚. 2007. 基于系统动力学的生态旅游承载力研究. 天津: 天津大学硕士学位论文.

谢彦君. 2011. 基础旅游学 (第三版). 北京: 中国旅游出版社.

兴安县人民政府. 2013. 兴安县 2012 年政府工作报告. http://www. gx. xinhuanet. com/dtzx/ 2012-03/09/content_ 24861844. htm [2013-4-10].

熊鹰. 2008. 湖南省生态安全综合评价研究. 长沙: 湖南大学硕士学位论文.

徐红罡. 2004. 中国非消费型野生动物旅游若干问题研究. 地理与地理信息科学, 20 (2): 83~86.

许可. 1981. 大气环境容量的理论探讨. 湖北环境保护, 1: 35~36.

许涛, 张秋菊, 赵连荣. 2004. 我国旅游可持续发展研究概述. 干旱区资源与环境, 18 (6): 123~127.

许田. 2008. 西南纵向岭谷区生态安全评价与空间格局分析. 呼和浩特: 内蒙古大学硕士学位论文.

严力蛟. 2007. 生态旅游学. 北京: 中国环境科学出版社.

杨京平, 卢剑波. 2002. 生态安全的系统分析. 北京: 化学工业出版社.

杨京平. 2000. 生态安全的系统分析. 北京: 化学工业出版社.

杨晶. 2007. 生态旅游可持续发展研究. 成都: 西南交通大学硕士学位论文.

杨琪. 2003. 生态旅游区的环境承载量分析与调控. 林业调查规划, 28 (4): 73~77.

杨晓华. 2009. 基于旅游地生命周期的古镇镇区用地结构研究——以周庄、千灯为例. 苏州: 苏州科技学院硕士学位论文.

杨彦锋, 徐红罡. 2007. 对我国生态旅游标准的理论探讨. 旅游学刊, 22 (4): 73~78.

杨洋. 2012. 国内游客低碳旅游感知与景区低碳旅游满意度实证研究. 合肥: 安徽大学硕士学位论文.

杨志平, 孙伟. 1995. 潮汐河流动态水环境容量计算方法探讨. 上海环境科学, 6: 67~67.

姚海琴, 高萍, 周玲强. 2007. 旅游景区环境容量的动态性分析. 经济论坛, 9: 56~59.

叶桂忠, 刘俊. 2003. 漓江桂林市区段水环境容量研究. 水资源保护, 3: 29~31.

易丰, 梁蓓, 王文娜. 2009. 漓江景区高端旅游市场调查及发展对策研究. 沿海企业与科技, 5: 82~86.

尤孝才. 2002. 矿山地质环境容量问题探讨. 中国矿产地质经济, 3: 38~39.

游巍斌. 2012. 世界双遗产地武夷山风景名胜区景观演变时空特征、干扰模拟与生态安全预警研究. 福州: 福建农林大学博士学位论文.

于玲, 王祖良, 李俊清. 2007. 自然保护区生态旅游可持续性评价——以浙江天目山自然保护区为例. 林业资源管理, 1: 55~58.

余春祥. 2004. 可持续发展的环境容量和资源承载力分析. 中国软科学, 2: 82~83.

余剑晖.2008. 温泉旅游地生命周期研究——以重庆市温泉为例. 重庆：西南大学硕士学位论文.

俞孔坚.1999. 生物保护的景观生态安全格局. 生态学报，19（1）：8~15.

俞孔坚.2005. 生物保护的景观生态安全格局. 生态学报，1：8~5.

俞颖奇.2012. 基于生态足迹的旅游可持续发展研究——以贵州省兴义市为例. 北京：中央民族大学硕士学位论文.

占婧.2007. 中国生态旅游可持续发展的若干思考. 武汉：华中师范大学硕士学位论文.

张丛.2009. 海洋生态旅游资源开发战略研究——以烟台市为例. 青岛：中国海洋大学博士学位论文.

张桦，储九志.2013. 郊野湿地公园旅游环境容量测算标准构建. 河北旅游职业学院学报，1：89~90.

张建萍.2003. 生态旅游理论与实践. 北京：中国旅游出版社.

张金花.2008. 深圳城市生态安全评价及预测模型研究. 天津：天津师范大学硕士学位论文.

张俊霞，段文军，赵立禄.2013. 漓江流域森林生态旅游承载力三重矢量评价模型的构建. 西北林学院学报，28（3）：245~249.

张舒.2007. 基于利益相关者理论的农业旅游共同参与模式研究. 重庆：重庆师范大学硕士学位论文.

张完英.2007. 武夷山自然保护区生态旅游环境承载力研究. 干旱区资源与环境，21（1）：125~128.

张晓慧.2011. 基于利益相关者的一体化乡村旅游研究. 杨凌：西北农林科技大学博士学位论文.

张影莎，罗振，苏勤.2011. 基于应用视角的旅游容量测算和管理方法回顾. 安徽师范大学学报（自然科学版），34（4）：275~282.

张玉.2012. 基于利益相关者的农业旅游开发协调模式与机制研究——以璧山县塘坊新农村建设示范区为例. 重庆：重庆师范大学硕士学位论文.

张玉良.1994. 前苏联植物保护的生态安全方法. 苏联科学与技术，11：35~36.

章家恩，骆世明.2004. 农业生态安全及其生态管理对策探讨. 生态学杂志，5：56~61.

章家恩.2005. 旅游生态学. 北京：化学工业出版社.

章杰宽，姬梅，朱普选.2013. 国外旅游可持续发展研究进展述评. 中国人口·资源与环境，23（4）：139~146.

章锦河.2008. 旅游地生态安全测度分析——以九寨沟自然保护区为例. 地理研究，2：449~458.

曾成，郭纯青，胡君春.2005. 漓江流域上游水资源量变化研究. 资源环境与工程，19（3）：203~207.

赵红.2000. 我国旅游业可持续发展中的生态环境问题及对策. 山东环境，6：4~6.

赵红红.1983. 苏州旅游环境容量问题初探. 城市规划，3：46~53.

赵军，胡秀芳.2004. 区域生态安全与构筑我国21世纪国家安全体系的策略. 干旱区资源与环境, 18 (2): 1~4.

赵路. 2008. 生态旅游景区生态旅游环境承载力研究及其应用——以安吉中南百草原为例. 杭州: 浙江大学硕士学位论文.

赵涛, 李恒煜. 2008. 能源—经济—环境 (3E) 系统协调度评价模型研究. 北京理工大学学报 (社会科学版), 10 (2): 11~16.

赵营波. 1987. 区域环境容量与城市综合规划. 地域研究与开发, 3: 23~24.

赵赞. 2009. 生态旅游环境承载力概念研究. 安徽农业科学, 08: 3806~3808.

赵赞, 李丰生. 2007. 生态旅游环境承载力评价研究——以桂林漓江为例. 安徽农业科学, 8: 2380~2383.

赵赞, 李丰生. 2008. 国内外生态旅游环境承载力相关研究综述. 商业时代, 5: 96~98.

郑丽. 2012. 低碳旅游的若干基本问题研究. 青岛: 青岛大学硕士学位论文.

智艾. 1996. 石林风景区旅游环境容量研究. 云南环境科学, 15 (4): 53~55.

钟凤. 2007. 区域旅游可持续发展评价研究——以湖北省崇阳县为例. 武汉: 中国地质大学硕士学位论文.

周公宁. 1992. 论风景区环境容量与旅游规模的关系. 建筑学报, 11: 12~15.

周国富. 2003. 生态安全与生态安全研究. 贵州师范大学学报 (自然科学版), 21 (3): 105~108.

周玲强, 黄祖辉. 2004. 我国乡村旅游可持续发展问题与对策研究. 经济地理, 24 (4): 572~576.

周文华, 王如松. 2005. 城市生态安全评价方法研究. 生态学杂志, 24 (7): 848~851.

周旭. 2006. 3S 支持下喀斯特退化景观生态安全评价研究——以贵阳市为例. 贵阳: 贵州师范大学硕士学位论文.

朱孔来. 1997. 评价指标的非线性无量纲模糊处理方法. 统计与信息论坛, 3: 10~14

朱颜明. 2006. 自然保护区旅游资源开发的生态环境影响及其保护. 山地学报, 25 (1): 60~63.

朱瑜, 蔡德所, 周解等. 2012. 漓江鱼类生态类型及生物多样性变化情况. 广西师范大学学报 (自然科学版), 4 (30): 147~152.

住房和城乡建设部风景名胜区管理办公室. 2011. 风景名胜区工作手册. 北京: 中国建筑工业出版社.

庄世宏, 刘国强, 吴锋. 2003. 西北地区森林旅游业发展探讨. 西北林学院学报, 18 (1): 53~55.

邹家红, 赵永华, 王惠琴. 2008. 我国旅游生态安全研究. 湘潭师范学院学报 (社会科学版), 30 (1): 74~76.

左伟, 王桥, 王文杰, 等. 2002. 区域生态安全评价指标与标准研究. 地理学与国土研究, 18 (1): 67~71.

左伟, 张桂兰, 万必文, 等. 2003. 中尺度生态评价研究中格网空间尺度的选择与确定. 测绘学报, 3: 267~271.

左伟. 2004. 基于 RS、GIS 的区域生态安全综合评价研究——以长江三峡库区忠县为例. 北京：测绘出版社.

Alexis S. 2000. Establishing the social tourism carrying capacity for the tourist resorts of the east coast of the Republic of Cyprus. Tourism Management, 21 (2): 147~156.

Andeas J. 2008. Ecotourism in nature reserves in China: current situation, problems and solutions. Forestry Studies in China, 10 (2): 130~133.

Barkham J P. 1973. Recreational carrying capacity: A problem of perception. Area, 5 (3): 218~222.

Barnthouse L W, Suterli G W. 1995. Use manual for ecological risk assessment. Journal of Environmental Managemen, 57: 21~29.

Bramwell B, Lane B. 2010. Sustainable Tourism and the Evolving Roles of Government Planning. Journal of Sustainable Tourism, 18 (1): 1~5.

Butler R W. 1980. The Concept of a Tourist Area Cycle of Evolution: Implications for Management of Resources. Canadian Geographer, 24 (1): 5~12.

Butler R. 1989. Alternative tourism: pious hope or Trojan horse. World Leisure and Recreation, 31 (4): 9~17.

Cascante D M, Brennan M A, Luloff A E. 2010. Community Agency and Sustainable Tourism Development: The Case of La Fortuna, Costa Rica. Journal of Sustainable Tourism, 18 (6): 735~756.

Cater E. 1995. Environmental Contradictions in Sustainable Tourism. The Geographical Journal, 161 (1): 21~28.

Christaller W. 1963. Some Consideration of Tourism Location in Europe: the Peripheral Regions——Underdeveloped Countries Recreation Areas. Regional Science Association Papers, 12: 103~105.

Clark T. 1984. Alternative modes of Co- operative production. Economic and Industrial Democracy, 5 (1): 97~129.

Clarke J. 1997. A Frame work of Approaches to Sustainable Tourism. Journal of Sustainable Tourism, 5 (2): 24~33.

Clayton A. 2002. Strategies for Sustainable Tourism Development: The Role of the Concept of Carrying Capacity. Social and Economic Studies, 51 (1): 61~98.

Colin H, Jon S. 2007. The ecological footprint as a key indicator of sustainable tourism. Tourism Management, 28: 46~57.

Costanza R, Norton B G, Haskell B D. 1992. Ecosystem Health: New Goals for Environmental Management. Island Press.

Dobson. 1997. Hopes for the future: restoration ecology and conservation biology. Science, 227: 515-522.

Elio C, Paolo C. 1991. Tourist carrying capacity: A fuzzy approach. Annals of Tourism Research, 18 (2): 295~311.

Fans M, Fierro J, Patifio M G. 2011. Rural Tourism: A Sustainable Alternative. Applied Energy, 88 (2): 551 ~ 557.

Fei Y, Qiu W C, Ruo N L. 2009. Modeling the riparian vegetation evolution due to flow regulation of Lijiang River by unstructured cellular automata. Ecological Informatics, 5 (2): 108 ~ 114.

Freeman E. 1984. Strategic Management: A Stakeholder Approach. Boston: Pitman Publishing.

Fumihide O. 2007. A Study on the Water shad Environmental Capacity of Water Resource on the Three Metropolitans Areas in Japan Using GIS. Proceedings of the Symposium on Global Environment, 15: 249 ~ 254.

Godfrev K B. 1998. Attitudes Towards Sustainable Tourism in the UK: A View from Local Government. Tourism Management, 19 (3): 213 ~ 224.

Hergh J, Verbruggen H. 1999. Spatial sustainability, trade and indicators: An evaluation of the ecological footprint. Ecol Econ, 29: 61 ~ 72.

Hunter C, Shaw J. 2007. The Ecological Footprint as a Key Indicator of Sustainable Tourism. Tourism Management, 28 (1): 46 ~ 57.

Hunter C. 1997. Sustainable Tourism as an Adaptive Paradigm. Annals of Tourism Research, 24 (4): 850 ~ 867.

John S. 2002. Sustainable Tourism Management. London: CABI Publishing.

Johnston R J, Tyrrell T J. 2005. A Dynamic Model of Sustainable Tourism. Journal of Travel Research, 44 (2): 124 ~ 134.

Kozak M, Martin D. 2012. Tourism Life Cycle and Sustainability Analysis: Profit-focused Strategies for Mature Destinations. Tourism Management, 33 (1): 188 ~ 194.

Kutay K. 1989. The new ethic in adventure travel. The Environmental Journal, 1 (4): 30 ~ 36.

Mathieson A, WALL G. 1982. Tourism Economic, Physical and Social impacts. Oxford: Harlow Longman.

Miltadis Pullman, Svetlana Rodgers. 2010. Capacity management for hospitality and tourism: A review of current approaches. International Journal of Hospitality Management, 29: 177 ~ 187.

Mitchell R, Agle B, Wood D. 1997. Toward a Theory of Stakeholder Identification and Salience: Defining the Principle of Who and What Really Counts. The Academy of Management Review, 22 (4): 853 ~ 886.

Peeters P. 2012. A Clear Path Towards Sustainable Mass Tourism? Rejoinder to the Paper 'Organic, Incremental and Induced Paths to Sustainable Mass Tourism Convergence' by David B. Weaver. Tourism Management, 33 (5): 1038 ~ 1041.

Qiuwen Cn, Duan C, Ruiguang H. 2012. Optimizing the operation of the Qingshitan Reservoir in the Lijiang River for multiple human interests and quasi ~ natural flow maintenance. Journal of Environmental Sciences, 24 (11): 1923 ~ 1928.

Rapport D L, Regier H A, Hutchinson T C. 1985. Ecosystem behavior under stress. The American naturalist, 125: 617 ~ 640.

Rees W E. Wackernagel M. 1996. Our ecological footprint: Reducing human impact on the earth. Canada: new society publisher.

Reilly A. 1986. Tourism carrying capacity: Concept and issues. Tourism Management, 7 (4): 254~258.

Ryan C. 2001. Equity, Management, Power Sharing and Sustainability——issues of the New Tourism. Tourism Management, 23: 17~26.

Sun Y, Wang R. 2000. Environment capacity of an eco-tourism resort. Chinese Journal of Applied Ecology, 11 (4): 564~566.

Thomas Eder. 2007. Listen to the Voice of Villages WP3 Research and Analysis Final Report part II. Paris: Central Europe Program.

UNEP et al. 2008. Climate change adaptation and mitigation in the tourism sector: frameworks, tools and practices. UK: Oxford University Press.

United Nations. 2001. Managing Sustainable Tourism Development. USA: United Nations Publication.

Villa F, McLeod H. 2002. Environmental vulnerability indicators for environmental planning and decision-making; guidelines and applications. Entire Manage, 29 (3): 335~348.

Wackernagel M, Onisto L, Callejas L, et al. 1997. Ecological footprint of nations: How much nature do they use? How much nature do they have? Commissioned by the Earth Council for the Rio Forum. Toronto: International Council for Local Environmental Initiatives.

Waltner T D. 1996. Ecosystem health: A framework for implementing sustainability in agriculture. Bioscience, 46 (9) : 686~689.

Weaver D B. 2011. Organic, Incremental and Induced Paths to Sustainable Mass Tourism Convergence. Tourism Management, 32 (1): 1~8.

Western D. 1993. Defining ecotourism. In: Ecotourism, A Guide for Planners and Managers. North Bennington, VT: The Ecotourism Society, 7~11.

Westing A H. 1989. The environmental component of comprehensive security. Bulletin of Peace Proposals, 20 (2): 129~134.

Whitford W G, Rapport D, Desoyza A G. 1999. Using resistance and resilience measurements for "fitness" tests in ecosystem health. Journal of Environmental Management, 57, 21~29.

Williams P W. 1992. A local frame work for ecotourism development. Western Wild lands, 18 (3): 14~19.

World Environment and Development Commissions. 1997. Our common future. Changchun: Jilin People Press.

WTO/UNEP. 1992. Guidelines: Development of National Parks and Protected Areas for Tourism. Madrid: World Tourism Organization.

Yoshinori W, Akihiro H. 1997. A Calculation Method of Environmental Capacity near Trunk Roads to Meet the Japanese Environmental Quality Standard for Noise Annoyance under Various Conditions. Infrastructure Planning Review, 14 : 443~450.